FUNDAMENTOS DE IMPACTO PARA UN
MATRIMONIO VICTORIOSO

CURSO PARA MATRIMONIOS

Descubre la forma estable, triunfante y agradable de vivir en pareja

LUIS Y YANETH PALACIOS

Fundamentos de impacto para un matrimonio victorioso
CURSO PARA MATRIMONIOS - NIVEL AVANZADO

Por: Luis Uriel y Yaneth Palacios © Derechos reservados
Primera edición: 2016
Segunda edición: 2024

Ministerio Internacional de Matrimonios Victoriosos
www.matrimoniovictorioso.com
pastorluispalacios/Facebook.com
pastorluispalacios@hotmail.com
www.youtube.com/@matrimoniosvictoriosos
www.instagram.com/pastorluispalacios7

A menos que se indique lo contrario, todos los textos bíblicos han sido tomados de la Santa Biblia, versión Reina-Valera, revisión de 1960.

Revisión de estilo: Francisco Rengifo Gómez
Diseño y Diagramación: Osvaldo Lara y Laura Zambrano
Asistente Editorial: María del Pilar Camacho
Impresión: Auge Publicidad
ISBN: 978-628-01-2325-7
Impreso en Colombia/Printed in Colombia

TABLA DE CONTENIDO

INTRODUCCIÓN

¡Has alcanzado la recta final de este último curso y te felicitamos por eso! Nos llena de gozo pensar en las bendiciones ilimitadas que han comenzado a llenar tu vida como resultado de llevar a la práctica las claves y principios de los dos primeros cursos para tener un matrimonio victorioso. **Como ves, conocer y recibir la Verdad por medio del estudio consagrado de la Escritura constituye el más importante cimiento de nuestras vidas.** Si bien los pensamientos del Señor son mucho más altos que los nuestros y toma más tiempo asimilar algunas de estas preciosas lecciones, su aplicación obediente y continua hace parte de un proceso que nos lleva a la madurez espiritual. Una vez alcanzamos la madurez, entendemos que la verdad del Señor es irrefutable y que no se negocia, independientemente de las circunstancias, que la Palabra del Señor ha llegado para orientar nuestra vida, matrimonio, y ayudarnos a cumplir el propósito que Dios ha establecido para cada uno de sus hijos.

Los principios que nos hemos propuesto compartir y enseñarte a ti y a tu cónyuge (si tuviste la oportunidad de tomar estos primeros cursos con tu pareja), son apenas un puñado de granitos de arena en comparación con las interminables playas de la gracia de Dios que adornan la tierra.

Por eso es tan importante que sean solo el inicio, el impulso, la base, un buen arranque para que puedas seguir corriendo esa carrera que cada uno tiene por delante, en la cual nuestro Señor nos recomienda por medio de Pablo que corramos de tal manera que obtengamos el premio. Ese premio es que tu cónyuge y tú, sus hijos y descendientes puedan disfrutar del gozo de la vida, de ejercer su autoridad como reyes y sacerdotes en el reino de Dios, la autoridad que nuestro Señor nos delegó al creer en Él, para hacer las mismas cosas que Él hizo en la tierra, y aún mayores, como aseguró a sus discípulos (véase Juan 14:12).

Quizás algunos de los principios estudiados ya sean hábitos en tu relación de pareja, y en este momento los dos se esmeren procurando aplicarlos diligentemente. ¡Y es justo lo que esperamos! Aun así, para estar bien seguros de que así sea, y en aras de aprovechar al máximo esta última etapa del curso, vale la pena hacer un breve recuento de puntos esenciales que hemos aprendido hasta aquí. Paralelamente es muy importante pedir al Espíritu Santo que te ayude a asimilar y a practicar enseguida lo aprendido, para que Su gloria empiece a manifestarse en ese nuevo hombre (o esa nueva mujer) nacidos de nuevo al aceptar a Cristo como Señor y Salvador. Repasemos entonces lo esencial.

Recuerda que la principal causa de que existan problemas en el matrimonio y en la familia es la desobediencia a Dios. A partir de este comportamiento se generan en el hogar diferentes ataduras y maldiciones que llevan a la ruina, al fracaso, la enfermedad, la tristeza y la muerte. Consecuencias que no solo afectan a quien comete la falta, sino que pueden afectar su hogar y a las generaciones venideras.

Algunas de las consecuencias de la desobediencia las encontramos en Deuteronomio 28:15-68 y en Levítico 26:14-46. Como continúan vigentes, vimos que el primer paso para ser libres de estas consecuencias es arrepentirnos de lo que estemos cometiendo lejos de la voluntad de Dios, pedirle perdón, aceptarlo como nuestro Señor y, de Su mano, con Su poder, disponerse a no volver a cometer las mismas faltas.

Entre otros temas tratamos la importancia de aceptar que nuestro cónyuge no es nuestro rival, sino nuestro complemento. Que no debemos contender con él (o con ella), sino encontrar, de la mano de Dios, las diferencias entre los dos, de modo que trabajen armónicamente y funcionen sobrenaturalmente para cumplir el objetivo del Señor para ese matrimonio.

Estudiamos también *el perdón* como un estilo de vida que se debe mantener, puesto que al perdonar no solo estamos obedeciendo y honrando a Dios: cuando *perdonamos a quienes nos ofenden*, Él se encarga de lo demás: restaura, restituye y hace que todo lo que parecía sentenciado para nuestro mal, Dios lo encamine a bien conforme a Sus propósitos. Adicionalmente, cuando perdonamos nos rendimos a Él, y demostramos nuestra confianza en Su maravillosa forma de obrar. Ten siempre presente que *perdonar* también es bendecir a tu cónyuge y devolver bien por mal aun cuando pienses que no lo merece. Los resultados de hacerlo consistentemente te van a sorprender una y otra vez.

No olvides en tu matrimonio *el gozo* representado en la Biblia por el vino. Es particularmente encantador todo lo que surge dentro de una pareja que se permite regocijarse en ese ser idóneo que le dio el Creador. Recuerda que el gozo en la pareja es ese disfrute, el deleite de la compañía bendecida por Dios, las miradas, las caricias, su tono de voz, su aroma particular, la admiración que despierta en ti por la forma como toma sus decisiones o hace las cosas, por la manera como se arregla pensando primero en ti, y el gozo de disfrutar la intimidad sexual guardándose el uno para el otro, manteniendo su lecho puro y único. Aunque diversas situaciones quieran apagar ese gozo y su amor, recuerda lo que hizo la pareja en las bodas de Caná: invitaron a nuestro amado Jesús, Quien trae un vino nuevo, Quien hace que la monotonía desaparezca y se mantenga vivo el amor, aunque pasen los años.

Sé estratégico, pero siguiendo la estrategia que Dios te dé. Si tu cónyuge muestra un comportamiento desfavorable, un vicio o un hábito que afecta la sana relación entre los esposos, no sirve confiar en tus fuerzas ni en la propia prudencia. Tampoco ayuda tratar de ponernos al mismo nivel del problema. Cambiará por medio de la oración, el ayuno, el creer y declarar la Palabra, el buen ejemplo, y en especial el uso constante de la armadura espiritual (véase Efesios 6:11-18).

En este último curso encontrarás siete lecciones complementarias con principios bíblicos que nos ayudan a profundizar en nuestra experiencia matrimonial, a medida que maduramos en nuestra fe. Estas últimas lecciones tienen como finalidad despertar en nosotros hambre de Dios y de conocerlo, no solo por sus prodigios en nosotros, sino por quien *Él es*, Su carácter, las cosas «*demasiado maravillosas*», a medida que «bogamos mar adentro» con Jesús, alejándonos de la orilla de un cristianismo superficial, internándonos en las profundidades de las riquezas de Su gracia, misericordia y majestad. Mientras busques primeramente el reino de Dios y su justicia, no tenemos duda de que podrás enfrentar y vencer cualquier tormenta de la vida con la que vengas lidiando, y que obtendrás las promesas del Señor, las cuales incluyen la armonía de tu matrimonio y hogar, llevándote a experimentar la victoria y un nuevo nivel en tu relación con tu cónyuge, tus hijos y descendientes.

CONTENIDO DEL NIVEL AVANZADO

Solo a manera de introducción trazaremos un breve recorrido por el corazón de los temas que estudiaremos, para que te animes a ir por más, pues, aunque a veces creamos que ya no necesitamos aprender más (porque con lo que sabemos nos basta y podemos hacer frente a lo que venga), no es así: ¡Con Dios somos estudiantes eternos, porque insondables son Sus pensamientos, como lo expresa Su Santa Palabra!

Para la lección quince profundizaremos en un fundamento bíblico: como esposo o esposa tú puedes determinar el futuro de tu matrimonio y el de tus hijos. La Biblia dice que la vida y la muerte están en poder de la lengua (véase Proverbios 18:21), por lo cual, haciendo buen uso de ella, declarando lo que está en las Sagradas Escrituras y actuando según ellas, si aceptas la buena voluntad de Dios, puedes cambiar para bien toda situación aparentemente adversa para ti y tu familia. Recordemos que la lengua es como el timón del barco (véase Santiago 3:4-5), con el que se fija el rumbo.

A continuación, y en un momento muy apropiado, dedicaremos una lección a estudiar lo que deben ser los roles de la esposa y el esposo según la mirada perfecta de Dios. Para la lección dieciséis ahondaremos, desde ese diseño perfecto, en cómo deben desenvolverse los cónyuges para complementarse, construirse, multiplicarse, ayudarse, apoyarse y cumplir con ese propósito divino y único del Padre para la pareja.

Sigue un tema maravilloso, puro y perfecto desde la perspectiva de Dios: «El sexo: un regalo del Omnipotente». Durante la lección diecisiete veremos por qué el sexo, es un generoso y bello regalo del Padre. Contrario a lo que muchos imaginan, Dios diseñó el matrimonio hasta en sus más íntimos detalles, Dios dotó con igual generosidad al hombre y a la mujer en su diseño físico y emocional, de forma que ambos puedan experimentar un gran placer e inmensa satisfacción al realizar el acto sexual, que no solamente une los cuerpos; también hace que el alma y el espíritu se compenetren íntimamente, en el marco fiel de la relación conyugal.

Para la lección dieciocho encontrarás una mirada bíblica y detallada de los dones espirituales, y cómo una familia puede salir victoriosa cuando los procura y ejercita, aprendiendo a superar sobrenaturalmente cualquier circunstancia que se presente. No es un tema que suela enseñarse con suficiente amplitud, por lo cual es necesario estudiar en forma minuciosa estas preciosas herramientas con las que el Espíritu Santo nos ha dotado para enfrentar la vida en todos sus matices. Aprender a utilizarlos debidamente nos permitirá experimentar, en cierta forma, el guion original escrito para el paraíso, trayendo el cielo a la tierra. ¿Crees que existirían los celos de haber *discernimiento de espíritus?*; ¿habría enfermos en casa donde hay *don de sanidades?*; ¿o un patrón de malas decisiones donde hay *palabra de sabiduría y palabra de ciencia?* ¿No sería maravilloso empezar a dejar atrás las derrotas y caminar en lo sobrenatural, sobre las aguas, victoriosos, puestos los ojos en Jesús?

En la lección diecinueve estudiaremos otro tema sobre el que poco se enseña o predica, pero tan importante, que este curso no sería realmente integral de no tratarse a fondo: la *liberación.* Para nosotros es la segunda parte de este tema, pues ya habíamos empezado a explicarlo en la lección siete del curso básico. Asimilar bien este asunto te permite descubrir que uno de tus deberes como creyente es usar las armas con las que fuiste investido para vencer, por medio de Jesús, todo plan de las tinieblas que intente dañar el matrimonio, los hijos y sus generaciones.

La mente del hombre es bombardeada permanentemente por innumerables mensajes, unos que proceden de la mente humana, otros del diablo, y solo otros muy especiales vienen directamente de Dios. ¿Te has preguntado alguna vez cómo escuchar la voz de Dios y diferenciarla de aquellas que no tienen nada que ver con Él? Para la lección veinte ponemos sobre la mesa principios bíblicos prácticos que te ayudarán a hacerlo, y a profundizar en tu vida espiritual. Claro está, los beneficios siempre traerán bienestar para tu vida, tu matrimonio y tu familia.

Llegando a la cúspide y para finalizar nuestro curso, estudiaremos en la lección veintiuno cuál es ese premio, y a la vez la honrosa responsabilidad que adquieres al recibir a Jesús como tu Salvador; qué posición asumes, cuál es tu nueva identidad y la vida como *reyes y sacerdotes*, tanto al interior de tu casa, como en cualquier ámbito donde debas moverte.

Como podrás ver, el contenido de esta etapa final de nuestro estudio fue desarrollado para seguir capacitándote a ti y a tu cónyuge, a fin de que avancen victoriosos en esa nueva vida gozosa y estable que Dios diseñó para ustedes. Una vida nueva centrada en Su Palabra y activada continuamente por la guía, consuelo y poder del Espíritu Santo, a través de un mundo cada vez más necesitado por alejarse del diseño divino.

Una vez cruzada la meta, no olvides que el matrimonio siempre ha estado en el corazón de Dios. Él diseñó al hombre y a la mujer para que fuesen *uno*, para que se complementasen, conformaran una familia, se multiplicaran y administraran fielmente, «sojuzgando» todo lo que había creado. Nos dio un paraíso, provisión, recursos, dones, y a pesar de nuestra desobediencia, decidió perdonarnos y reconciliarnos con Él (véase Isaías 57:17-19), para lo cual envió a su Hijo Jesús, a salvarnos y a restituir todo lo que habíamos perdido.

Jesucristo vino en forma corporal, avergonzó al engañador, lo venció públicamente en la cruz (véase Colosenses 2:15), nos hizo sacerdotes y reyes, y nos dejó el Espíritu Santo para ayudarnos, consolarnos, enseñarnos la Palabra, revelarnos lo que sucederá, guiarnos a toda verdad, capacitarnos y ayudarnos a cumplir la misión de sanar enfermos, resucitar muertos, liberar personas, multiplicar el alimento y proclamar el reino de Dios.

Para concluir este nivel al que hemos llamado *avanzado*, es necesario entender que, con la venida de Jesucristo y lo que Él hizo muriendo en la cruz, recuperamos por la fe en Él todo lo que habíamos perdido. Legalmente, la obra redentora de Jesús anula todo efecto de la desobediencia en Edén.

En cuanto a la metodología, te sugerimos aplicar la misma que seguiste para el nivel básico y el intermedio: ora antes de empezar a estudiar la lección, pide al Espíritu Santo que te guíe, revele y ayude a aplicar en tu vida, hogar y relación de pareja, los principios bíblicos que compartiremos aquí. Al finalizar cada lección, recomendamos que tu cónyuge y tú (si ha sido posible que los dos estudien el curso), desarrollen los ejercicios de la sección anexa, de modo que puedan afirmar sus conocimientos y profundizar en los temas esenciales.

¡Dios te Bendiga, el Señor bendiga tu matrimonio y tu casa! Recuerda que cada nueva circunstancia y reto que afrontes es una oportunidad para practicar y afianzar estos principios, hasta que se te vuelvan un hábito. Entonces serás un hacedor de la Palabra, y cuando te conviertes en uno(a) estás adorando, como al Padre le gusta que le adoren; en obediencia, en Espíritu y verdad.

Lección Quince

¿CÓMO DETERMINAR EL FUTURO DE TU MATRIMONIO Y DE TUS HIJOS?

Son innumerables las circunstancias adversas por las que atraviesan los matrimonios y las familias, en ocasiones muy complejas. De hecho, es imposible que no se presenten situaciones difíciles o que sobrevengan tentaciones (véase Lucas 17:1), pero ese no es el problema; la Biblia dice que tengamos por sumo gozo cuando surjan dificultades (véase Santiago 1:2). El verdadero problema es que muchos esposos y esposas están esperando que Dios les mueva el monte (el inconveniente), cuando Él dijo que lo hiciéramos nosotros. Para lograrlo solo necesitamos *creer* y *decir*.

¡Creer y decir es el único requisito! Se nos ha enseñado mucho acerca del creer, ¡y es muy importante!, pero también es sustancial el **decir**. El Señor menciona una sola vez el *creer* y cuatro veces el *decir* cuando nos revela la manera más efectiva de vencer los obstáculos y avanzar.

> *Porque de cierto os **digo** que cualquiera que **dijere** a este monte: Quítate y échate en el mar, y no dudare en su corazón, sino **creyere** que será hecho lo que **dice,** lo que **diga** le será hecho* (Marcos 11:23, énfasis de los autores).

A través de las lecciones anteriores hemos visto cómo Dios verdaderamente cumple lo que promete. Dios le cumplió a los hebreos cuando salieron de Egipto (véase Josué 21:45) y nos cumplió a nosotros como pareja. Dios nos dio Su promesa de restitución familiar y la llevó a cabo a plenitud. Dios es fiel, Él cumple Su palabra y Sus promesas son confiables. Dios en realidad restaura vidas, parejas, familias y naciones.

Para este último nivel del curso avanzaremos en la exposición y profundización de otros maravillosos fundamentos o principios revelados en la Palabra para que tú logres edificar un matrimonio victorioso, y una familia triunfante y feliz. En Jeremías 33:3, Dios nos promete que, si clamamos a Él, «nos enseñará cosas grandes y ocultas que no conocemos» lo cual se cumple, como todo lo que el Padre celestial comunica a Sus hijos. En efecto, ¡Dios, en Su infinita misericordia y verdad, lo ha hecho con nosotros!; este curso, los libros, las conferencias, seminarios y nuestra labor como consejeros son una prueba más del cumplimiento de esa promesa, de Su infinita gracia.

En esta lección queremos enseñarte un principio con el que Dios nos ha ministrado de manera especial, revelándonos el poder de las palabras, y cómo, mediante su uso oportuno, preciso, y firme, cualquier creyente puede elegir, forjar y determinar lo mejor para su vida, su matrimonio, sus hijos y su hogar, que es lo que Dios también desea.

Antes de avanzar en el estudio de este tema, necesitamos recordar (o descubrir, si aún no lo hemos hecho), los atributos que confirman a nuestro Dios como el único Ser plenamente capaz de ayudarnos en toda situación y circunstancia, de lograr que hasta la prueba más difícil por la que estemos atravesando obre a nuestro favor. Dios es el único que nos invita a llamar las cosas que no son como si fueran contando con Su respaldo y el de Sus atributos, pues es el único capaz de hacer posible lo imposible. Empecemos y descubramos juntos el porqué.

ETERNAMENTE SABIO, PODEROSO Y PRESENTE

El hombre se ha formado una idea equivocada de Dios, considerando que el Señor Todopoderoso piensa y actúa igual que Sus criaturas; que como Génesis declara que el Creador nos hizo a Su imagen, conforme a Su semejanza, entonces hay que verlo a partir de nuestra limitada condición humana. Por asumirlo así —erróneamente—, muchos han intentado representarlo por medio de imágenes, lo cual, en lugar de un gesto piadoso, constituye un gravísimo error, prohibido por el mismo Dios (véase Éxodo 20:4-5 y 23). Y está prohibido precisamente para que no cedamos al engaño de pretender *humanizar* a Dios. El hombre, repetimos, fue hecho conforme a la semejanza de Dios, pero al obedecer al diablo y desobedecer a Dios, adquirió la semejanza del diablo (véase Juan 8:39-44); solo quienes reciben a Jesucristo y creen en Él, vuelven a adquirir la semejanza de Dios en todo su esplendor original (véase Juan 1:12).

Dios es omnipotente

Se nos ha enseñado que Dios es eterno, y es verdad. Solo que muchos entienden el término *eterno* únicamente en relación con el tiempo, cuando también se refiere a todo aquello *que no puede ser medido, que no tiene principio ni fin.* Al escudriñar las Escrituras encontramos que Dios no solamente es infinito y permanece eternamente en el tiempo, sino *en todo.* Es *infinito* en sabiduría, en conocimiento. No tiene límites y nada es imposible para Él. Por eso nos invita a reconocerlo como el Todopoderoso.

...porque nada hay imposible para Dios (Lucas 1:37).

Dios es omnisciente

Infinito en conocimiento, Dios está al tanto de todas las cosas. Él sabe lo que soñamos durante la noche y ninguno de nuestros pensamientos le es ajeno. Para que tengamos una idea de lo atento que está Dios a tu vida, Jesús dijo que conoce el número exacto de nuestros cabellos, y que hasta los tiene contados (véase Lucas 12:7). ¿No es maravilloso? ¡El Todopoderoso sabe hasta cuántos cabellos lleva en su cabeza cada uno de sus hijos! Dios conoce tu día a día, tus anhelos, tus sueños (incluso los que ves más lejanos). Dios se pasea por tu casa, conoce íntimamente a tu cónyuge y a tus hijos, te ve y te ama todo el tiempo.

Dios no es distante ni indiferente. Todo lo contrario: nos ha concedido que cada cónyuge sea un templo Suyo, pues el Espíritu Santo mora en cada uno de nosotros (véase 1 Corintios 3:16). Los seres humanos aún tenemos un conocimiento muy incipiente e imperfecto de la grandeza y el poder de Dios. No obstante, algunas personas, movidas por su propia conveniencia, intentan encerrar a Dios en sus propios moldes religiosos, filosóficos, o actúan como si Él viviera lejos. La Biblia dice que nosotros tan solo conocemos los bordes de sus caminos. Él, en cambio, conoce *todo* lo que pasa contigo permanentemente, así como lo que hay en tu corazón a cada instante.

> *Oh Jehová, tú me has examinado y conocido. Tú has conocido mi sentarme y mi levantarme; has entendido desde lejos mis pensamientos. Has escudriñado mi andar y mi reposo, y todos mis caminos te son conocidos* (Salmos 139:1-3).

Dios nos conoce de manera tan íntima y profunda, que sabe por anticipado lo que vamos a decir con nuestros labios.

> *Pues aún no está la palabra en mi lengua, y he aquí, oh Jehová, tú la sabes toda* (Salmos 139:4).

Así conoce el Señor a cada criatura Suya. Vio a Agar, sierva de Abraham, cuando caminaba afligida por el desierto, y no se olvidó de ella (véase Génesis 16:7). Dios vio cómo Labán trataba de engañar a Jacob y no lo permitió (véase Génesis 31:7). Vio y escuchó a María y a Aarón cuando murmuraban contra Moisés, e hizo algo al respecto (véase Números 12:1-15). Antes de que se lo presentaran, Jesús sabía muy bien quién era Natanael y lo que podía esperar de él (véase Juan 1:47).

Dios sabe todo lo que tú haces, como también lo que otros hacen contigo. Por pequeños e insignificantes que parezcan ciertos hechos, dichos y acciones, no han pasado desapercibidos para Él. Pero eso no es todo. Dios está atento a las oportunidades que le demos para intervenir a nuestro favor y ayudarnos a crecer. ¡Si lo invitas a tu vida, a tu relación de pareja y a la relación con tus hijos, Él no se quedará de brazos cruzados! Dios está mucho más activo en ese ámbito de lo que puedes imaginar (véase Juan 5:17).

Dios es omnipresente

Dios también está en todas partes. Su presencia en nosotros y en toda la extensión de Su creación abarca eternamente el cielo y la tierra, lo visible y lo invisible. Nadie más, ninguna de Sus criaturas reúne dichos atributos. Ni los ángeles, ni los demonios, ni los santos; solamente Dios. Los cónyuges a veces olvidan que Dios está presente en toda situación, y conoce la verdad de lo que sucede al interior de su alcoba, por más secreta que sea, velando por ellos, dispuesto a guardarlos y bendecirlos (véase 2 Reyes 6:12 y 17). Dios todo lo ve, todo lo sabe. La Biblia dice:

> *Si subiere a los cielos, allí estás tú; y si en el Seol hiciere mi estrado, he aquí, allí tú estás. Si tomare las alas del alba y habitare en el extremo del mar, aun allí me guiará tu mano, y me asirá tu diestra. Si dijere: Ciertamente las tinieblas me encubrirán; aun la noche resplandecerá alrededor de mí. Aun las tinieblas no encubren de ti, y la noche resplandece como el día; lo mismo te son las tinieblas que la luz (Salmos 139:8-12).*

> *¿Se ocultará alguno, dice Jehová, en escondrijos que yo no lo vea? ¿No lleno yo, dice Jehová, el cielo y la tierra? (Jeremías 23:24).*

Dios es quien sustenta todas las cosas

Dios no solo es el Creador de todo el universo, también es el Sustentador de todas las cosas. En otras palabras, Él hace que toda persona y circunstancia *sea* y *subsista*. ¡Eso incluye tu matrimonio! Dios hizo posibles las proezas que nos han relatado nuestros antepasados, y sigue obrando con igual interés en el presente. Sus ojos contemplan toda la tierra para mostrar su poder a favor de los que buscan Su nombre.

> *...el cual, siendo el resplandor de su gloria, y la imagen misma de su sustancia, y quien **sustenta todas** las cosas...* (Hebreos 1:3, énfasis de los autores).

> *Él riega los montes desde sus aposentos; del fruto de sus obras se sacia la tierra. Él hace producir el heno para las bestias, y la hierba para el servicio del hombre, sacando el pan de la tierra...* (Salmos 104:13-14).

Dios tiene absoluto poder en todo lo que dice

Son tan poderosos los pensamientos de nuestro omnipotente, omnisciente y omnipresente Creador, que cuando declara algo para el hombre o para nuestro matrimonio, lo expresa como si estuviera levantando Su mano para jurar.

Si leemos el libro de Ezequiel en el capítulo 20, observaremos que Dios afirma en diferentes oportunidades: «Cuando alcé mi mano para jurar», o «Cuando alcé mi mano y juré». Como por ejemplo en el versículo cinco:

> *...El día que escogí a Israel, y que alcé mi mano para jurar a la descen-*
> *dencia de la casa de Jacob, cuando me di a conocer a ellos en la tierra*
> *de Egipto, **cuando alcé mi mano y les juré diciendo: Yo soy Jehová***
> *vuestro Dios...* (Ezequiel 20:5, énfasis de los autores).

Sorprendentemente, si revisamos con detenimiento los versículos en el libro de Génesis, en donde Dios hace la promesa a Abraham, Isaac y a Jacob, se ignora por completo el hecho de que Él haya levantado Su mano para jurarles, ¡no lo menciona siquiera! Esta es una tremenda enseñanza para entender con toda claridad que cuando Dios habla, Él levanta su mano; cuando habla, está jurando. Cuando Jesucristo habla en las Sagradas Escrituras, es como si Él estuviera levantando su mano, o estuviera jurando.

¿Qué opinas de estos atributos de Dios en los que hemos comenzado a adentrarnos? Lo más maravilloso es que en Dios *siempre* hay más, nunca vamos a terminar de conocerlo porque es absolutamente indefinible e insondable para nosotros. Ni siquiera intentando enumerar todas las cualidades o dones que existen conseguiríamos definirlo apropiadamente. Esperamos que el estudio constante y profundo de la naturaleza divina ayude a afirmar aún más tu fe en el gran YO SOY, que te permita alcanzar las promesas que tiene para ti e interiorizar que Su Palabra tiene gran poder, que cuando te pones de acuerdo con ella, alineándote con el Todopoderoso para hacer declaraciones sobre tu matrimonio y sobre tus hijos, puedes ver resultados sorprendentes y portentosos.

EL PODER DE LA PALABRA DE DIOS SOBRE TU MATRIMONIO E HIJOS

Lo que Dios dice, como hemos visto, es tan poderoso y eficaz que su cumplimiento es total e irrevocable. Su Palabra no vuelve vacía, sino que va y cumple el propósito con el que fue enviada.

> *Por la palabra de Jehová fueron hechos los cielos, y todo el ejército de*
> *ellos por el aliento de su boca* (Salmos 33:6).

Y dijo Dios: Sea la luz; y fue la luz. Y vio Dios que la luz era buena; y separó Dios la luz de las tinieblas. Y llamó Dios a la luz Día, y a las tinieblas llamó Noche. Y fue la tarde y la mañana un día (Génesis 1:3-5).

Por la fe entendemos haber sido constituido el universo por la palabra de Dios, de modo que lo que se ve fue hecho de lo que no se veía (Hebreos 11:3).

Y se admiraban de su doctrina, porque su palabra era con autoridad (Lucas 4:32).

La muerte y la vida están en poder de la lengua, y el que la ama comerá de sus frutos (Proverbios 18:21).

*Porque de cierto os **digo** que cualquiera que **dijere** a este monte: Quítate y échate en el mar, y no dudare en su corazón, sino creyere que será hecho lo que **dice**, lo que **diga** le será hecho* (Marcos 11:23, énfasis de los autores).

Jesús sanó a los enfermos **declarando** la Palabra, echó fuera demonios por el poder de Su palabra, resucitó muertos, multiplicó los peces y los panes, dio vista a los ciegos y resucitó al tercer día por el poder de la palabra del Dios que dice y siempre cumple.

Y estaban todo maravillados, y hablaban unos a otros, diciendo: ¿Qué palabra es esta, que con autoridad y poder manda a los espíritus inmundos, y salen? (Lucas 4:36).

Creer en el poder omnipotente, omnisciente y omnipresente de la Palabra de Dios es uno de los fundamentos más importantes en la vida matrimonial. Lo que Dios dice en la Biblia respecto a la vida en pareja es absolutamente eficaz, poderoso, creativo, inalienable, inconmovible e inmodificable. ¡Y además de buena y perfecta, la voluntad de Dios es **agradable**! (véase Romanos 12:2). Dios ha pronunciado Su palabra al tiempo que levanta Su mano y declara cada promesa y mandato, jurando que podemos confiar en ellos y en su cumplimiento. Cuando Dios bendijo a Abraham, expresó en palabras lo que sería de él, de su descendencia, de Jesús (véase Génesis 22:18) y de las naciones de la tierra. Mirando en retrospectiva ese anuncio, podemos comprobar que todo se ha cumplido.

Dios «llama las cosas que no son, como si fueran»

El llamar las cosas que no son como si fuesen es un atributo del Altísimo. Sin embargo, Él también ha concedido a Sus hijos, los creyentes, la capacidad de hacerlo. Podemos comprobar que esto se cumple en los ejemplos de la presente lección, y en muchos otros pasajes de las Sagradas Escrituras. Jesús llamaba las cosas *que no eran* como si *fuesen*. Lo mismo empezaron a hacer los apóstoles después de Pentecostés. Encontramos a Pedro, por ejemplo, diciendo a un cojo de nacimiento que caminara (véase Hechos 3:2), o dando la orden a Tabita (ya muerta), de levantarse ¡Y lo que Pedro decía, se cumplía!, porque hablaba con la convicción puesta en él por el Espíritu Santo.

> *...el cual da vida a los muertos, **y llama las cosas que no son, como si fuesen** (Romanos 4:17, énfasis de los autores).

Es como cuando un padre le dice a su hijo desobediente, *por fe*: «Hijo mío, el hacer caso a nuestras instrucciones te nace del corazón y te sale muy bien, tu obediencia nos honra». Aunque este padre sabe que de momento eso no está marchando así, lo decreta con fundamento en la palabra de Dios, y al mismo tiempo le dice al Señor: *lo declaro por fe en ti, que haces posible lo imposible*. O como cuando un esposo, al ver que su esposa lo trata con hostilidad y dureza, le dice (previa oración, perdonando y bendiciendo): *soy bendecido por tenerte conmigo, eres una bendición para mí*. Al hablar así, el hombre del ejemplo se fundamenta en Proverbios 18:22, donde la Palabra dice: «El que halla esposa halla el bien, y alcanza la benevolencia de Jehová».

¡Dios llama las cosas que no son como si fueran! A Abraham lo llamó padre de multitudes, aunque su mujer era estéril y ambos, de edad muy avanzada. A Jacob le dijo: «Tú serás príncipe con Dios». A Gedeón lo llamó «hombre esforzado y valiente». Al pueblo de Israel le prometió una tierra. ¡Y todo se cumplió!

> *No faltó palabra de todas las buenas promesas que Jehová había hecho a la casa de Israel; todo se cumplió* (Josué 21:45).

Asimismo, lo que Dios declara en la Biblia de los esposos, las esposas, los hijos y los hogares, se cumple de manera inexorable y absoluta. De por medio está Su santo y perfecto juramento, certero y poderoso. ¡El Señor nunca faltará a su Palabra!

> *Si fuéremos infieles, él permanece fiel; Él no puede negarse a sí mismo* (2 Timoteo 2:13).

> *Porque Él dijo, y fue hecho; Él mandó, y existió* (Salmos 33:9).

Lo que Dios dice sobre tu matrimonio y familia tiene cumplimiento

Tu relación con tu cónyuge, con tus hijos, está llamada a ser, desarrollarse y reflejar lo que Dios dice en la Biblia. Cualquier otra cosa que intente alejarlos de ese designio o

los lleve por otro camino, se opone al propósito divino. No permitas que eso suceda. Lo primero que debes hacer es alinearte con Su Palabra, obedecerla, y afirmarte en ella, poniendo por obra todo aquello que Él ha determinado respecto a los esposos y la vida familiar.

Cuando alguien pretende interferir en el plan de Dios con egoísmo, iras, celos y otras conductas carnales opuestas al Espíritu (véase Gálatas 5:16-24), lo único que está haciendo es neutralizar, anular o retardar la vida llena de libertad y propósito que Dios ha previsto para él (o ella) y su familia. Descansa en Dios y Él hará. O como lo expresa Pablo en la misma epístola de Gálatas 5:5: «Si vivimos por el Espíritu, andemos también por el Espíritu». Solo de este modo disfrutaremos la vida que Dios tiene reservada para nuestro matrimonio y nuestro hogar. Veamos algunos de los pensamientos que Dios tiene para ti:

> *Y en los postreros días, dice Dios, derramaré de mi Espíritu sobre toda carne, y vuestros hijos y vuestras hijas profetizarán; vuestros jóvenes verán visiones, y vuestros ancianos soñarán sueños...* (Hechos 2:17).

> *Y sabemos que a los que aman a Dios, todas las cosas les ayudan a bien...* (Romanos 8:28).

> *Amado, yo deseo que tú seas prosperado en todas las cosas, y que tengas salud, así como prospera tu alma* (3 Juan 1:2).

> *Tu esposa será como una vid fructífera, floreciente en el hogar. Tus hijos serán como vigorosos retoños de olivo alrededor de tu mesa* (Salmos 128:3 NTV).

> *Y todos tus hijos serán enseñados por Jehová; y se multiplicará la paz de tus hijos* (Isaías 54:13).

> *Pero así dice Jehová: Ciertamente el cautivo será rescatado del valiente, y el botín será arrebatado al tirano; y tu pleito yo lo defenderé, y yo salvaré a tus hijos* (Isaías 49:25).

No obstante, la claridad de estos pensamientos divinos, muchas personas se resisten a aceptar que, lo que Dios dice respecto a su cónyuge, lo cumplirá. Y como no entienden esta poderosísima realidad, se afanan, desconfían y buscan soluciones alternas, una especie de «plan B» por fuera de la voluntad de Dios. Vienen entonces nuevos fracasos, nuevas decepciones, nuevas caídas, nuevos errores y vueltas adicionales por el desierto, sin lograr el acceso definitivo a la tierra prometida (que para nosotros representa un matrimonio estable y victorioso, donde la vida en pareja es agradable y deleitosa, de conformidad con el plan maravilloso del Creador para las familias).

Es necesario entender, apreciado lector(a), que Dios ha decretado para ti y para los tuyos innumerables bendiciones: gozo, paz, prosperidad, victoria. Lo que te corresponde a ti es apropiarte de las promesas firmes y personales del Señor; actuar sobre ellas, creerlas, declararlas y esperarlas. Dios nos ha dado poder y autoridad para obtenerlas. Nos ha dado las llaves del reino de los cielos y facultado para atar y desatar. Atamos las circunstancias que sean para mal y desatamos las que sean para bien.

> *Y a ti te daré las llaves del reino de los cielos; y todo lo que atares en la tierra será atado en los cielos; y todo lo que desatares en la tierra será desatado en los cielos* (Mateo 16:19).

Cuando desatamos para bien, trabajas en equipo con Dios, edificando para bien. Pero cuando decretas para mal, ¿con quién crees que colaboras para que ejecute sus planes de destrucción sobre tu familia? ¡Exacto: con el enemigo! Es como si te aliaras con él, para que, con base en tus decretos, él tenga la libertad de venir a ejecutar el mal que estás declarando. ¡Así que colócate siempre del lado de Dios si quieres ver cumplidos Sus planes para ti, tu matrimonio y tu hogar!

Aun si fallamos como esposos o padres, Dios cumple lo que ha dicho

Lo que haya pasado en tu vida, la de tu pareja o la de tus hijos, no es lo que define tu matrimonio ni tu hogar. **Si hay arrepentimiento genuino de por medio y acciones consecuentes,** Dios promete no acordarse de las cosas pasadas y hacer «cosa nueva». Promete que te darás cuenta cuando Él abra «ríos en el desierto y torrentes en la soledad» (véase Isaías 43:1-2; 18-19). ¡El Evangelio de Jesucristo son las buenas noticias de su gracia! ¡Él está de nuestro lado y lo que realmente nos define es nuestra identidad como hijos de Dios (véase Juan 1:12)! ¡Si nos volvemos a Él de todo corazón, Su justicia obra a nuestro favor! Su restitución supera con creces cualquier pérdida.

> *Y os restituiré los años que comió la oruga, el saltón, el revoltón y la langosta, mi gran ejército que envié contra vosotros* (Joel 2:25).

> *...ha de oírse aún voz de gozo y de alegría, voz de desposado y voz de desposada, voz de los que digan: Alabad a Jehová de los ejércitos...* (Jeremías 33:11).

> *Y yo os tomaré de las naciones, y os recogeré de todas las tierras, y os traeré a vuestro país. Esparciré sobre vosotros agua limpia, y **seréis limpiados de todas vuestras inmundicias**; y de todos vuestros ídolos os limpiaré. Os daré corazón nuevo, y pondré espíritu nuevo dentro de vosotros; y quitaré de vuestra carne el corazón de piedra, y*

*os daré un corazón de carne. Y pondré dentro de vosotros mi Espíritu, y haré que andéis en mis estatutos, y guardéis mis preceptos, y los pongáis por obra. **Habitaréis en la tierra que di a vuestros padres**, y vosotros me seréis por pueblo, y yo seré a vosotros por Dios* (Ezequiel 36:24-28, énfasis de los autores).

La gloria postrera de esta casa será mayor que la primera, ha dicho Jehová de los ejércitos; y daré paz en este lugar, dice Jehová de los ejércitos (Hageo 2:9).

Si bien todos fuimos «enemigos de Dios» en otro tiempo, hoy, estando ya reconciliados, somos parte de Su familia. Junto al malhechor que se arrepintió en la cruz, podemos escuchar a Jesús susurrando a nuestro oído: «No temas, yo estoy contigo…» (véase Isaías 41:10) y «… Hoy estarás conmigo en el paraíso» (véase Lucas 23:43).

DIOS HA PUESTO SUS PALABRAS EN TU BOCA

Este es el fundamento central para esta lección: podemos cambiar para bien nuestra vida, matrimonio y familia, porque estamos autorizados por el Dios de dioses y Señor de señores; ¡Él nos ha dado el poder para hacerlo! Tenemos que aprender a usar nuestra boca para pronunciar Sus palabras, con la convicción de que son eficaces para producir cambios contundentes y definitivos en bien de quienes las abrazamos y de nuestras familias.

Hay un poder creativo e incalculable en la Palabra y en lo que decimos con nuestra boca, pues Jesús además declaró que quien crea en Él podrá hacer las obras que Él hace, y aún mayores (véase Juan 14:12). A Sus doce discípulos les dijo que sanaran enfermos, limpiaran leprosos, resucitaran muertos, echaran fuera demonios. Ahora nos lo dice a nosotros. Lo hace de diferentes maneras, y para llevarlo a cabo ha puesto Sus palabras en nuestra boca, y nos ha cubierto con Su sombra poderosa, con su Santo Espíritu. Veamos:

*Y **en tu boca he puesto mis palabras**, y con la sombra de mi mano te cubrí, extendiendo los cielos y echando los cimientos de la tierra, y diciendo a Sion: Pueblo mío eres tú* (Isaías 51:16, énfasis de los autores).

Sabemos por la Biblia que en el principio Dios extendió los cielos y la tierra *por Su palabra* y que por *Su palabra* fue constituido el universo. Pero observemos que, según lo narra el libro de Génesis, en el principio «la tierra estaba desordenada y vacía, y las tinieblas estaban sobre la faz del abismo, y el Espíritu de Dios se movía sobre la faz de las aguas» (véase Génesis 1:2-3). ¿Logras identificar lo ocurrido durante el intervalo entre los versículos dos y tres? Los cambios solo empezaron a suceder cuando Dios **declaró la palabra**:

Y dijo Dios: Sea la luz; y fue la luz (Génesis 1:3).

Cuando el Espíritu Santo oyó la *palabra de Dios*, la transformación se produjo. Es igual con nosotros. Tú y yo tenemos al Espíritu Santo de Dios morando en nuestro interior. La Biblia dice que por haber escuchado el Evangelio y creído en Jesús, fuimos sellados con el Espíritu Santo (véase Efesios 1:3). Pero aun teniendo al Espíritu Santo *en* nosotros, no van a suceder milagros, ni se manifestará la vida sobrenatural en nuestra vida, familias y congregaciones, hasta que pronunciemos, con fe y con fundamento en la autoridad que nos ha sido dada, la palabra que Dios ha puesto en nuestra boca.

Tú y yo podemos plantar vida donde hay desorden y caos. Puedes plantar vida en tu existir si lo aqueja algún desorden, ya sea en tu cuerpo, tu alma o tu espíritu; así el vacío y el desorden sean la constante en tu mente o en tus finanzas. Puedes plantar vida en tus hijos, tu cónyuge y tu familia, aun en medio de la circunstancia más terrible, adversa e imposible de sobrepasar; pero tienes que declarar, tienes que hablar, tienes que profetizar, debes usar tus propios labios para atar o desatar. La Biblia es muy directa:

> *Porque por tus palabras serás justificado, y por tus palabras serás condenado* (Mateo 12:37).

Se trata de ***permanecer* en Su palabra, creerla y actuar de acuerdo con ella.** De ese modo, podemos ir en Su lugar, en Su autoridad, en Su voluntad y en Su poder.

> *Si permanecéis en mí, y mis palabras permanecen en vosotros, **pedid todo lo que queréis, y os será hecho*** (Juan 15:7, énfasis de los autores).

> *Y **en tu boca he puesto mis palabras**, y con la sombra de mi mano te cubrí [por medio del Espíritu Santo], extendiendo los cielos y echando los cimientos de la tierra…* (Isaías 51:16, énfasis y corchete aclaratorio de los autores).

> ***Determinarás asimismo una cosa, y te será firme**, y sobre tus caminos resplandecerá luz. Cuando fueren abatidos, **dirás tú**: Enaltecimiento habrá; y Dios salvará al humilde de ojos* (Job 22:28-29, énfasis de los autores).

Para cerrar esta parte, recordemos lo que nos advierte Pablo en Gálatas: Una cosa es que *vivamos* **por** el Espíritu y otra que *andemos* **en** el Espíritu. Del mismo modo, hay una gran diferencia entre el que solo recita la palabra de Dios sin creerla y el que la ha aceptado y ha hecho Suya. ¡Por el Espíritu es que la podemos declarar con fe!

Y no se trata de ir declarando las ocurrencias que consideres más convenientes para el cumplimiento de tus propósitos personales. Se trata de hacer declaraciones con fundamento bíblico, esto es, que estén cimentadas en alguno de los treinta y un mil y más versículos que tiene la Biblia. De lo contrario caeríamos en el error de algunas sectas, que creen que, por el hecho de estar haciendo declaraciones positivas, conseguirán sus objetivos. Eso sería tratar de controlar los sucesos por nuestra propia mano, sin tener en cuenta el poder y la voluntad del Altísimo.

Con Su palabra puedes determinar el futuro de tu matrimonio y hogar

¿No es maravilloso saber que hay poder en todo lo que digas con tu boca y que la palabra de Dios te respalda, de modo que puedes estar seguro(a) de su cumplimiento? Sobre la base firme y segura de Sus promesas y sabios consejos puedes declarar lo que será de tu matrimonio, de tu cónyuge, tus hijos, tus proyectos o cualquier área de tu vida. Mediante esas mismas palabras puedes atar con autoridad al enemigo o cualquier plan con el que pretenda hacerte daño a ti o a los tuyos.

Cuando declares algo, no dudes, hazlo con la convicción de que la Palabra es la Verdad (véase Salmos 119:160, Juan 8:32; 14:6 y 10), tanto si la proclamas desde las azoteas (en público), como si la pronuncias en la intimidad de tu habitación. Ciertas personas suelen esgrimir posiciones muy firmes en favor de causas sociales, humanistas o ambientales (lo cual está muy bien), o en contra de políticos, líderes o figuras públicas que cometen acciones cuestionables (de nuevo, eso es respetable). Si esa actitud es admirada y despierta elogios, ¡cuánto más debiéramos tener posturas firmes e innegociables contra las huestes espirituales de maldad en los lugares celestes que pretenden dañarnos y/o frenar el avance del reino de Dios!

Ten presente siempre lo que vimos en la lección siete: nuestra lucha, no es contra el cónyuge, contra los hijos, u otras personas; nuestra lucha, como dice Efesios 6:12, es contra seres espirituales de maldad.

Para ilustrar mejor este punto recurriré a un ejemplo que leí en la biografía de Smith Wigglesworth. Resulta que en cierta oportunidad una señora le insistía a su perro que se devolviera para la casa, pero el perro no le obedecía. Cuando la señora vio que llegaba el bus al que debía subirse, reprendió de tal forma al animal que este acabó regresando por el mismo camino que había venido, con la cola entre las patas. Frente a esta escena Smith Wigglesworth concluyó: «Así es que tenemos que tratar al diablo».

Según la Biblia, «desde los días de Juan el Bautista hasta ahora, el reino de los cielos sufre violencia, y los violentos lo arrebatan» (véase Mateo 11:12). La Nueva Versión Internacional lo traduce así:

Desde los días de Juan el Bautista hasta ahora, el reino de los cielos ha venido avanzando contra viento y marea, y los que se esfuerzan logran aferrarse a él (Mateo 11:12 NVI).

La Traducción en Lenguaje Actual (TLA) lo expresa con estas palabras:

»Desde que Juan el Bautista comenzó a predicar hasta ahora, el reino de Dios avanza a pesar de sus enemigos. Sólo la gente valiente y decidida logra formar parte de él» (Mateo 11:12 TLA).

Tenemos que ser valientes y decididos, a pesar del enemigo y sus intentos; aferrarnos al Reino de nuestro Padre y contribuir a su avance. Nosotros «no somos de los que retroceden» (véase Hebreos 10:39). ¡Es tiempo de reaccionar y levantarse en el nombre de Jesús, tiempo de que Su Iglesia se esfuerce en el Espíritu y avance!

Como puedes ver, tienes el poder de *crear* con tus palabras; *para bien*, o *para mal*. Bendición, si usas palabras de bien; maldición, si tu boca le sirve al adversario.

Es tan serio el asunto, que el Señor prohíbe incluso las declaraciones ociosas. Sí, en esa categoría se incluyen todas las palabras vanas e innecesarias. Nos advierte el Hijo que por toda palabra ociosa daremos cuenta en el día del juicio (la Biblia nos habla en Apocalipsis 20:11-15, del juicio del gran trono blanco que debe enfrentar cada ser humano que muere sin Cristo), pero también se producen juicios en el mismo instante en que las personas toman una decisión y actúan en consecuencia. Por ejemplo, como lo relata Hechos 5:1-10, Ananías y Safira decidieron extraer, a escondidas, una parte de la ofrenda que iban a dar para la iglesia, por lo cual les vino un juicio inmediato y murieron al ser descubiertos.

*Mas yo os digo que de toda **palabra ociosa** que hablen los hombres, de ella darán cuenta en el día del juicio* (Mateo 12:36, énfasis de los autores).

Hay un refrán popular, tan utilizado como impreciso: «Las palabras se las lleva el viento». Tiene algo de razón, en el sentido de que las palabras deben estar respaldadas por acciones, y que a veces las personas hablan sin la intención de comprometerse con lo que dicen. Pero al amparo de ese refrán también se ha generalizado una creencia peligrosa: que sin importar lo que se diga, las palabras serán olvidadas, o que no tendrán consecuencias al final. ¡Díganle eso a Jesús!

Las palabras del médico al enfermo podrían precipitar su muerte. Por eso los galenos responsables generalmente emplean expresiones de ánimo: «Se ve bien hoy»; «la herida va sanando»; «su curación progresa», «pronto estará bien», etc. Cuentan que en cierta oportunidad un médico se equivocó, intercambiando el diagnóstico de dos pacientes. Al enfermo con muy mal pronóstico le entregó los resultados de un paciente sano, y al sano le dio los del enfermo.

¿El desenlace? El sano comenzó a sentirse enfermo, y empeoró hasta morir, mientras que el enfermo sanó y vivió para contarlo.

Los juicios que emiten los padres sobre los hijos, así sea de modo inconsciente, terminan influyendo y en algunos casos determinando lo que será su vida. Podríamos decir que un niño crece con la inocencia y la ilusión de ser y vivir libre, con un corazón sano y puro, hasta que las palabras de mal de uno de sus progenitores (quizás herido durante su infancia) le impactan negativamente. De esta forma la cadena interminable de maldición sobre sus generaciones se extiende o acentúa.

Muchas veces esas frases no matan, pero consiguen herir en lo profundo, marcando a quien las recibe para toda la vida. **El secreto para cambiar la historia está en pensar antes de hablar, meditar bien lo que está en juego y elegir lo mejor, declarando la palabra de Dios. Si bien todos nos equivocamos y tenemos momentos bajos y reacciones impulsivas, siempre tenemos una opción: arrepentirnos, pedir perdón y reafirmar Su palabra en nuestros corazones.**

Con la boca se confiesa para salvación

Un pasaje muy conocido de las Escrituras está en la Carta a los Romanos, capítulo diez, en especial entre los versículos ocho y diecisiete. Generalmente lo enseñamos para explicar a quien se abre al Evangelio por primera vez la forma de recibir a Jesucristo en su corazón («confesando con la boca, creyendo en el corazón»). Pero si nos fijamos bien, esta dinámica aplica también para toda nuestra vida. Una demostración de que hemos creído en nuestro corazón la palabra del Señor, sus promesas y bendiciones, es confesarlo con la boca.

Puede parecer un detalle insignificante para algunos. Pues bien, déjame decirte que *no lo es.* Cuando confiesas con tus labios lo que crees en tu corazón, tu cerebro está dando una orden poderosa al resto de tu cuerpo (¡poderosísima, porque estás declarando la palabra de Dios!). Aunque no lo percibas en ese momento, todo tu ser comienza a someterse a esa palabra pronunciada con fe por tus propios labios, impartiéndote el poder para caminar de acuerdo con ella, y permanecer con ella, hasta que obtengas las promesas que se te han hecho.

Confesar con la boca creyendo con fe en el corazón es una herramienta concluyente y determinante para derribar argumentos y fortalezas espirituales que se levantan en tu mente en contra del conocimiento del Hijo de Dios. Te ayuda a llevar todo pensamiento cautivo a la obediencia a Cristo (véase 2 Corintios 10:5). Con esa visión renovada, volvamos a leer el conocido pasaje de Romanos:

> *Mas ¿qué dice? Cerca de ti está la palabra, en tu boca y en tu corazón. Esta es la palabra de fe que predicamos: que si **confesares***

*con tu boca que Jesús es el Señor, **y creyeres en tu corazón** que Dios le levantó de los muertos, serás salvo. Porque **con el corazón se cree para justicia, pero con la boca se confiesa para salvación**. Pues la Escritura dice: Todo aquel que en él creyere, no será avergonzado. Porque no hay diferencia entre judío y griego, pues el mismo que es Señor de todos, es rico para con todos los que le invocan; porque todo aquel que invocare el nombre del Señor, será salvo. ¿Cómo, pues, invocarán a aquel en el cual no han creído? ¿Y cómo creerán en aquel de quien no han oído? ¿Y cómo oirán sin haber quien les predique? ¿Y cómo predicarán si no fueren enviados? Como está escrito: ¡Cuán hermosos son los pies de los que anuncian la paz, de los que anuncian buenas nuevas! Mas no todos obedecieron al evangelio; pues Isaías dice: Señor, ¿quién ha creído a nuestro anuncio? Así que la fe es por el oír, y el oír, por la palabra de Dios* (Romanos 10:8-17, énfasis de los autores).

En la Carta a los Romanos Pablo escribe que Dios, quien llama las cosas que no son como si fuesen —lo reiteramos porque es fundamental *saberlo* y *creerlo*—, prometió a Abraham que le daría descendencia. Relata Pablo que por veinticinco años el patriarca anduvo con la promesa de que Dios le daría descendencia.

*…(como está escrito: Te he puesto por padre de muchas gentes) delante de Dios, a quien creyó, el cual da vida a los muertos, y **llama las cosas que no son, como si fuesen*** (Romanos 4:17, énfasis de los autores).

Por unos años Abraham pensó que la promesa se cumpliría a través del hijo que tuvo con la esclava, pero Dios, que tiene mejores planes para nosotros que los que podemos imaginar, se apareció al patriarca cuando ya tenía noventa y nueve años y le dijo que tendría un hijo. Lo repitió a oídos de Sara, y esas palabras cobraron vida en ambos. Permanecieron en la pareja. Hablaban de ellas —tal como indica el Espíritu Santo, estando en su tienda, y andando por el camino, y al acostarse, y cuando se levantaban—. No me extrañaría que también se hubiesen hecho señales en sus manos y en todo lugar visible para tener presente la promesa. Como consecuencia, al cabo de un año y en la fecha señalada por Dios, nació Isaac.

Y estas palabras que yo te mando hoy, estarán sobre tu corazón; y las repetirás a tus hijos, y hablarás de ellas estando en tu casa, y andando por el camino, y al acostarte, y cuando te levantes. Y las atarás como una señal en tu mano, y estarán como frontales entre tus ojos… (Deuteronomio 6:6-8).

Por supuesto, está claro que cuando nació Isaac aún no se había escrito Deuteronomio, pero como sabemos, Abraham era amigo de Dios; conocía la Palabra por revelación del Espíritu Santo.

¿QUIERES VER COSAS NUEVAS? CRÉELAS Y DECLÁRALAS

Al obedecerle, aceptando por la fe y declarando lo que Jesús ha dicho, Dios obra. Algunos todavía subestiman el poder que hay en su boca, pero el mismo Dios, como vimos en Isaías, dice que Él anuncia cosas nuevas *antes* de que salgan a luz. Recuerda que Él nos dio la autoridad y el poder para hacerlo también.

> *Miren cómo se cumplió todo lo que antes anuncié, y ahora voy a anunciar cosas nuevas; se las hago saber a ustedes antes que aparezcan»* (Isaías 42:9 DHH).

Si quieres abrazar cosas nuevas, si anhelas ver milagros, si deseas experiencias sobrenaturales de bendición en tu vida y en tu familia, debes aceptarlas por fe y luego declararlas con tus propios labios. *Declarar* es tan fundamental como creer, porque Dios «**llama** las cosas que no son, como si fuesen» (recuerda Romanos 4:17). Lo mismo deben hacer Sus hijos. Como Dios, conforme a su buena voluntad, agradable y perfecta, «tiene para nosotros planes de bienestar y no de calamidad, para darnos un futuro y una esperanza» (véase Jeremías 29:11), solo tienes que aceptar ese designio que Dios tiene para ti y los tuyos. **¡Llama las cosas que no son como si fueran, con firmeza y determinación, creyendo que Dios es fiel para cumplir lo que ha dicho!**

Si Dios creó los cielos y la tierra mediante la palabra, como dice la Biblia, puede darte lo que estás pidiendo ¡y más! Pero primero aprende a pedir con sabiduría (véase Santiago 1:5-6), conforme a Su Palabra, y luego empieza a declarar lo que ella dice sobre ti y los tuyos. No te rindas, persevera, insiste y persiste. La Biblia también afirma que puedes determinar una cosa y lo que declares será firme, y que, si llegase a existir abatimiento, entonces hables, y Dios se glorificará salvando al humilde, humillando al orgulloso.

> *Prosperarás en todo lo que decidas hacer y la luz brillará delante de ti en el camino. Si la gente tiene problemas y tú dices: "Ayúdalos", Dios los salvará* (Job 22:28-29 NTV).

Josué era un hombre que declaraba la palabra con determinación, un valiente. Confrontó con Caleb a los otros diez espías que solo confesaban la derrota. Elevó su voz con autoridad aseverando de qué forma sería tomada la ciudad de Jericó y cómo cruzarían el río Jordán. Sostuvo la lanza durante todo el tiempo que duró la toma de Hai, ordenó al sol que se detuviera en Gabaón y a la luna en el valle de Ajalón. Sin importar si su declaración era astronómicamente precisa o no, así sucedió, tal como él ordenó, porque Dios sabía que detrás de la figura literaria empleada por Josué había una verdad espiritual, y una autoridad de la misma naturaleza. La Biblia lo registra así:

¡Verbaliza la palabra! ¡Siémbrala! La palabra es la semilla. ¡Siembra, riega y continúa haciendo ambas cosas! ¡Persiste! Sé de un creyente para quien el cumplimiento de una promesa tardaba demasiado. Mientras oraba, este creyente encontró en el libro de Ezequiel que «no se tardarán más sus promesas», y comenzó a declarar: «No más retrasos, no más tardanza». El resto lo imaginarás. Su clamor pronto obtuvo respuesta.

*Diles, por tanto: Así ha dicho Jehová el Señor: No se tardará más ninguna
de mis palabras, sino que la palabra que yo hable se cumplirá, dice
Jehová el Señor (Ezequiel 12:28).*

Cuando nació mi segunda nieta, mi esposa llamó desde la clínica pidiendo oración. Estaba muy preocupada porque mi hija llevaba bastante tiempo en trabajo de parto y la niña no podía nacer. Los médicos decían que algo estaba mal y que tendrían que practicar una cesárea. Me puse a orar, pero minutos más tarde mi esposa se comunicó de nuevo. Su preocupación, en lugar de desaparecer, había aumentado: la niña definitivamente no podía nacer en condiciones normales. Tras varias llamadas en las que no mejoraban las noticias, el Espíritu Santo me hizo recordar algo: una amenaza de aborto que había presentado mi hija cuando solo tenía cuatro meses de embarazo. En la iglesia habían orado ordenando al útero cerrarse y mantenerse así. En efecto, el útero se cerró y la amenaza de aborto pasó.

De inmediato oré y, en presencia del Señor, levanté la orden impartida al útero tiempo atrás. Declaré que había llegado el tiempo establecido por Dios y le ordené abrirse. El resultado (aunque fue lo que oré), nos asombró a todos. El útero de mi hija se abrió enseguida, al punto que casi tienen que atenderla en el pasillo de la clínica. Una vez más comprobamos que hacer declaraciones guiadas por el Espíritu y con fe en el Señor desencadena poder para determinar el futuro de nuestro matrimonio e hijos. ¡Bendito sea el Señor!

Cada palabra es una semilla. En cada una se halla el ADN divino. Debes sembrar, porque la misma Palabra dice que «cada semilla producirá según su especie» y regarla a diario. Nunca retroceder, sino alinearse con la Palabra (estar de acuerdo con ella). Luego de sembrarla, nos alimentamos meditando en ella cada día. Dios actúa cuando nosotros actuamos, Dios se acerca a nosotros cuando nosotros nos acercamos a Él. Smith Wigglesworth tenía una premisa. Decía: «Si Dios no se mueve, yo muevo a Dios». Desde luego esto no debe entenderse como una invitación a dar órdenes a Dios. Por el contrario; porque reconocemos Su señorío y sabiduría, sabemos que Él se deleita cuando nos aferramos a sus preceptos y promesas como soldados fieles. Recuerda lo que dice Hebreos 11:6. «Sin fe es imposible agradar a Dios». Y no hay nada de que gloriarnos, porque hasta nuestra fe es fruto y don del Espíritu Santo.

Haz declaraciones bajo la guía del Espíritu (por osadas que parezcan)

El Señor enseña que podemos intervenir en las leyes naturales autorizando ciertos términos según nos guíe el Espíritu Santo. En el pasaje de la higuera, por ejemplo, hay una de las más poderosas enseñanzas al respecto. Jesús vio la higuera, se acercó a ella y, al no encontrar higos, la maldijo. Como consecuencia, la higuera se secó. Con esta ilustración el Señor nos enseña que cualquiera que esté en Él y haga una declaración, —así se trate de algo imposible como el hecho de ordenarle a un monte que se quite y se eche al mar—, obtendrá lo que ordene, siempre y cuando no dude, sino crea que será hecho lo que dice. Finalmente nos insta a que todo lo que pidamos orando, creamos que lo recibiremos y nos vendrá. Veamos:

> *Y viendo de lejos una higuera que tenía hojas, fue a ver si tal vez hallaba en ella algo; pero cuando llegó a ella, nada halló sino hojas, pues no era tiempo de higos.* **Entonces Jesús dijo a la higuera***: **Nunca jamás coma nadie fruto de ti***. Y lo oyeron sus discípulos* (Marcos 11:13-14, énfasis de los autores).

> *Y pasando por la mañana, vieron que la higuera se había secado desde las raíces. Entonces Pedro, acordándose, le dijo: Maestro, mira, la higuera que maldijiste se ha secado. Respondiendo Jesús, les dijo: Tened fe en Dios. Porque de cierto os digo que cualquiera que dijere a este monte: Quítate y échate en el mar, y no dudare en su corazón, sino creyere que será hecho lo que dice, lo que diga le será hecho. Por tanto, os digo que todo lo que pidiereis orando, creed que lo recibiréis, y os vendrá* (Marcos 11:20-24).

> *...No temas, cree solamente* (Marcos 5:36).

Usa la espada con autoridad y decisión

Dios supera al mejor hombre de guerra. Su espada es la Palabra, y nosotros, como Sus hijos, también debemos aprender a usarla, con convicción y entusiasmo. Una espada mal empleada no sirve de nada. Si la ignoramos o utilizamos de manera negligente en lugar de usarla para lo que fue hecha (solo portándola a modo de objeto decorativo), las consecuencias serán catastróficas. A eso se refiere Jeremías en este pasaje:

> *Maldito el que hiciere indolentemente la obra de Jehová, y maldito el que detuviere de la sangre su espada* (Jeremías 48:10).

Lo que nos advierte aquí el Espíritu Santo y debemos entender hoy a la luz del nuevo pacto en la sangre de Cristo, es que el primer error de quien porta la espada de dos filos de la palabra de Dios, que «penetra hasta partir el alma y el espíritu» (véase Hebreos 4:12) es **subestimarla**. Eso hizo Moisés al desobedecer la instrucción de Dios. En lugar de **hablar** a la roca, para que le diera agua, la golpeó. Por no haber obedecido ni confiado en la fidelidad y el poder de la palabra de Dios (uso correcto de la espada para honrar a Su Dueño) Moisés no pudo entrar en la tierra prometida:

> *Y habló Jehová a Moisés, diciendo: Toma la vara, y reúne la congregación, tú y Aarón tu hermano, y **hablad a la peña** a vista de ellos; **y ella dará su agua**, y les sacarás aguas de la peña, y darás de beber a la congregación y a sus bestias. Entonces Moisés tomó la vara de delante de Jehová, como él le mandó. Y reunieron Moisés y Aarón a la congregación delante de la peña, y les dijo: ¡Oíd ahora, rebeldes! ¿Os hemos de hacer salir aguas de esta peña? Entonces alzó Moisés su mano **y golpeó la peña con su vara dos veces**; y salieron muchas aguas, y bebió la congregación, y sus bestias. Y Jehová dijo a Moisés y a Aarón: **Por cuanto no creísteis en mí**, para santificarme delante de los hijos de Israel, por tanto, no meteréis esta congregación en la tierra que les he dado (Números 20:7-12, énfasis de los autores).*

Este pasaje que algunas personas consideran de dureza excesiva del Señor con Moisés, quedó consignado en la Biblia como un testimonio fundamental para todas las generaciones sobre la importancia de creer y hablar la palabra del Señor sin importar las circunstancias, porque de ella proviene nuestro sustento diario, nuestra vida:

> *Cuidaréis de poner por obra **todo** mandamiento que yo os ordeno hoy, **para que viváis**, y seáis multiplicados, **y entréis y poseáis la tierra** que Jehová prometió con juramento a vuestros padres. Y te acordarás de todo el camino por donde te ha traído Jehová tu Dios estos cuarenta años en el desierto, para afligirte, para probarte, **para saber lo que había en tu corazón**, si habías de guardar o no sus mandamientos. Y te afligió, y te hizo tener hambre, y te sustentó con maná, comida que no conocías tú, ni tus padres la habían conocido, **para hacerte saber que no solo de pan vivirá el hombre, mas de todo lo que sale de la boca de Jehová vivirá el hombre** (Deuteronomio 8:1-3, énfasis de los autores).*

A eso mismo se refería Jesús al decirnos que Él, Cristo, el Verbo, es ese Pan vivo:

> ***Yo soy el pan vivo que descendió del cielo***; *si alguno comiere de este pan, vivirá para siempre…* (Juan 6:51, énfasis de los autores).

ERRORES QUE OBSTRUYEN LA BENDICIÓN

El *bendecir* (o *confesar* bien) es clave para solucionar los problemas del matrimonio y la familia. Debido a esta sencilla razón muchos no logran lo que están pidiendo y creyendo: porque no están *confesando* con su boca de conformidad con lo que están creyendo. Una cosa es la que creen, y otra la que confiesan.

El ángel Gabriel tuvo que dejar mudo a Zacarías (véase Lucas 1:20). El sacerdote, que se convertiría en padre de Juan el Bautista, había estado orando por un hijo, pero cuando se le notificó que recibiría lo que había pedido, en lugar de creer, solicitó una prueba. El ángel le cerró la boca a ese cuya lengua no se había alineado con el propósito de Dios. Zacarías no confesó con sus labios lo que debía haber confesado.

Algo similar ocurría conmigo cuando no lograba la restauración de mi hogar. Como yo no me alineaba con la palabra de Dios, tampoco obtenía la victoria. Quizás esto te suceda también. Dios ha planeado cosas maravillosas contigo, inconcebibles para el corazón humano, pero las declaraciones vacías, carentes de fe o centradas en tus propios intereses no dejan obrar al Señor. Lo mejor es sincronizar primero lengua, mente y corazón, y eso lo hace el Espíritu Santo cuando recibes y declaras Su Palabra.

Definitivamente debemos cuidar nuestras palabras, y eso implica cuidar nuestros pensamientos y corazón. La Biblia menciona tres ámbitos humanos donde se puede obtener la victoria o acentuar el problema: la mente, la boca y el corazón. La mente es el campo de batalla. Satanás lo mina con mentiras y pensamientos contrarios a nuestra fe. Cuando derrotamos y llevamos cautivos estos pensamientos opuestos en nuestra mente (véase 2 Corintios 10:5) obtenemos la victoria, porque lo que pensamos y validamos como cierto va a parar al corazón (término coloquial designado para abarcar todo lo que compone tu vida interior). Por eso Jesús advierte que lo que sale de la boca proviene de mente y corazón.

> *El hombre bueno, del buen tesoro de su corazón saca lo bueno; y el hombre malo, del mal tesoro de su corazón saca lo malo;* ***porque de la abundancia del corazón habla la boca*** (Lucas 6:45, énfasis de los autores).

Debemos tener mucho cuidado con nuestra mente, proclamando nuestra renuncia a todo pensamiento contrario que pueda producir conductas y palabras contrarias. ¡Eso también es llevar cautivo todo pensamiento a la obediencia a Cristo! Las palabras contrarias son derrota, muerte, destrucción, pero si eres disciplinado en cerrarles el paso y expulsarlas de tu vida con autoridad, notarás que pierden el dominio que ejercían sobre ti, hasta alejarse por un tiempo. Si regresan, sabes cómo enfrentarlas.

Otros errores que detienen la bendición

* **Dejar de honrar a padre y madre**

Honra siempre a tu padre y a tu madre, lo vimos en la lección uno, así ellos hayan cometido errores, porque Dios así lo ha decretado desde la ley de Moisés. Con mayor razón hoy, que nos movemos bajo el pacto de Su gracia y en el Espíritu. Si Dios puede llenarnos de amor para dar incluso a las personas difíciles y a desconocidos, ¡cuánto más a quienes nos han dado la vida! Si cometieron errores, deja que el Señor se haga cargo y ora por ellos, porque darán cuenta de sus palabras y acciones. Tú bendícelos y hónralos. Cuando lo hacemos estamos honrando a Dios, por cuanto es su mandato.

* **Murmurar y quejarse**

El chisme, la murmuración y la detracción se encuentran entre las ventajas tácticas más destructivas y mejor aprovechadas por Satanás para hacer daño a los hijos de Dios y a todas las personas. Lamentablemente los cristianos no le damos importancia a esas faltas y entramos en el juego del enemigo, pero cuando murmuramos y nos quejamos pasamos por alto que ese pecado es tan grave como cualquier otro, que ofende a Dios y obstruye la bendición.

> *Ni murmuréis, como algunos de ellos murmuraron, y perecieron por el destructor* (1 Corintios 10:10).

Conocimos el testimonio de un padre que tuvo que arrepentirse y declarar nulo lo que había murmurado sobre su propio hijo, pues lo que dijo estaba siendo utilizado por Satanás para acusarlo delante del Padre. Hay que tener mucho cuidado con lo que decimos. Los hebreos se quejaron acusando a Moisés y Aarón con palabras muy agresivas e ingratas. El mismo Dios los calló haciéndoles ver que no se estaban rebelando contra sus líderes, sino contra Él (véase Números 14:2-12).

* **El juicio o la falta de perdón a otros y a ti mismo**

> *…quien llevó él mismo nuestros pecados en su cuerpo sobre el madero, para que nosotros, estando muertos a los pecados, vivamos a la justicia; y por cuya herida fuisteis sanados* (1 Pedro 2:24).

Este versículo es absolutamente claro en que Jesús llevó nuestros pecados y nos justificó. Y si Jesús llevó nuestros pecados, ¿quiénes somos nosotros para contradecirlo? Si Cristo ya te perdonó, ¿por qué no te perdonas a ti mismo o a tu prójimo?

> *Porque como la altura de los cielos sobre la tierra, engrandeció su misericordia sobre los que le temen. **Cuanto está lejos el oriente del***

*occidente, **hizo alejar de nosotros nuestras rebeliones**. Como el padre se compadece de los hijos, se compadece Jehová de los que le temen* (Salmos 103:11-13, énfasis de los autores).

Cierta mujer cuyo testimonio conocimos no sanaba de su enfermedad. Si bien había perdonado a otros, no conseguía perdonarse a sí misma por un aborto que se practicó diez años antes. Por triste que suene su historia, la palabra de Dios es contundente: Jesús también llevó ese pecado en la cruz y por Su sangre justificó a la mujer arrepentida que creyó en Él. Nuestro Dios sana, perdona y restaura. Cuando ella lo entendió y se perdonó siguiendo el ejemplo de Su Salvador, recibió Su sanidad.

- **Usar la boca para secar, no para sanar**

En cierta oportunidad, una mujer me contactó por medio de uno de los programas de radio en los que ministro para que orara por su esposo. Le dije que lo haría con mucho gusto, pero cuando empezó a hablarme acerca del problema, tuve que pedirle que se detuviera, que no se refiriera más a él como lo hacía. Comprendí de inmediato por el Espíritu Santo que, si el esposo tenía problemas, era en gran parte porque ella lo tenía seco con la manera en que se expresaba de su marido. Recordemos cómo el Señor secó una higuera, ahora según el evangelio de Mateo:

> *Y pasando por la mañana, vieron que la higuera se había secado desde las raíces. Entonces Pedro, acordándose, le dijo: Maestro, mira, la higuera **que maldijiste** se ha secado* (Marcos 11:20-21, énfasis de los autores).

Por lo tanto, si esta mujer quería que su esposo fuera de bendición, tendría que empezar por dejar de maldecirlo, y sustituir ese hábito destructivo por uno productivo: **bendecirlo**, declarar cosas buenas sobre él, incluso por fe, llamando las cosas que no son como si fueran.

Lamentablemente, son muchos los hombres y mujeres que utilizan sus palabras para *secar* a su cónyuge, con cantaletas y palabras de maldición que no les ayudan a crecer, y mucho menos a sus hijos. Secan a su pareja e hijos con lo que dicen *o la forma* en que lo hacen. Literalmente pueden secarlos como Jesús secó la higuera con solo hablarle.

- **Olvidar las profecías que nos han sido dadas**

En otro caso que conocimos, Dios le mostró a un creyente que no siguiera orando de la manera que lo hacía (como su hijo andaba en muy malas compañías y prácticamente vivía más tiempo en las calles, el padre oraba pidiendo que no muriera). Pero Dios le dijo que no orara más pidiendo protección, rogando que no muriera, o súplicas por el estilo. La instrucción del Señor fue contundente: **«Declara las profecías que he pronunciado sobre él».**

La orientación que recibió este padre de parte del Señor me hizo recordar que Pablo hizo algo muy similar con Timoteo, su hijo espiritual:

Timoteo, hijo mío, te doy este mandato de acuerdo con las profecías que se han hecho acerca de ti para que recuerdes esas profecías y así pelees la buena batalla (1 Timoteo 1:18 PDT).

Podrás decir: «Eso suena muy espiritual. Pero, ¿cómo voy a orar de la forma que usted dice si, hasta donde yo sé, a mi cónyuge o a mi hijo(a) nunca le han dado una profecía?». Bueno, entiendo que quizás alguien de la iglesia no le haya dado una palabra de parte del Señor con contenido profético, pero, ¿y qué me dices de todas las promesas con contenido profético que se encuentran en la Biblia, que nos cubren hoy y eternamente por haber creído en Jesucristo como nuestro Señor y Salvador? ¡Son tantas que podría llevarnos un buen tiempo aprenderlas todas!

Para citar un ejemplo, examinemos una porción del capítulo trece de la Carta a los Hebreos. Cuando atravesemos por alguna situación de estrechez o nos enfrentemos a la oposición de otras personas, podemos apropiarnos de las promesas del Señor y declararlas en medio de pruebas de esta índole. ¡Están en la Biblia para ti y para mí!:

Sean vuestras costumbres sin avaricia, contentos con lo que tenéis aho-ra; **porque él dijo: No te desampararé, ni te dejaré; de manera que podemos decir confiadamente: El Señor es mi ayudador; no temeré lo que me pueda hacer el hombre** (Hebreos 13:5-6, énfasis de los autores).

EL PODER DE HACER DECLARACIONES «EN EL NOMBRE DE JESÚS»

Jesucristo autorizó a Sus primeros discípulos —y ahora a nosotros—, a actuar en Su nombre. No se trata de una fórmula mágica, sino de entender lo que estamos declarando y haciendo. La Biblia dice que debemos orar para obtener sabiduría y revelación del Padre acerca de Su Hijo y de Su nombre. **Actuar y declarar en el nombre de Jesús significa que vamos en Su lugar, con Su autoridad, Su voluntad y Su poder.** Veamos:

Y estas señales seguirán a los que creen: En mi nombre echarán fuera demonios; hablarán nuevas lenguas; tomarán en las manos serpientes, y si bebieren cosa mortífera, no les hará daño; sobre los enfermos pondrán sus manos, y sanarán (Marcos 16:17-18).

Parafraseando estas indicaciones en palabras más actuales. Jesús dijo: *«Quiero que entiendan que para hacer estos milagros ustedes deben ir en mi lugar, ejerciendo mi autoridad, mi poder».* Ejemplo: Cuando entras en un hospital a orar por los enfermos, no eres tú quien entra, ¡es el mismo Jesús, representado por ti!; cuando te enfrentas a un endemoniado, no lo haces tú, es el mismo Jesús quien lo libera. El diablo no te ve a ti, ve a Cristo Jesús. ¿Por qué? Porque eres portador de la autoridad de Jesús y la ejerces en Su nombre. En otras palabras, si no vas, Cristo no va. Y cuando le obedeces, cumpliendo esa Gran Comisión, vas *en* Su poder, porque en nosotros reside el Espíritu Santo (el Señor dijo a los discípulos que recibirían poder cuando hubiese venido sobre ellos el Espíritu Santo). Por eso la Biblia dice:

> *Porque la palabra de la cruz es locura a los que se pierden; pero a los que se salvan, esto es, a nosotros, es poder de Dios* (1 Corintios 1:18).

Algunos hermanos oran: «Señor dame poder», pero esa oración es incorrecta, porque *ya* tienes poder. Ahora necesitas aprender a administrarlo. Una oración más bíblica y sabia sería: «Señor, enséñame a caminar en el poder que me has dado».

¡Ya has sido ungido y dotado con poder de lo alto para derrotar al diablo! Muchos aún caminan con la cabeza baja, confesándose sin poder, sin gozo, o admitiendo sentirse derrotados. Pero si creemos lo que afirma la Biblia, que ya hemos sido comisionados con la autoridad de Jesús y dotados con el poder que lo levantó de entre los muertos, ninguna fuerza del mal puede dañarnos, ni apartarnos de su amor, gozo, paz, paciencia, benignidad, bondad, fe, mansedumbre y templanza (véase Gálatas 5:22).

> ***...pero recibiréis poder, cuando haya venido sobre vosotros el Espíritu Santo***, *y me seréis testigos en Jerusalén, en toda Judea, en Samaria, y hasta lo último de la tierra* (Hechos 1:8, énfasis de los autores).

> *Y a ti te daré las llaves del reino de los **cielos**; y todo lo que atares en la tierra será atado en los cielos; y todo lo que desatares en la tierra será desatado en los cielos* (Mateo 16:19, énfasis de los autores).

Dios ha puesto Su poder en nosotros, pero el hombre, lo menosprecia, lo resiste con lo que habla. La Biblia dice que es difícil domar la lengua. Las palabras se interponen impidiendo que la unción del Señor nos transforme y nos movamos *en* Su presencia.

El poder de Dios en nuestra vida, Su misma presencia, merece toda nuestra admiración, honra y un trato reverente. Una forma de lastimar ese regalo inmerecido es dar rienda suelta a declaraciones vulgares o egoístas. Muchas personas asisten a la iglesia, cantan, alaban, citan las Escrituras, las declaran, lloran, glorifican a Dios, pero al salir de la reunión ya están murmurando, levantando chismes, juzgando, criticando, quejándose, y profiriendo toda clase de expresiones negativas, llenas de duda e incredulidad. No permitamos que el templo del Espíritu Santo se convierta en una cueva de ladrones (véase Mateo 21:13, Marcos 11:17 y Lucas 19:46).

Si somos consistentes al decir lo que Dios dice, el poder divino permanece y se incrementa, pero si decimos lo que Dios no dice, Su poder en nosotros se apaga hasta resultar neutralizado. Somos nosotros mismos quienes obstruimos el fluir de Su gran poder y amor con nuestra inconsistencia.

No se trata de decir lo primero que nos venga a la mente, sino de aprender a hablar lo que Dios nos dice. Lo que Él quiere oír de nosotros es: «**Estoy de acuerdo contigo, si Tú dices que puedes hacerlo, entonces puedes hacerlo**». Quizá sea imposible para el hombre, pero todas las cosas son posibles para Dios.

Tenemos que aprender la importancia de que nuestro corazón verdaderamente esté de acuerdo con Dios y nuestra conducta se rinda a Su voluntad. Muchos escuchan las predicaciones, oran, glorifican a Dios y esperan en Él con gran expectativa (y todo eso está muy bien, hay que hacerlo), pero lo que a veces no entienden es que con su propia lengua están cavando un pozo cada vez más profundo, que los separa de Dios. Por nosotros, nuestro matrimonio y nuestro hogar, debemos aprender a decir lo que Dios dice. **La victoria de Jesús se basó en pensar, decir y hacer lo mismo que el Padre.**

> *Respondió entonces Jesús, y les dijo: De cierto, de cierto os digo: No puede el Hijo hacer nada por sí mismo, sino lo que ve hacer al Padre; porque todo lo que el Padre hace, también lo hace el Hijo igualmente* (Juan 5:19).

Las promesas del Señor son para todos, pero todo el que quiera ver cómo se cumplen en su vida, debe empezar por *creer* **lo que Dios dice,** *declarar* **lo que Él dice, y** *hacer* **lo que Él dice. Se trata de permanecer en Su palabra y actuar de acuerdo con ella.**

> *...Si vosotros permaneciereis en mi palabra, seréis verdaderamente mis discípulos; y conoceréis la verdad, y la verdad os hará libres* (Juan 8:31-32).

> *...Desde este día comenzaré a engrandecerte delante de los ojos de todo Israel, para que entiendan que como estuve con Moisés, así estaré contigo* (Josué 3:7).

Si por algún motivo aún te parece difícil permanecer en Él, en Su palabra, solo te puedo aconsejar que leas la Biblia, en actitud de oración, sin límite de tiempo y dispuesto a recibir y meditar en lo que recibes durante esos momentos especiales, hasta que tengas la convicción de lo que Él quiere mostrarte. Te aconsejo que hables con Él; dile con toda sinceridad lo que sientes y pídele que te enseñe a caminar con Él. Una vez hayas hecho esto, será más fácil guiar a tu cónyuge y a tus hijos a hacer lo mismo. Jesús está ahí, cerca de ti, más de lo que puedes imaginar. Dile cuánto necesitas que te enseñe a caminar con Él. Estoy completamente seguro de que lo hará. Así lo hizo conmigo. Él vino a mi vida cuando lo invoqué, vino para quedarse y me llevó a la victoria.

PUNTOS IMPORTANTES PARA RECORDAR

De todos los fundamentos para tener un matrimonio exitoso vistos en esta lección, creemos oportuno recordar, de manera especial, los siguientes:

Primero: Que Dios tiene planes maravillosos para cada uno de nosotros, para nuestras familias, para nuestros hijitos. Son muchos los pasajes bíblicos que nos hablan de esta hermosa realidad, confirmada por Juan en su segunda epístola.

> *Amado, yo deseo que tú seas prosperado en todas las cosas, y que tengas salud, así como prospera tu alma (3 Juan 1:2).*

Segundo: Que nos equipó para lograrlo, poniendo Su palabra poderosamente creativa en nuestra boca.

> *Y en tu boca he puesto mis palabras, y con la sombra de mi mano te cubrí, extendiendo los cielos y echando los cimientos de la tierra, y diciendo a Sion: Pueblo mío eres tú (Isaías 51:16).*

Tercero: Que muchas veces el hombre, en lugar de declarar para bien, lo hace para mal, y cada uno obtiene del fruto de su boca.

> *Porque por tus palabras serás justificado, y por tus palabras serás condenado (Mateo 12:37).*

> *La muerte y la vida están en poder de la lengua, y el que la ama comerá de sus frutos (Proverbios 18:21).*

Cuarto: Debemos alinearnos con la Palabra, y confesarla sin reparar en las circunstancias, ni dejarnos llevar por los limitados razonamientos humanos. «No nos guiamos por lo que vemos u oímos, sino por lo que creemos». Debemos hablar y obrar conforme a la voluntad de Dios, a fin de obtener las bendiciones que, felizmente, Dios ya ha dispuesto para nosotros, quienes hemos creído en Cristo Jesús.

> *Si permanecéis en mí, y mis palabras permanecen en vosotros, pedid todo lo que queréis, y os será hecho (Juan 15:7).*

Quinto: Nos hemos acostumbrado a declarar cosas razonables, desde la zona de seguridad y comodidad de nuestra propia conveniencia, pero Dios nos llama a declarar las que Él quiere en nuestras vidas, así nos parezcan irrazonables o imposibles. Dios declaró que Sara tendría un hijo en el plazo de un año cuando, humanamente, eso se veía imposible. Josué realizó una declaración para que el sol se «detuviera» en Gabaón; y que la luna hiciera lo propio en el valle de Ajalón, y Dios honró su palabra; tal como clamó con autoridad, fue hecho.

EJERCICIO: PONIENDO LA PALABRA POR OBRA

Ahora te invito a apropiarte de lo que Dios le dijo a Moisés. Llama a tu familia y ora por ellos, declarando las cosas que aprendemos de este precioso pasaje de Números:

> *Jehová habló a Moisés, diciendo: Habla a Aarón y a sus hijos [y a todos los sacerdotes y reyes, (aquí pronuncia el nombre de tus familiares, pues son reyes y sacerdotes según Apocalipsis 1:6)], y diles: Así bendeciréis a los hijos de Israel,* **diciéndoles***: Jehová te bendiga, y te guarde; Jehová haga resplandecer su rostro sobre ti, y tenga de ti misericordia; Jehová alce sobre ti su rostro, y ponga en ti paz. Y pondrán mi nombre sobre los hijos de Israel, y [cuando lo hagan], yo los bendeciré* (Números 6:22-27, énfasis, corchetes y paráfrasis de los autores).

¡Amén! ¿No fue algo especial y poderoso? Bueno, a partir de hoy, ten siempre presente: el Padre bendice a quien tú bendigas (véase Josué 10:14). El Padre hará en cada uno conforme tú lo decretes. Si bendices a tus hijos, el Padre los bendice, si dejas de hacerlo, los privas de esa bendición.

> *Porque como desciende de los cielos la lluvia y la nieve, y no vuelve allá, sino que riega la tierra, y la hace germinar y producir, y da semilla al que siembra, y pan al que come, así será mi palabra que sale de mi boca; no volverá a mí vacía, sino que hará lo que yo quiero, y será prosperada en aquello para que la envié* (Isaías 55:10-11).

Aún hoy *Dios bendice*. Él quiere que seamos fructíferos. Nuestro Padre dice «¡Fructificad!». El Señor siempre bendice (dice-bien) antes de obrar el milagro, en ocasiones con lujo de detalles e instrucciones (véase 1 Crónicas 14:10-16). Nuestra principal misión es estar atentos a Su voz, verdadera clave del éxito.

> *Mi porción [mi herencia] es Jehová, dijo mi alma; por tanto, en él esperaré* (Lamentaciones 3:24, corchete aclaratorio de los autores).

¡Así que anuncia! ¡Declara a las personas la bendición del Padre celestial en Cristo Jesús, y todo les cambiará para bien! Tú puedes ser ese canal de bendición, para los tuyos, para los que te rodean, y hasta lo último de la tierra. Recuerda siempre: ¡Dios nos bendice y bendice lo que nosotros bendigamos!

En nuestro libro «Cómo tener un matrimonio victorioso» contamos que una de nuestras hijas entró en una gran rebeldía mientras estaba en el colegio, resuelta a abandonar sus estudios para dedicarse solo a ser cantante. Sus comportamientos retadores hacia mi esposa y hacia mí eran permanentes. No permitía que la corrigiéramos, era desafiante y usaba sus audífonos para no prestarnos atención, por lo que tuvimos que decomisarle su celular, su tableta y hasta el computador.

Esto te lo cuento para que aprendas cómo usar la Palabra, para hacer declaraciones que cambien el futuro para bien, en este caso, el de tus hijos, pero también lo puedes llevar a la práctica con tu cónyuge, familiares o con cualquier otra persona.

En el caso de mi hija, había estado orando constantemente por ella, me paseaba por los lugares que más frecuentaba e imploraba a Dios para que cambiase la situación. Un día, ella estaba sentada en el escritorio de mi esposa y, movido por el Espíritu Santo, la abordé sin darle posibilidad de irse de allí. Le dije en un tono firme que iba a declarar lo que acontecería en su vida. Tal vez pensó que la regañaría, que la trataría mal, pero yo empecé a declarar, a decir, a expresar bendiciones para su vida, como las siguientes:

«Cuando te cases, tus hijos jamás serán rebeldes contigo».

«Tu esposo jamás te llevará la contraria, sino que te amará y agradecerá tu consejo».

«Tus jefes jamás rechazarán tus iniciativas».

«Terminarás la secundaria y te graduarás con mejores calificaciones que las de tus compañeros».

«Irás a la universidad, estudiarás becada en atención a tu altísimo rendimiento académico, y serás una excelente profesional».

Así continué, haciendo muchas *declaraciones de bien* semejantes, ¡bendiciéndola! ¿Y qué crees que le ocurrió? ¡Todo, todo se ha venido cumpliendo! ¡Gloria a Dios! En efecto se graduó con mejores notas que sus compañeros. Posteriormente, ingresó a una de las mejores universidades del estado, este año, bendito sea Dios, se gradúa como Ingeniera Biomédica, y siempre ha estudiado becada por su alto rendimiento académico.

Como ves en este ejemplo, que muestra cómo aplicar lo estudiado en esta lección, tú puedes alinearte con la Palabra, y hacer declaraciones enfocadas en cambiar para bien alguna situación compleja por la que atravieses. Puedes llamar las cosas que no son como si fueran. Dios dice que desea que seamos prosperados en todas las cosas. Con base en esta palabra que encuentro en 3 Juan 1:2, declaré un futuro de bienestar para mi hija, y así aconteció.

Si queremos ver el cumplimiento de esas promesas día a día, es necesario tener presente siempre que no basta con ser simplemente *oidores* de la Palabra, o con solo «recitarla de labios para afuera». Si aspiramos a crecer como individuos, como pareja y como familia, rodeados por la gracia y las bendiciones del Señor, tenemos que ser *hacedores* de la Palabra (véase Santiago 1:22). Pablo insiste en que la fe de Abraham se manifestó a través de sus acciones. La fe sin este actuar coherente con lo que hemos creído está muerta en sí misma (véase Santiago 2:17). Pero quien se esfuerza en Cristo, mediante el Espíritu Santo, procurando obedecerlo en todo, heredará bendiciones (véase Deuteronomio 28:15-18).

Solamente dilo, ¡eso sí, mucho cuidado!, porque mal-decir puede producir resultados catastróficos. Pero si con lo que dices desatas bendiciones, esas palabras que proclamaste con fe, en obediencia, serán honradas y recompensadas.

Para concluir esta lección, dada la importancia de este principio, insistimos en la necesidad de que te atrevas a proclamar, por fe, hechos en favor de tu matrimonio y tu familia que den la gloria a Dios, así parezcan imposibles. Recuerda, Josué lo hizo, cuando ordenó al sol y la luna que se pararan cada uno en un lugar, y la Biblia registra que Dios lo respaldó, que Dios obedeció a la voz de un hombre.

> *Ese día en que el Señor entregó a los amorreos en manos de los israelitas, Josué le dijo al Señor en presencia de todo el pueblo: «Sol, detente en Gabaón, luna, párate sobre Ayalón». El sol se detuvo y la luna se paró, hasta que Israel se vengó de sus adversarios. Esto está escrito en el libro de Jaser. Y, en efecto, el sol se detuvo en el cenit y no se movió de allí por casi un día entero. Nunca antes ni después ha habido un día como aquel; fue el día en que el Señor obedeció la orden de un ser humano. ¡No cabe duda de que el Señor estaba peleando por Israel!* (Josué 10:12-14, NVI).

Y también en este tiempo, Jehová pelea por ti, pelea por tu matrimonio, por tus hijos, por la salud, la paz, el gozo e integridad de tu familia, incluyendo tus finanzas. Sé un aliado del Señor, decretando Sus promesas en favor de tu familia, hazlo continuamente, diariamente, en fin, constantemente. Cuando te conviertes en ese hombre, o en esa mujer que bendice a su cónyuge y a sus hijos, estás impactando para bien tu hogar y tus generaciones. ¡Ánimo! Ya que quieres un matrimonio hermoso, lleno de gozo y una familia triunfante, comienza a decretar, a declarar; ¡persevera, mantente en la carrera! Dios te continúe bendiciendo.

LAS FUNCIONES O ROLES DE LOS CÓNYUGES

EDIFICANDO SOBRE LA ROCA PARA VOLVER AL PLAN ORIGINAL DE DIOS

> *Cualquiera, pues, que me oye estas palabras, y las hace, le compararé a **un hombre prudente, que edificó su casa sobre la roca.** Descendió lluvia, y vinieron ríos, y soplaron vientos, y golpearon contra aquella casa; y no cayó, porque estaba fundada sobre la roca. Pero cualquiera que me oye estas palabras y no las hace, le compararé a **un hombre insensato, que edificó su casa sobre la arena;** y descendió lluvia, y vinieron ríos, y soplaron vientos, y dieron con ímpetu contra aquella casa; y cayó, y fue grande su ruina* (Mateo 7:24-27, énfasis de los autores).

> ***La mujer sabia edifica su casa;*** *mas la necia con sus manos la derriba* (Proverbios 14:1, énfasis de los autores).

Jesucristo dice que para tener un matrimonio tal como fue diseñado «al principio» (véase Mateo 19:8) debemos **edificarlo sobre la roca.** ¡Y la roca es Jesús mismo! Él es el Cristo, el Verbo, la Palabra de Dios hecha carne. Su palabra comprende sus estatutos, su ley, sus mandamientos. Edificar sobre ese cimiento sólido tu matrimonio, tu casa, tu entorno, es construirlos con *sabiduría* (prudencia). La lluvia, los ríos, los vientos que golpean la casa representan las dificultades y los problemas de la vida.

Si el ser humano es insensato y falto de sabiduría, edifica *sobre la arena*. De este modo, cuando surgen las dificultades y los problemas entre esposo y esposa, el matrimonio se derrumba y es grande la ruina. Pero cuando el hombre y la mujer **son prudentes**, ambos optan por construir con sabiduría. En consecuencia, al presentarse las desavenencias, los problemas y conflictos que golpean su matrimonio, este no cae, porque está fundado sobre la Roca indestructible de la Palabra de Dios.

Porque Jehová da la sabiduría, y de su boca viene el conocimiento y la inteligencia (Proverbios 2:6).

He aquí, tú amas la verdad en lo íntimo, y en lo secreto me has hecho comprender sabiduría (Salmos 51:6).

Hay sabiduría cuando aceptamos y elegimos creer que el matrimonio fue instituido **por Dios y con un propósito**. La primera manifestación de la prudencia a la que se refiere Jesús es reconocer que Dios no se equivocó al crear el matrimonio. Al hacerlo también aceptamos que, si bien compartimos la misma naturaleza humana, hombres y mujeres no somos iguales. Nos complementamos. Nos necesitamos. Así que el hombre elige construir su casa sobre la roca, al igual que ella, proponiéndole acompañarlo en esa romántica aventura, un bello proyecto solo de ambos, para toda la vida, en igualdad de condiciones ante los ojos de nuestro amante Padre y Creador, aportando y apoyando cada uno de acuerdo con su propio diseño, capacidades, talentos y dones particulares. Así como él es consciente de su gran responsabilidad en el cumplimiento del gran propósito divino, ella no ignora que el éxito del uno es el del otro, que «la mujer sabia edifica su casa y la necia la destruye» (véase de nuevo Proverbios 14:1).

Y es allí donde verdaderamente confluyen la esposa y el esposo, unidos en el espíritu de manera auténtica, alcanzando esa armonía tan deseada por todas las parejas, por cuanto coinciden **un hombre que quiere edificar su casa sobre la roca y no sobre la arena**, y **una mujer que quiere edificar su casa con sabiduría**. Lo anterior significa, ni más ni menos, el encuentro de un hombre y una mujer con el mismo propósito. Terminan por ende uniendo sus vidas, sus almas, sus anhelos, sus fuerzas, para edificar mutuamente su vida matrimonial, y un entorno apropiado para su familia.

Tanto el hombre como la mujer deben entender lo que dice la Biblia sobre su unión, que **el matrimonio se debe edificar con Dios para que no sea en vano el esfuerzo que realizan los esposos (véase Salmos 127:1). Es un proceso donde ambos cónyuges deben construir con sabiduría, cumpliendo los roles que Dios ha previsto para cada uno**, tema que nos ocupará en esta lección.

Las Sagradas Escrituras revelan en diferentes pasajes esos roles o funciones que corresponden tanto al esposo como a la esposa. También nos ofrecen consejos e indican los puntos más sensibles y relevantes para edificar esa casa; cuándo, dónde y cómo hacerlo. Aclaran que **Dios debe ser el arquitecto**, y que al edificar esa casa sobre la roca debemos hacerlo con sensatez y sabiduría de lo alto.

Muchas personas se han aventurado a construir sobre la arena, creyendo que pueden ser la gran excepción y que se lo demostrarán al mundo, que pueden hacer funcionar las cosas sin ayuda de nadie. Por lo general todos empezamos esa nueva vida con proyecciones, con dinamismo, con planes y buenas ideas, llenos de esperanza, fuerza, y grandes ilusiones. Pero llega el momento inevitable de las lluvias, los vientos y el desborde de los ríos. Es entonces cuando la casa tambalea y se empieza a arruinar. Y nos preguntamos por qué. La respuesta la sabíamos: *se nos olvidó construir con sabiduría, conforme a la Palabra de Dios*. La Biblia dice:

> *Y si alguno de vosotros tiene falta de sabiduría, pídala a Dios, el cual*
> *da a todos abundantemente y sin reproche, y le será dada* (Santiago 1:5).

En realidad, nadie desea que su matrimonio o su familia tambaleen o se derrumben. Pero a quien realmente le interese tener éxito en la misión de edificar su casa, le conviene revisar algunos apartes bíblicos referentes a las funciones de los esposos y esposas. Proponemos revisarlos a continuación, para que puedas entender cómo desea Dios que actúes con tu pareja y familia:

FUNCIONES DE LOS CÓNYUGES

En la tercera lección vimos cómo Dios creó al esposo y a la esposa para que fuesen «una sola carne». Y así nos ve Él, como un equipo indivisible, de lo cual también hablamos, razón por la cual lo primero que un matrimonio debe considerar es: **No podemos edificar de manera individual, sino como una sola carne**. Debemos *pensar* y *actuar* como uno solo. Sin duda el viejo adagio popular de que «dos cabezas piensan mejor que una» se inspiró en esta bella particularidad del diseño divino.

Así como las ruedas de una bicicleta son independientes, pero cada una está sujeta al engranaje para cumplir su misión, esposo y esposa se encuentran **sujetos y unidos** para cumplir la suya. La tarea de edificar el matrimonio corresponde tanto al hombre como a la mujer, tal como Dios lo instituyó (véase Génesis 1 y 2). El encargo inicial encomendado a ambos como pareja era: **complementarse para multiplicarse, sojuzgar la tierra y señorear en toda la creación**. No fue una misión por separado. Dios no les dio dos jardines (uno para el hombre y otro para la mujer), ni los creó para competir o para sustituirse, sino para **complementarse.**

Y es sobre esta base que el hombre y la mujer deben distribuirse las funciones, de común acuerdo, de conformidad con lo que dice la Biblia. En el Nuevo Testamento, el Espíritu Santo —por medio del apóstol Pablo en las cartas a los efesios y colosenses, y de Pedro en su segunda epístola—, nos describe algunas de ellas. Veamos las citas:

> ***Las casadas estén sujetas a sus propios esposos como al***
> ***Señor, porque el esposo es cabeza de la esposa así como Cristo***
> ***es cabeza de la iglesia,*** *y él mismo es salvador de su cuerpo [...]*
> ***Por esto dejará el hombre a su padre y a su madre y se unirá a***
> ***su mujer, y serán los dos una sola carne [...] Por tanto, cada uno***

*de ustedes ame a su esposa como a sí mismo, y la esposa respete a
su esposo* (Efesios 5:22-33 RVA 2015, énfasis de los autores).

*Asimismo vosotras, mujeres, estad sujetas a vuestros maridos; para que
también los que no creen a la palabra, sean ganados sin palabra por
la conducta de sus esposas...* (1 Pedro 3:1).

Maridos, amad a vuestras mujeres, y no seáis ásperos con ellas
(Colosenses 3:19).

*Maridos, amad a vuestras mujeres, así como Cristo amó a la iglesia, y se
entregó a sí mismo por ella...* (Efesios 5:25).

*Vosotros, maridos, igualmente, vivid con ellas sabiamente, dando honor
a la mujer como a vaso más frágil, y como a coherederas de la gracia de
la vida, para que vuestras oraciones no tengan estorbo* (1 Pedro 3:7).

*Por lo demás, cada uno de vosotros ame también a su mujer como a sí
mismo; y la mujer respete a su marido* (Efesios 5:33).

Las funciones en pocas palabras

- Las casadas estén sujetas a sus propios esposos como al Señor.

- El esposo es cabeza de la esposa, así como Cristo es cabeza de la Iglesia.

- Esposos, amen a sus esposas, como a sí mismos.

- Dejará el hombre a padre y madre, se unirá a su mujer, y serán una sola carne.

- La esposa respete a su esposo.

- Maridos: no sean ásperos con ellas.

- Maridos: vivan con ellas sabiamente.

- Maridos: den honor a la mujer como a vaso más frágil.

- Maridos: honren a la mujer como a coheredera de la gracia de la vida.

- Marido: ame a su esposa, como Cristo amó a la Iglesia.

Como podemos observar, Dios imparte **diferentes funciones** a hombres y mujeres. Alguien podría preguntarse: «¿Por qué, si finalmente somos iguales? De carne y hueso, con las mismas necesidades; lloramos, reímos y sentimos por igual». Pero la verdad es que **Dios nos hizo diferentes**, de forma que uno pueda ser el complemento perfecto del otro. Hombre y mujer unidos *en* y *ante* Dios constituyen una unidad. Para que lo podamos entender mejor la Biblia establece una comparación con el cuerpo humano. Explica que la mujer es como el cuerpo y el hombre como la cabeza. Cada uno cuenta con funciones diferentes, pero al mismo tiempo ninguno de los dos podría vivir la vida plenamente si no contara con el otro.

En ese orden de ideas, si el hombre y la mujer percibimos y emitimos conceptos desde ópticas y experiencias diferentes, ¿cómo pedirle a un hombre que «*se ponga en el lugar de la mujer*»? Con dificultad un esposo logrará ponerse en el lugar de la esposa. Del mismo modo, no se puede decir a la esposa: «*Si te pusieras en mis zapatos…*». Ella *jamás* va a sentir lo mismo, o pensar lo mismo. Ambos podrían intentar hacerlo, pero, en términos generales, no conseguirán experimentar de igual manera la vivencia del otro.

¡Somos diferentes! Si Dios nos creó para que fuéramos el complemento del otro no podemos pretender sustituir ese diseño conforme a nuestros intereses del momento. Por el contrario, lo *normal* es que nos hagamos falta y anhelemos la compañía del otro. Por eso Dios dice: «No es bueno que el hombre esté solo, hagamos ayuda idónea para él» (véase Génesis 2:18). La razón es que Dios nos creó con naturalezas diferentes, de modo que pudiéramos ofrecer al otro ese complemento: pensamos, percibimos la existencia y nos sentimos realizados con cosas diferentes y de manera distinta. Somos diferentes, física, anatómica, mental y emocionalmente.

EL ROL DE LAS MUJERES EN EL MATRIMONIO

> *Asimismo vosotras, mujeres, estad sujetas a vuestros maridos; para que también los que no creen a la palabra, sean ganados sin palabra por la conducta de sus esposas, considerando vuestra conducta casta y respetuosa. Vuestro atavío no sea el externo de peinados ostentosos, de adornos de oro o de vestidos lujosos, sino el interno, el del corazón, en el incorruptible ornato de un espíritu afable y apacible, que es de grande estima delante de Dios. Porque así también se ataviaban en otro tiempo aquellas santas mujeres que esperaban en Dios, estando sujetas a sus maridos; como Sara obedecía a Abraham, llamándole señor; de la cual vosotras habéis venido a ser hijas, si hacéis el bien, sin temer ninguna amenaza (1 Pedro 3:1-6).*

Resulta notable que los maridos **se conviertan a Cristo por la conducta de sus esposas**. Interesante también que la conducta que más los lleva a la cruz de Cristo —según este pasaje de la epístola— sea la *sujeción*, y que lo que suscita reflexión en el esposo según el versículo dos sea «considerar su conducta *casta y respetuosa*».

Y cuando el pasaje habla de Sara, da a entender que es **el ejemplo** de lo que Pedro acaba de describir, por su **conducta afable, apacible, sujeta.** Esa misma conducta llevó a Sara a convertirse en una mujer de alta estima en el reino de los cielos. No se sintió amenazada por estos mandamientos, sino creyó que Dios era Su autor y que estaba ante los principios de Su reino, por lo cual obedeció, comprendiendo **que en la obediencia hay prosperidad.** Estar sujeto no significa vivir esclavizado. Es saber respetar la dignidad y autoridad que Dios ha puesto en el otro, según Su plan.

Eva, en cambio, no se sujetó. Obrando por su cuenta adelantó una negociación con Satanás a espaldas de Adán. Para desgracia suya, de su esposo y de su descendencia, el maligno logró confundirla. Mical, hija de Saúl, no se sujetó a su esposo David. Lo observó desde una ventana, notando que el rey saltaba y danzaba delante del Señor, por lo cual lo menospreció en su corazón, lo criticó, y debido a esa actitud quedó estéril. Pero Ana, madre del profeta Samuel, se sujetó a su esposo y Dios la bendijo grandemente, dándole los hijos que no podía tener.

Si bien Dios constituyó **una unidad** de cada pareja, previó que la esposa podía pensar en independizarse, en tratar de actuar por sí sola, sin contar con el esposo. Por eso estableció que ella debe permanecer **sujeta** a él. Sujetar significa **asir**, evitar cualquier desprendimiento. En este contexto, el término remite a la mujer a andar con el esposo como los vagones del tren van unidos a la locomotora. La ventaja de que la esposa no se suelte permite a la pareja moverse armónicamente, cumplir su misión y alcanzar con mayor facilidad los propósitos para los que ambos fueron creados.

Ahora bien, *sujeción* y *sumisión* son dos conceptos distintos. La Biblia habla en este caso de sujeción, y no de sumisión. Reproduzco a continuación lo que dice el diccionario de la lengua española:

Sujeción: Acción de sujetar. Unión con que algo está sujeto de modo que no puede separarse, dividirse o inclinarse.

Sumisión: Sometimiento de alguien a otra u otras personas. Sometimiento del juicio de alguien al de otra persona. Acatamiento, subordinación manifiesta con palabras o acciones. Acto por el cual alguien se somete a otra jurisdicción, renunciando o perdiendo su domicilio y fuero.

El ejemplo que ofrece la Biblia con Sara, nos indica que ella, más que sumisa a **Abraham,** permanecía **sujeta** a él. Caminaba con él, lo apoyaba en todo, y por supuesto opinaba, aunque no guio a Abraham sabiamente, respecto a lo que sucedió con Agar. De hecho, siempre se salió con la suya en lo concerniente a su relación de pareja y acerca de Agar, primero para que Abraham le diera hijos en ella, y luego para que la echara de su casa (véase Génesis 16:2 y 21:10). Eso sí, jamás hizo algo por fuera de las decisiones que tomaban en pareja.

El Señor Jesús afirmó: «Yo soy la vid, vosotros los pámpanos […] separados de mí nada podéis hacer» (véase Juan 15:5). Para que la Iglesia sea fructífera tiene que estar asida, prendida, sujeta a Jesús. **Lo mismo ocurre con la esposa en relación con el esposo. Debe procurar la misma actitud que nos muestra Sara para que los dos puedan cumplir su objetivo. La esposa debe permanecer unida, asida, agarrada, sujeta al esposo.**

Testimonio

En días pasados una hermana en la fe nos compartió que antes de venir a los Estados Unidos anhelaba profundamente irse a vivir con sus hijos a Georgia, pero su esposo se oponía. No obstante, ella optó por no contender con él. Tampoco hizo planes por su cuenta. Solo oró, y oró. En un clamor que imagino como el de Ana, le dijo a Dios: «Señor, me someto a ti; Tú sabes mi deseo de viajar con mis hijos a los Estados Unidos, pero mi esposo no quiere, así que no voy a pelear; me someto a Ti».

Después de orar dejó de sentirse agobiada por el afán, se quedó dormida y descansó en el Señor. Muy pronto Dios le dio una respuesta. Usó a la persona de la que menos esperaba algo: al padre de su esposo. Inesperadamente su suegro le dijo a su marido: «Lo mejor que puedes hacer es irte con tus hijos». Fue el comienzo del anhelado viaje.

Un consejo de oro: respeto

La mujer fue creada para ser tratada con delicadeza. Por eso a las damas les encanta la gallardía y caballerosidad en el esposo. La Biblia enseña que la esposa debe ser tratada con sabiduría, recibiendo atenciones, alabanzas y honor. A los hombres, por su parte, les gusta que los traten con respeto y ser admirados. Si algo hace sentir bien a los maridos es que su mujer los visualice como héroes. El esposo es tratado con respeto y se le reconoce en las distintas áreas donde trabaja cuando realiza su labor con éxito, por sencilla que sea. Aun así, muchas veces la mujer lo ignora o lo trata como a un extraño. Ignorar el mandato bíblico de honrarse mutuamente impacta en forma considerable el comportamiento de los hijos hacia sus progenitores.

La educación, los buenos modales, siempre deben estar presentes. Si siembras expresiones como: «mi amor», «cariño», «mi vida», «por favor», «perdón» o «gracias», vas a cosechar una relación caracterizada por el buen trato y el respeto.

Sé amable sin exagerar, sintiéndolo en lo profundo del corazón, para que lo que digas te salga de forma natural y no como si estuvieras actuando. Muéstrate feliz con tu cónyuge; a tu pareja le agradará y esa actitud le mostrará, a su vez, un camino en el que puede habituarse a ser optimista. Si por alguna circunstancia no estás para confiar mucho en tu pareja, confía en Dios, en que el Señor tiene el control absoluto de todo.

Declaraciones de mal sobre el esposo: ¡jamás!

A la esposa se le habló de ser ayuda idónea y verdadera para su marido, de ser **columna, apoyo** y **convertirse en bendición** para su esposo. Puede bendecirlo mediante acciones, actitudes, declaraciones y palabras. Algunas esposas, no obstante, —por la naturaleza caída que compartimos y que prevaleció antes de que Cristo nos convirtiera en nuevas criaturas (véase 2 Corintios 5:17)—, tienden a lo que éramos antes de conocerlo a Él en el sentido de quejarse, murmurar y hacer declaraciones de mal, pero la Biblia es enfática: debemos bendecir y no maldecir. Bendecir al esposo genera un tremendo impacto en el mundo espiritual. Por eso la Biblia dice:

> *Bendecid a los que os persiguen; bendecid, y no maldigáis* (Romanos 12:14).

Cuando estás con tu pareja y se presenta un problema, («desciende la lluvia, vienen ríos, soplan vientos y golpean contra la casa»), su oración juntos va a ser diez veces más poderosa que si la elevaran por separado. La Biblia dice: «mejores son dos que uno, porque tienen mejor paga de su trabajo» (véase Eclesiastés 4:9). Asimismo, en las guerras, **unidos, son diez veces más poderosos**, como podemos ver a continuación.

> *¿Cómo podría perseguir uno a mil, y dos hacer huir a diez mil, si su Roca no los hubiese vendido, y Jehová no los hubiera entregado?* (Deuteronomio 32:30).

EL ROL DE LOS HOMBRES EN EL MATRIMONIO

El principal, como lo vimos en la Carta a los Efesios es «amar a nuestra esposa como a nuestro propio cuerpo». Pablo, autor de la epístola, nos ofrece una hermosa y comprometedora metáfora, que no por ser figura literaria deja de ser verdadera:

> **Maridos, amad a vuestras mujeres, así como Cristo amó a la iglesia, y se entregó a sí mismo por ella...** (Efesios 5:25, énfasis de los autores).

Entregarse por ella (morir por ella)

A esta altura debo decirte que, si aspiras a tener una magnífica esposa, una excelente pareja, una compañera amorosa, gentil, con un corazón generoso, que te ame y respete, **tienes que estar dispuesto a pagar un precio, a entregarte por ella,** que es otra forma de decir *morir por ella*. Cuando te has comprometido hasta este punto, luchas por tu matrimonio, por tu familia, y si llegan a aparecer fuerzas oscuras de maldad que intentan destruir tu casa (contiendas, rutina, desánimo, falta de gozo), peleas la batalla por ella (recuerda todo lo que te hemos enseñado en este curso). Entonces se cumple lo que dice la Biblia respecto a tu esposa.

Como cierva amada y graciosa gacela. Sus caricias te satisfagan en
todo tiempo, y en su amor recréate siempre (Proverbios 5:19).

Lo mismo aplica para las esposas. Cuando tienen un esposo difícil, una de esas personas que no han rendido su vida a Jesús, o apenas empiezan a descubrir y conocer el reino de Dios, deben estar dispuestas a «morir» por él, por su matrimonio y familia, si es que también anhelan la compañía de esposos que las amen, protejan, provean, se preocupen por ellas, las atiendan de manera única, y amen igualmente a sus hijos.

El llamado a entregarse por la esposa, a *morir por ella*, es del esposo, pero en ocasiones se invierten los papeles y ella está dispuesta a morir por él, según el crecimiento espiritual de ambos desde que fueron llamados. **Cada cónyuge debe estar dispuesto a morir por su pareja como Cristo murió por su Iglesia.** Jesucristo dio su vida por la Iglesia cuando esta no existía. Al Señor Jesús lo habían traicionado, negado, y abandonado; no obstante, Él se entregó a sí mismo **por Su Iglesia.** Posteriormente, **es Su Iglesia la que ha debido disponerse a dar su vida por Él**. La invitación de Cristo a amar es la misma para ti: estar dispuesto a morir por tu cónyuge, sin importar si te sientes correspondido o no. ¡Así es el amor de Dios!

¿Y *cómo* «morir» por mi pareja? Lo haces cuando te humillas ante Dios, y obedeces lo que Él dice que hay que hacer respecto a tu cónyuge, cuando dejas de hacer *lo que tú crees*, y lo sustituyes por *lo que Dios ordena que hay que hacer*, con especial atención en la necesidad de perdonar, de abandonar todo enojo antes de que se oculte el sol (véase Efesios 4:26), de olvidar las cosas pasadas (véase Isaías 43:18), de devolver bien por mal (véase Romanos 12:21) y bendecir.

Alguien podría pensar que si hace todo lo anterior se estaría humillando ante su pareja, o «perdiendo su personalidad», pero, aunque el hombre natural lo vea de esta manera, lo que sucede en realidad es que **el hombre espiritual y entendido sí sabe lo que ocurre,** que cuando decides morir ante Dios te rindes, te humillas, mueres al viejo hombre y actúas con tu cónyuge conforme Dios pide que lo hagas. Y cuando decides humillarte, **Dios te levanta.** La Biblia dice:

...si se humillare mi pueblo, sobre el cual mi nombre es invocado, y
oraren, y buscaren mi rostro, y se convirtieren de sus malos caminos;
entonces yo oiré desde los cielos, y perdonaré sus pecados, y sanaré
su tierra (2 Crónicas 7:14).

En este orden de ideas: si **Dios** dice «no se ponga el sol sobre vuestro enojo», debes asegurarte de que así ocurra; si Él dice que *debemos* perdonar, hay que hacerlo; si dice «devuelve bien por mal» esa es la respuesta y punto. Si dice «no te acuerdes de las cosas pasadas», o «ama a tu esposa», debes hacerlo. Lo mismo aplica para ellas. Si ordena a las esposas «respeten a su marido» deben llevarlo a la práctica.

Si te sientes abandonado(a), rechazado(a), si fueron injustos contigo o te trataron mal, **refúgiate en el Señor**, y por favor, nunca eleves oraciones acusatorias contra tu pareja. Encuentras paz en Dios perdonando, olvidando toda ofensa, y rogando a Él, desde Su infinito amor y misericordia que perdone también a quien te agravió. Tal como Jesús oraba por quienes lo estaban crucificando: «Padre, perdónales, porque no saben lo que hacen» (véase Lucas 22:34).

Debes estar dispuesto a «morir» por tu cónyuge, a pagar un precio. Si lo haces, Dios no te va a dejar avergonzado(a); por el contrario: el Señor se encargará de avergonzar la rebeldía, la ira, el deseo de venganza, y todo aquello que se levante contra ti o contra tu familia. Transformará a tu cónyuge en otra persona y te lo(a) devolverá cambiado(a). Lo hizo con nosotros. Dios nos transformó. *Nos cambió.*

El autor J. Lee Grady en su libro «Vamos más profundo», nos presenta una bella imagen al recordarnos de dónde salió la primera mujer y de dónde salió la Iglesia: «Así como el costado de Adán se abrió para dar a luz a la primera mujer, el costado de Jesús se abrió para dar a luz a la Iglesia. ¡Su perforación liberó una fuente de vida para nosotros!».[1] Sin el sacrificio de Jesús, que dio su vida para salvarnos, nosotros no tendríamos vida. «Si el grano de trigo no cae en la tierra y muere, queda solo; pero si muere, lleva mucho fruto» (véase Juan 12:24).

En días pasados conversaba con una de mis hijas, la menor. Ella no alcanzó a conocer nuestros tiempos de crisis. Le dije: «**Mírame, hijita, soy un milagro de Dios, tu mami, nuestro matrimonio y toda nuestra familia lo es. Dios nos transformó**».

Si deseas tener un matrimonio victorioso, una familia triunfante, un esposo (una esposa) que te ame y respete, hijos y nietos que te honren, te invito a dar la batalla por tu pareja, dispuesto a morir por ella, entendido ese *morir* como una rendición total a Dios.

El esposo: el primero en rendir cuentas

Es bueno que los hombres sepamos que es **a nosotros** a quienes se pedirá cuentas primero; por la familia, por nuestra esposa y nuestros hijos. Cuando la primera pareja pecó en Edén, a quien tocó responder inicialmente fue **al hombre**. Adán debió explicar por qué estaban desnudos. Dios va a preguntar, por ejemplo: «¿Por qué tu familia está en ruinas?» «¿Por qué tu familia se ha perdido?». «¿Dónde estabas tú y quién te enseñó lo que te mandé que no

---

¹ J.LEE GRADY, «Vamos más profundo», Editorial Desafío. 2023.

hicieses?» (véase Génesis 3:9-10). Tienes que responder como hombre. Primero corresponde al hombre, después a la mujer.

Vivir con ellas sabiamente

Vosotros, maridos, igualmente, vivid con ellas sabiamente, dando honor a la mujer como a vaso más frágil, y como a coherederas de la gracia de la vida, para que vuestras oraciones no tengan estorbo (1 Pedro 3:7).

Pedro explica aquí que un hombre que logra convivir armónicamente con su esposa, **ha necesitado sabiduría**. Es tan fino, exquisito y sofisticado el diseño de estos *vasos más frágiles* y *coherederas de la gracia de la vida* que solo un hombre sabio puede alcanzar su mente y corazón. Las mujeres gozan de un exuberante y bello mundo interior, complejo y profundo, como sus más íntimos secretos y pensamientos, de modo que el hombre que desea casarse definitivamente necesita pedir sabiduría a Dios.

«¿En qué consiste la sabiduría de un hombre?». «¿Qué necesita aprender y practicar? Pedro lo revela: «Dando honor a la mujer como a vaso **más** frágil». Esto no solo nos obliga a considerar las diferencias desde la capacidad física entre ambos y aprender a guardar las proporciones del caso, sino que nos remite principalmente a la delicadeza del corazón de una mujer, mucho más sensible, y por lo tanto más fácil de herir y resultar lastimado. Por eso el hombre no puede tratar con ligereza a una mujer. Dios nos lo reitera una vez más:

Maridos, amad a vuestras mujeres, y no seáis ásperos con ellas (Colosenses 3:19).

Con el trato áspero los cielos se cierran

Ignoro lo insondable de los secretos de Dios, únicamente sé, por las Escrituras, que Dios no tiene preferencias, ni hace acepción de personas, pero a mí me da la impresión de que las mujeres son para Él su especial tesoro, la niña de sus ojos. Tratarlas ásperamente es lograr que los cielos se nos cierren.

No hay razón para dejar de amar cuando estamos enojados

Hay personas que en una situación de enojo —todos la vivimos en un momento dado— se sienten incapaces de decirle a su cónyuge «mi amor», o como suelan llamarle cariñosamente. Pero en el Evangelio de Jesucristo se nos enseña que, aun estando enojados, debemos seguir amando. Incluso cuando ofendemos a Dios, **no deja de amarnos**. Cuando pecamos, Su amor nos redarguye. Entonces reconocemos: «No soy digno, no soy digno de tanto amor», y nos arrepentimos.

ACTITUDES QUE APLICAN A AMBOS CÓNYUGES

Ya no estamos bajo la ley del talión

Aun así, nos resistimos a amar al pecador. Nos parece demasiado pedir cuando alguien nos ha irritado, o nos ha provocado hasta hacernos sentir ira. Eso lo que demuestra es que la mayoría de los cristianos —si bien hemos abrazado el Evangelio de la gracia y somos morada del Espíritu—, seguimos viviendo bajo la justicia retributiva de la ley de Moisés: «Ojo por ojo, diente por diente», etc.

En otras palabras: «Te amo en la medida en que me ames»; «Me entrego en la medida que te entregues»; «Camino en la medida que tú camines, en tanto *tú camines hacia mí*». Parece una doctrina capaz de poner fin a cualquier discusión, pero planteada de esa forma solo significa una sola cosa: que ese amor está bajo «matrícula condicionada», o con «*tarjeta amarilla*» de entrada. ¡Pero **esa doctrina no es la de Jesucristo!** El Rey de Justicia prometió que nos sería enviado el Espíritu Santo para poder *amar y dar* más allá de lo que un ser humano cree posible, con el amor del cielo.

Mujeres creyentes que «ganan» a sus maridos

Cuando imparte instrucciones a las parejas en su primera carta, Pedro explica la forma en que las esposas pueden ganar el corazón de su esposo, como ya mencionamos, «sin palabra», **por medio de la conducta** (incluso a aquellos que *no creen* en la Palabra):

> *Asimismo vosotras, mujeres, estad sujetas a vuestros maridos; para que también los que no creen a la palabra, sean ganados sin palabra por la conducta de sus esposas…* (1 Pedro 3:1).

El mismo Pablo confirma esto en el capítulo siete de su Primera Carta a los Corintios, cuando se refiere a los problemas del matrimonio (específicamente en el caso de personas que se convierten al Señor estando ya casadas) y la **gran diferencia** que puede marcar su **ejemplo** en la vida de un cónyuge no creyente.

> *…Si algún hermano tiene mujer que no sea creyente, y ella consiente en vivir con él, no la abandone. Y si una mujer tiene marido que no sea creyente, y él consiente en vivir con ella, no lo abandone. Porque el marido incrédulo es santificado en la mujer, y la mujer incrédula en el marido…* (1 Corintios 7:12-14).

Recuerda siempre que Dios ha llamado a tu esposa **«coheredera [juntamente contigo] en el reino de Dios»**. Te corresponde tratarla según el honor que ha recibido como hija de

Dios, y seguir la recomendación que la Escritura nos hace a todos los maridos: «No ser ásperos con ellas para que nuestras oraciones no tengan estorbo».

Si queremos **ver la gloria de Dios en nuestras casas**, en nuestra familia, nuestros hijos, nuestros nietos y nuestras generaciones, debemos aprender a **vivir** estos principios. Si quieres ver a tus hijos amando y buscando a Jesús, llevando vidas victoriosas, es hora de ponerlos en práctica. Aunque al comienzo tengas la impresión de que no entiendes muchas cosas, lo irás comprendiendo. Créeme, te habla alguien que pasó de pensar que lo había perdido todo, a *tenerlo todo.*

CONCLUYENDO

Si queremos tener un matrimonio victorioso (como debió serlo el primero antes de la caída), según el corazón de Dios, donde veamos Su gloria, tenemos que morir al *hombre carnal* y alimentar el *hombre espiritual*, pues «ya no somos carnales sino espirituales» (véase 1 Corintios 3:1). Para lograrlo, tenemos que permanecer en Jesús y encargarnos de que Sus palabras permanezcan en nosotros (véase Juan 15:5 y 7). ¡Esto es edificar sobre la roca que es Cristo Jesús! Se trata de *tomar nuestra propia cruz cada día y seguirlo:*

> *Pero él, volviéndose, dijo a Pedro: ¡Quítate de delante de mí, Satanás!; me eres tropiezo, porque no pones la mira en las cosas de Dios, sino en las de los hombres. Entonces Jesús dijo a sus discípulos: Si alguno quiere venir en pos de mí, niéguese a sí mismo, y tome su cruz, y sígame. Porque todo el que quiera salvar su vida, la perderá; y todo el que pierda su vida por causa de mí, la hallará (Mateo 16:23-25).*

> *Llevad mi yugo sobre vosotros, y aprended de mí, que soy manso y humilde de corazón; y hallaréis descanso para vuestras almas; porque mi yugo es fácil, y ligera mi carga (Mateo 11:29-30).*

Se trata de obedecer a Dios

Como el gran precio por nuestros pecados ya fue pagado por Cristo al venir a esta tierra, hacerse hombre por nosotros y morir en la cruenta cruz, nos corresponde ahora creer y poner por obra todo lo que Él declaró respecto a las relaciones maritales, para llegar a tener y disfrutar un matrimonio como lo diseñó el Padre desde un principio.

La lógica de lo celestial no se guía por la terrenal

Una vez el ser humano desobedeció y comió del árbol de la ciencia del bien y del mal, comenzó a razonar carnalmente, a guiarse por lo que dice el diablo, una lógica fundada en un concepto falso de lo que nos conviene, construyendo una cultura de mentira en la mente del hombre. Te invito a no dejarte guiar más por ese discurso satánico que invade la tradición, la cultura, la razón y el corazón. Vamos a guiarnos por la verdad: lo que dice la Biblia. Es la única forma de obtener un matrimonio según el corazón de Dios, según el diseño perfecto.

Jesús le dijo: Yo soy el camino, y la verdad, y la vida; nadie viene al Padre, sino por mí (Juan 14:6).

ORACIÓN

«Padre, reconocemos que estableciste instrucciones para guiarnos, y que tu Hijo es el Camino a ti, al lugar que teníamos primero, a nuestro hogar, al disfrute pleno de Tu presencia y de la herencia que tenemos en Cristo Jesús. Padre, perdónanos porque en varias oportunidades hemos obrado sin sabiduría en nuestro matrimonio. Te rogamos nos des sabiduría para cumplir con los roles que has diseñado perfectamente, tanto para la esposa como para el esposo, pues tu palabra dice que Tú nos das la sabiduría, y que de tu boca proceden el conocimiento y la inteligencia. Depongo en este momento todo argumento que contradiga Tus palabras y acepto por la fe y con gozo tus ordenanzas, porque ahora sé que solo así podre heredar la vida abundante que nos has dado en Jesús».

Porque el Hijo del Hombre vino a buscar y a salvar lo que se había perdido (Lucas 19:10).

EL SEXO: UN REGALO DEL OMNIPOTENTE

Dios inventó la atracción, las caricias, la conquista

Contrario a lo que muchos imaginan, Dios diseñó el matrimonio hasta en sus más íntimos detalles, estableciendo como manifestaciones perfectamente válidas y puras en el marco de la relación conyugal y de su amor la atracción física, la conquista, la complicidad, y la lealtad como **expresión de fidelidad y pertenencia en la pareja**. Asimismo, estableció que los cónyuges pudieran deleitarse el uno en el otro, en las caricias y abrazos de su amado(a), que cultivan la relación, volviéndola indestructible. Ante una creación tan cuidadosamente diseñada, por ejemplo, es absurdo que el Creador se moleste porque una pareja de esposos se acaricia y agrada con total libertad. ¡Ese fue siempre su propósito!

> *Como cierva amada y graciosa gacela. Sus caricias te satisfagan en todo tiempo, y en su amor recréate siempre* (Proverbios 5:19).

Dios puso en el hombre el arrojo y caballerosidad de un conquistador, y en la mujer el agrado que experimenta cuando es conquistada. En el hombre formó la capacidad de admirar y recrearse en la hermosura de la mujer, y en ella el gozo de ser admirada, cortejada y protegida. Hizo que el hombre se complaciera en hablar cosas bonitas a su esposa, y ella al escucharlas. Puso en ambos el agrado de acariciar y recibir las caricias del otro. Cautivó al hombre con la gracia de la mujer al caminar, al ritmo de la poesía de un corazón enamorado, y a ella la diseñó para que le encantara sentirse admirada por él, protegida y segura, mientras el esposo disfruta protegiéndola.

Dios nos ha puesto desde un comienzo en un jardín, y nos dio una esposa (o esposo en el caso de ellas), para formar un equipo, con la autoridad de sojuzgar toda su creación. Según la Biblia, todo lo puso a nuestros pies:

Digo: ¿Qué es el hombre, para que tengas de él memoria, ¿y el hijo del hombre, para que lo visites? Le has hecho poco menor que los ángeles, y lo coronaste de gloria y de honra. Le hiciste señorear sobre las obras de tus manos; todo lo pusiste debajo de sus pies (Salmos 8:4-6).

Nuestro cónyuge es nuestro complemento (recordemos que Dios nos ve como una unidad), ese es un regalo de parte Suya. Si alguno rechaza a su esposa, o ella a su esposo, menosprecia y rechaza **el regalo de Dios**. Amar a nuestro cónyuge no solo es un *placer*, también es nuestro *deber*. Si tienes esposa, no esperes para empezar a hacer lo que te corresponde: ¡ámala! En este momento muchos oran por una esposa, muchas mujeres claman por un esposo. Algunos han perdido a ese compañero(a) de vida, y cuando esto ocurre, duele y cuesta sobrellevarlo. Si Dios te dio ese cónyuge muéstrale tu gratitud y aprecio. Muchos hombres y mujeres anhelan tal compañía, sin ver aún la respuesta a sus oraciones.

Por todo lo que he vivido, puedo asegurar sin vacilaciones que es una prioridad impostergable cuidar de tu esposa. Y a ti, que estás casada, también te recomiendo cuidar tu viña, y el corazón de tu marido. Por supuesto se presentan momentos en que pareciese que el vino se ha terminado (véase Juan 2:3), como lo estudiamos en la lección diez: *Un gozo nuevo*.

Cuando el vino se acaba, también el gozo. Pero es justo entonces cuando tenemos que recordar que, si hemos invitado a Jesús a nuestra casa, el Señor nos ofrece un **vino nuevo**. Él no nos deja en vergüenza. La pareja de Caná pudo continuar con la celebración superando un aprieto, y es lo que sucede cuando invitamos a Jesús a nuestra casa, **a nuestra relación conyugal**: Él nos da un vino y gozo nuevos, para que podamos continuar celebrando.

Por eso el Señor estableció para su pueblo:

*Cuando alguno fuere recién casado, no saldrá a la guerra, ni en ninguna cosa se le ocupará; libre estará en su casa por un año, **para alegrar a la mujer que tomó*** (Deuteronomio 24:5, énfasis de los autores).

La sexualidad es un regalo de Dios

Respecto a la capacidad para vivir plenamente su sexualidad, Dios dotó con igual generosidad al hombre y a la mujer en su diseño físico y emocional, de forma que ambos puedan experimentar un gran placer e inmensa satisfacción al realizar el acto sexual. Dicho placer nace desde el momento mismo en que empieza la conquista, extendiéndose a lo largo del proceso de enamoramiento y compromiso, consolidándose en la celebración del matrimonio con el acto sexual, que no solamente une los cuerpos; también hace que el alma y el espíritu se compenetren íntimamente.

Tal es la razón por la que, cuando dos personas se han amado mucho, el intento de separarse sea por lo general un proceso complejo, muy doloroso y difícil. Y podemos entender mejor el daño que sufren las personas que se apresuran a experimentar su vida sexual sin haber sido unidas bajo la bendición del matrimonio; se cumple la advertencia del Espíritu:

> *...Porque la Escritura dice: «Los dos serán un solo ser»* (1 Corintios 6:16 PDT).

Lo anterior significa que todo lo que hay en el espíritu de una persona se transfiere a la otra. Como es lógico, en casos así, cuando no se toma el matrimonio con la seriedad que Dios espera, las consecuencias son inevitables.

El celestial obsequio de una mujer valiosa y atractiva a los ojos del hombre para que sea pareja y compañera, a fin de compartir todo con ella y sellar ese pacto de amor por medio de la relación sexual, es el más sublime regalo de Dios **para el esposo**. De la misma manera, el marido noble, valiente y abnegado que conquista el corazón de la mujer de modo que ella le permite acceder a su cuerpo, su alma, su espíritu y todos sus secretos, es un regalo incomparable **para la esposa** de parte del Padre Celestial. A tal punto que cada miembro de la pareja, desde el mismo momento en que comienzan a acariciarse, debería elevar su alma al cielo en oración, y dar gracias a Dios por su cónyuge, por el sexo, que brinda a ambos la posibilidad de sentirse cada vez más unidos y felices, por el regalo del otro y de poder conocerle y ahondar en sus secretos como nadie más puede hacerlo, según el diseño de Dios, que nos creó para amar y disfrutar de esa experiencia única e incomparable, regalo que solo puede provenir de nuestro Amante Creador, el Señor Todopoderoso.

La vida sexual dentro del matrimonio que sabe apreciarla es deleitosa, pues ambos, esposo y esposa, saben que fue diseñada para ser disfrutada, y que el hecho de que sepan valorarla alegra el corazón de su Padre Celestial. Para Dios el gozo de ver que disfrutas el regalo de la relación sexual en el ámbito del matrimonio, guardándolo fielmente, en santidad y honor, podría asemejarse a la alegría que sientes al ver las manifestaciones de dicha de tus niños con el regalo que les has traído.

Por otra parte, de conformidad con la Biblia, la relación sexual entre el esposo y la esposa es **un deber**, una responsabilidad, un compromiso que se deriva de un convenio aceptado de manera consensuada por ambas partes. Por supuesto, lo anterior no significa que si uno de los cónyuges se encuentra indispuesto o enfermo sea su *obligación* sostener relaciones sexuales bajo esta circunstancia temporal; es claro que en una relación donde predomina la armonía, la amistad y la comprensión, el otro cónyuge, por amor, puede negarse a sí mismo en casos especiales, esporádicos. Cuando la Biblia recuerda al esposo y la esposa cumplir con el deber conyugal, no pasa por alto que puedan presentarse estas situaciones. Lo que advierte es que el negarse el uno al otro, no puede convertirse en algo frecuente o reiterado (véase 1 Corintios 7:5).

Cuando se trata de la vida cotidiana, bajo circunstancias normales, como vemos, la Biblia no se detiene a considerar si hay exactamente la misma disposición, los mismos sentimientos o el mismo grado de deseo en ambos cónyuges. En el contexto de un día sin mayores contratiempos, o la indisposición de uno de los cónyuges —que su pareja debería comprender—, negarse a la relación sexual con el esposo (o la esposa) es un incumplimiento al mandato bíblico. Como consejeros matrimoniales hemos tenido que atender incontables casos de divorcio en los que, tristemente, la confianza y los cimientos de la relación se fragmentaron desde que uno de los cónyuges optó por ignorar su responsabilidad con su pareja abandonándola en el área sexual.

Si revisamos cuidadosamente la forma en que la Biblia se refiere a la vida sexual, encontraremos que su diseño original lleva a los cónyuges a mantenerse conscientes y activos en cuanto a mantener encendida la llama de la atracción que los une, y a querer disfrutar de ese regalo con frecuencia y constancia. Lamentablemente Satanás pervirtió el sexo, lo contaminó con lascivia, lo empaquetó en una gran campaña global de mercadeo llamada Lujuria, y aturdió los sentidos humanos, extinguiendo cualquier noción de pureza para que la perversidad se instalara en los corazones sin encontrar resistencia alguna. El ser humano ha caído en la sucia trampa del enemigo, motivo por el cual se multiplica preocupantemente a nuestro alrededor el número de mujeres, niños, jóvenes (y hasta hombres) abusados, lastimados, traumatizados, que solo con mucha ayuda y apoyo profesional pueden ver de nuevo el sexo como un regalo de Dios, no como algo malo y pervertido que se encargó de traer la desgracia a su vida.

Por otra parte, muchas personas han perdido el sentido de las proporciones en su vida, permitiendo que el sexo se les convierta en una obsesión, hasta el punto de desestimar cualquier otro asunto. Esta desviación de la conducta puede convertirse en una **adicción** para quienes han pasado a adorar y reverenciar todo lo que tenga que ver con su vida sexual, por encima de Su Autor. Solo piensan en el sexo. Sus sueños conversaciones, creaciones y objetivos giran en torno al sexo. Por eso la Biblia dice:

> *...Y la castigaré por los días en que incensaba a los baales, y se ador-*
> *naba de sus zarcillos y de sus joyeles, y se iba tras sus amantes y se*
> *olvidaba de mí, dice Jehová* (Oseas 2:10-13).

En efecto, no pocos han hecho del sexo su propio dios, llegando a amar más esta parte de su vida que a sus mismos cónyuges, en ocasiones de manera desordenada y llegando a transgredir el propósito de nuestro Creador. Pero el Señor no creó el sexo para la inmoralidad y la depravación, sino como un don para que nos deleitemos en nuestra relación matrimonial y crezcamos como hijos Suyos:

> *Pues habiendo conocido a Dios, no le glorificaron como a Dios, ni le*
> *dieron gracias, sino que se envanecieron en sus razonamientos, y su*
> *necio corazón fue entenebrecido. Profesando ser sabios, se hicieron*
> *necios, y cambiaron la gloria del Dios incorruptible en semejanza*

*de imagen de hombre corruptible, de aves, de cuadrúpedos y de
reptiles. Por lo cual también Dios los entregó a la inmundicia, en las
concupiscencias de sus corazones, de modo que deshonraron entre
sí sus propios cuerpos, ya que cambiaron la verdad de Dios por la
mentira, honrando y dando culto a las criaturas antes que al Creador,
el cual es bendito por los siglos. Amén. Por esto Dios los entregó a
pasiones vergonzosas; pues aún sus mujeres cambiaron el uso natural
por el que es contra naturaleza, y de igual modo también los hombres,
dejando el uso natural de la mujer, se encendieron en su lascivia unos
con otros, cometiendo hechos vergonzosos hombres con hombres…*
(Romanos 1:21-32).

Quienes hemos sido renovados por la preciosa sangre de Jesús debemos entender que,
desde el momento en que nos unimos a nuestra pareja en matrimonio, nuestra relación sexual
es sagrada, agradable y perfecta ante los ojos de Dios. El sexo es *uno* de los preciosos regalos
del Omnipotente para quienes participamos de este vínculo.

No obstante, así se tenga una vida sexual sana y constructiva en el matrimonio, esta
dimensión, por sí sola, no es lo que más nos llena y satisface; aunque alguien obtuviera todo
lo que espera de su cónyuge en el ámbito sexual —y aún más—, sin la presencia de Dios y
su intervención, su vida sería vacía. Basta observar la vida de personajes muy reconocidos
como cantantes, artistas y otros famosos que se jactan de su vida sexual desenfrenada y sin
restricciones. En muchos casos terminan sintiéndose solos, desdichados, presos de la agenda
de excesos que han elegido y que suele terminar en profundas depresiones, en medio de las
cuales resuelven que la única vía de escape es el suicidio.

**Claramente la vida sexual es un maravilloso regalo de Dios, pero esa área solo es uno
de los componentes del gozo en pareja que nos obsequia el Altísimo al tiempo que nos
deleitamos en Él, con un corazón agradecido por Su generosidad en todo.**

El gozo, el disfrute de la vida en pareja es mucho más profundo que el que proporciona la
relación sexual, trasciende la emoción que antecede y gobierna cada encuentro, la complicidad
de las miradas o el palpitar del corazón. Ciertas personas, al llegar a una edad avanzada en la
que los encuentros sexuales prácticamente han cesado, se deleitan en cuidarse, atenderse y
apoyarse, tanto emocional, como espiritualmente. Es allí donde florecen los grandes amores,
los mismos que a veces llevan a que ambos miembros de la pareja mueran con muy poco
tiempo de diferencia, porque al partir el uno, pareciera que la vida del otro comenzara a faltar,
así que continúa menguando hasta fallecer. Fue el caso de mamá (Luis). Mi padre murió en
buena vejez. Por esa época mi madre lucía vigorosa, fuerte y juvenil. No fue, sino que papá
partiera para que su salud física y mental comenzara a declinar, al igual que los hábitos que
había mantenido toda su vida. Nunca volvió a ser la misma; murió pocos años después.

Quienes deseamos matrimonios victoriosos tenemos que estar dispuestos a abrazar el gozo de la vida en pareja con una expectación que trascienda lo estrictamente sexual (sin duda uno de sus componentes), pero que por intenso y satisfactorio que sea, no puede proporcionar toda la plenitud a la que Dios nos llama.

La sexualidad en la vida conyugal: deleite y protección contra el pecado

Los corintios le habían hecho a Pablo algunas preguntas referentes a la sexualidad en la vida de los creyentes y cómo debían conducirse ante las tentaciones, peligros y amenazas que pululaban a su alrededor, por ser Corinto un centro cosmopolita de su tiempo, con muchas tradiciones religiosas que incluían la prostitución (avalada por las divinidades que adoraban otros pueblos) y una vida sexual promiscua y depravada.

Pablo respondió de manera amplia y precisa, por lo cual es recomendable leer todo el capítulo siete de la Primera carta a los Corintios, que comienza así:

> *En cuanto a las cosas de que me escribisteis, bueno le sería al hombre no tocar mujer; pero a causa de las fornicaciones, **cada uno tenga su propia mujer, y cada una tenga su propio marido.** El marido cumpla con la mujer el deber conyugal, y asimismo la mujer con el marido. La mujer no tiene potestad sobre su propio cuerpo, sino el marido; ni tampoco tiene el marido potestad sobre su propio cuerpo, sino la mujer. No os neguéis el uno al otro, a no ser por algún tiempo de mutuo consentimiento, para ocuparos sosegadamente en la oración; y volved a juntaros en uno, para que no os tiente Satanás a causa de vuestra incontinencia (1 Corintios 7: 1-5, énfasis de los autores).*

Cuando revisamos todo el *contexto* y no solo algunos versículos de esta epístola, el mandato de cumplir con el deber conyugal (un deleitoso deber) debía considerarse un medio de protección contra el pecado de la fornicación y el adulterio *en personas que no tenían el don de continencia* (a diferencia de Pablo y quienes, como él, sí eran capaces de estar solos).

En el pasaje citado Pablo también es específico al recordar la voluntad del Señor en cuanto al matrimonio: debe estar compuesto solo por **dos** personas: **el esposo y la esposa.** Desde el comienzo fue así. Dios sabía que la mayoría de los hombres **no** tendrían el don de continencia y que quienes no lo tienen, encuentran **en su esposa** una ayuda idónea, no solo en el área sexual, sino en todo el sentido de la palabra.

> *Y dijo Jehová Dios: No es bueno que el hombre esté solo; le haré ayuda idónea para él (Génesis 2:18).*

Cabe anotar que el homosexualismo, como vimos, no proviene de Dios ni se considera alternativa para encontrar esa ayuda idónea **que Dios promete.** El capítulo uno de la carta a los Romanos que acabamos de revisar especifica que el homosexualismo es una desviación «contra naturaleza» (véase Romanos 1:26) un comportamiento adquirido, con el que *no* se nace. Es el resultado de la elección libre y voluntaria de la persona.

Volviendo sobre el capítulo siete de Primera de Corintios, cuando Pablo afirma «cada uno tenga su **propia** mujer y cada una tenga su **propio** marido», el término *propia* o *propio*, indica **pertenencia**, que se ha pagado un precio por el otro. Jacob, por ejemplo, pagó un precio por Lea (trabajar para Labán por siete años), pero al ser engañado por él estuvo dispuesto a pagar **otros siete años** por Raquel, que era la mujer a quien amaba realmente. Aunque bajo el nuevo pacto en la sangre de Cristo ya no se pague de esta manera por tu cónyuge y tengamos claro que no debemos tener sino **una sola pareja**, se establece un compromiso con ella que conlleva unos derechos y unos deberes para uno y otro, no solo a nivel contractual según la legislación de cada país (en el caso del matrimonio civil), sino también **espiritual**, es decir que ante los ojos de Dios **esa propiedad sobre el otro es real y está vigente**: cada cónyuge ha pagado o está pagando un precio que le otorga un derecho real sobre el otro.

Significa que si algún(a) extraño(a) intenta interponerse entre tu cónyuge y tú, está claro lo que debes hacer: **esa persona no tiene ningún derecho**, no ha pagado un precio por ti ni es tu dueño(a), por lo cual tiene que soltarte, alejarse y aprender a no tocar lo ajeno. Si alguien más aparte de tu cónyuge te pretende, sin importar su atractivo o los problemas por los que estés atravesando, debe irse de inmediato. **Darle un milímetro de esperanza es un paso seguro hacia la ruina para esa persona, para ti y para tu hogar.** No querrás vivir esa experiencia. Si a pesar de esta advertencia llegas a vivirla, recordarás estas palabras: el daño no se arregla ni supera de un día para otro.

> *¿Andará el hombre sobre brasas sin que sus pies se quemen? Así es el que se llega a la mujer de su prójimo; no quedará impune ninguno que la tocare…* (Proverbios 6:28-33).

Por el mismo amor del Señor, Pablo es tajante y nunca recurre a imágenes tibias que pudieran confundirnos. Recuérdalo cada vez que leas: *«Cada uno tenga su **propia** mujer y cada una tenga su **propio** marido».*

Continuando con el estudio del pasaje de Corintios encontramos: *«El marido cumpla con la mujer el deber conyugal, y asimismo la mujer con el marido. La mujer no tiene potestad sobre su propio cuerpo, sino el marido; ni tampoco tiene el marido potestad sobre su propio cuerpo, sino la mujer. No os neguéis el uno al otro […] para que Satanás no os tiente a causa de vuestra incontinencia».* Tristemente, no son pocos los casos de ruptura en la relación de la pareja que hemos atendido, como mencionamos, que comenzaron cuando él, ella (o ambos) resolvieron negarse el uno al otro. Pablo admite que en ocasiones puede ser sabio tomarse un tiempo de común acuerdo para que cada uno se dedique «sosegadamente a la oración», pero al mismo tiempo advierte que esa medida se justifica siempre y cuando sea **temporal y cumpla con ese objetivo específico. El negarse el uno al otro, causa estragos en el matrimonio.**

Las casas de lenocinio suelen tener más clientes casados que solteros, porque en estos lugares los primeros encuentran, mediante el fingimiento, lo que la esposa no les da (o no les dice); allá sí les hablan «con cariño», les sonríen y los hacen sentir importantes. Pero como ya sabemos, esos comportamientos son solo una triste puesta en escena de quienes se prostituyen, para obtener su dinero.

Esta cruda realidad debería llamar la atención de los hermanos y hermanas que se distraen con cuanta entretención exista, desde ciertas compañías a las que llaman amigos, hasta el celular, las aficiones, e incluso las mascotas, relegando a su pareja al último lugar. Muchas veces el cónyuge tiene que resignarse a vivir en el abandono, soportando el rechazo, el menosprecio, el maltrato o la indiferencia, lo cual también es jugar con el fuego de su incontinencia.

Por eso mismo Salomón advierte en el libro de Proverbios:

> *Sea bendito tu manantial, y alégrate con la mujer de tu juventud, como cierva amada y graciosa gacela. Sus caricias te satisfagan **en todo tiempo**, y en su amor recréate **siempre**. ¿Y por qué, hijo mío, andarás ciego con la mujer ajena, y abrazarás el seno de la extraña? Porque los caminos del hombre están ante los ojos de Jehová, y él considera todas sus veredas. Prenderán al impío sus propias iniquidades, y retenido será con las cuerdas de su pecado. Él morirá por falta de corrección, y errará por lo inmenso de su locura* (Proverbios 5:18-23, énfasis de los autores).

Cuando Salomón dice «la mujer de tu juventud» se refiere a la misma con la que has hecho un pacto. Esa misma con la que te verán paseando por la calle y conversando entre risas siendo ya los dos adultos maduros, pues a pesar de las circunstancias adversas, dificultades y diferencias, lograron sortearlas una a la vez, salir adelante y comprobar que Salomón no mentía al decir «siempre» y «en todo tiempo».

En cuanto a esas *caricias*, son un tesoro que permanece, sin importar el momento de la vida, supliendo nuestra necesidad de amar y recibir amor. Cuando esposos y esposas aprenden a identificar de qué manera obran esas caricias en el otro y el momento en que más las necesita, ambos comienzan a entender por qué el afecto sincero y la atracción física —sabiamente comunicada —son un arma poderosa para los dos, y es muro de contención contra los pecados sexuales al que nos venimos refiriendo.

Si aprendemos a discernir la necesidad que tiene el otro de esas caricias, no será tan difícil comprender por qué *ellos*, por duro que trabajen, y así lleguen a casa rendidos, parecen nunca estar demasiado cansados para el sexo, como si fuera parte de su descanso. También entenderemos por qué *ellas* llevan su propio ritmo y aprecian mucho los preámbulos, las sorpresas, el misterio y los gestos románticos antes del sexo. ¡Porque para ellas todo eso hace parte del acto sexual! Al asimilar eso y volverlo parte de nuestra vida de pareja, alejamos el peligro de convertirnos en esos hombres insensibles que solo quieren satisfacer sus instintos, o en esas mujeres que viven cansadas o con migraña para evitar a su esposo. Lamentablemente muchos matrimonios no consideran estas cosas, volviéndose terreno fértil para los divorcios.

Antes de contraer matrimonio el hombre y la mujer deberían aprender que piensan y se expresan de forma **diferente** en relación con su sexualidad. Mientras que por lo general el hombre se estimula más por la vista, en la mujer ejercen una mayor influencia los sentidos del tacto y el oído. Este hecho ha contribuido a que se crea que quien más anhela el encuentro sexual en la pareja es el hombre, lo cual no necesariamente es cierto. Que las mujeres no siempre vayan al mismo ritmo de los hombres o que se tomen más tiempo para digerir una pena o una preocupación no significa que estén menos dispuestas, o que no exista en ellas el mismo deseo sexual.

Si Salomón viviera en nuestro tiempo, en lugar de exhortar: *¿Y por qué, hijo mío, andarás ciego con la mujer ajena, y abrazarás el seno de la extraña?*, quizás hubiera dicho: «Ya tiene *la suya*: ¿por qué *necesita* estar pensando en *otra*?». Lamentablemente, según nuestra experiencia pastoral, en muchos casos la infidelidad hizo trizas la relación porque la mujer o el hombre no supieron cuidar **lo suyo**, ni suplir las necesidades del otro, mientras el ajeno o la ajena permanecían al acecho. Veamos:

> *Porque mirando yo por la ventana de mi casa, por mi celosía, vi entre los simples, consideré entre los jóvenes, a un joven falto de entendimiento, el cual pasaba por la calle, junto a la esquina, e iba camino a la casa de ella, a la tarde del día, cuando ya oscurecía, en la oscuridad y tinieblas de la noche. Cuando he aquí, una mujer le sale al encuentro, con atavío de ramera y astuta de corazón. Alborotadora y rencillosa, sus pies no pueden estar en casa; unas veces está en la calle, otras veces en las plazas, acechando por todas las esquinas. Se asió de él, y le besó…* (Proverbios 7:6-23).

Este joven de la situación observada por Salomón demuestra su falta de inteligencia y actitud carnal. Ha perdido toda sensibilidad y se ha vuelto un desvergonzado: iba para la casa de una mujer por la tarde, pero cuando oscurecía le salió al paso otra, con atavío de «ramera» (ojo con el aspecto exterior). De esto también deberíamos aprender a no descuidar nuestro aspecto, si no queremos que cualquier sinvergüenza nos quite lo nuestro. En este caso, *se asió de él y le besó.*

En cuanto a los hombres, es su **obligación** no dejarse asir ni agarrar de nadie que no sea su esposa. Una vez hayan caído en las redes de esa extraña habrán roto el pacto con la mujer que realmente les pertenece. ¿Que los perdonarán porque la Biblia habla de perdón? Sí, la Biblia dice que debemos perdonar, pero ese camino puede resultar largo y tortuoso, y nada les garantiza que las cosas vuelvan a ser como antes.

Es mejor no jugar con fuego, con lo sagrado que Dios nos dio. Quienes ni siquiera se detienen a hacer esas consideraciones se ufanan creyendo que «pescaron» —cuando en realidad «fueron pescados»—. Casi nunca piensan en las consecuencias de su pecado, que provocaron una ruptura profunda llamada **adulterio**, uniendo su espíritu al de esa persona intrusa (véase 1 Corintios 6:16-17). No lo piensan, hasta que es demasiado tarde. Si bien el perdón siempre es la primera opción ante cualquier ofensa, Jesús advierte que, por más que el divorcio nunca fuera el deseo de Dios cuando creó a la primera pareja, la **fornicación** destroza a tal punto la relación que por eso la ley de Moisés la admite como causal de separación (véase Mateo 19:8-10). Saber cuidarse tiene un valor incalculable que solo disfruta quien lo ha hecho.

Lo rindió con la suavidad de sus muchas palabras es una expresión que nos remite a un hombre reducido a su más lamentable expresión, sin fuerza de voluntad, vencido, como quedó Sansón al final de un proceso que en apariencia comenzó sin dolor, cuando Dalila le acariciaba la cabeza en cada uno de sus encuentros románticos, sin que nada pareciese ir mal. Pero desde entonces *el mal* se cernía como una sombra creciente sobre ese hombre que alguna vez estuvo consagrado a Dios. Su historia debería constituir un aviso de advertencia para todos los hombres. Sin importar tu fama, talla o importancia, todos somos susceptibles de caer bajo la seducción de una astuta Dalila.

Distintas expresiones de la sexualidad en hombre y mujer

Como hemos visto, los hombres y las mujeres viven y expresan su sexualidad de una manera diferente. La belleza de esta hermosa creación de Dios radica precisamente en la diferencia. El factor psicológico, sentimental y emocional es de gran importancia para las mujeres y aporta volumen y profundidad a la relación. Si una mujer es maltratada, lo más probable es que no pueda conectarse físicamente con su esposo como él espera, pero si el marido aprende a tratar a su mujer «como a vaso más frágil» (véase 1 Pedro 3:7) no solo la estimulará como corresponde a una princesa (*una hija de Dios, una hija del Rey de reyes*), sino que además sus oraciones no tendrán estorbo —como explica el apóstol Pedro en ese mismo versículo—. Mientras algunos esposos demandan sexo para sentirse amados, hay mujeres que, al sentirse amadas, admiten tener una mejor disposición para la intimidad de pareja y el deleite en la relación sexual.

Está comprobado por la ciencia médica que toma más tiempo a la mujer disponerse para la relación sexual y alcanzar un estado de excitación en comparación con el hombre. En lugar de molestarse por este hecho, el marido debería tener la iniciativa de «construir» paso a paso ese momento tan anhelado por él, teniendo en cuenta detalles que marcan la diferencia y que ellas no pasan por alto, como cuidar el aseo personal, ser generosos (en todo el sentido de la palabra) y aprender *a amar lo que ellas aman*. Actuando el marido de esta forma, se hará evidente para su esposa que él no piensa únicamente en sí mismo, y que no pretende que ella haga las cosas exclusivamente como y cuando él quiere.

Exhortaciones para los esposos

Tratar a la mujer «como a vaso más frágil» no solo implica cuidarla, hacerse cargo de sus necesidades básicas y evitar el maltrato *físico*. También hay que evitar el maltrato emocional y la manipulación en nombre de la religión. Sabemos de un hombre que para salirse con la suya vivía echándole en cara a su esposa: «*Las casadas estén sujetas a sus propios maridos, como al Señor*» (véase Efesios 5:22). Bien, ese hombre también debió tener en cuenta lo que dice más adelante el versículo 25: que el marido **debe amar a su esposa como Cristo amó a la Iglesia, y se entregó a sí mismo por ella**. Lo que hacía con su esposa era menospreciar su capacidad de entender por sí misma lo que le dice la Escritura. Una actitud mucho más gentil hubiera sido orar en privado para que ella descubriese la verdad detrás de ese pasaje (si es que no lo había hecho ya), y mostrarse él mismo como ejemplo de sujeción al Señor «en sabia mansedumbre» (véase Santiago 3:13).

Un trato así de gentil debió recibir Sara, quien, como vemos aquí, no sentía que reconocer la autoridad **espiritual** de su esposo fuera una amenaza para su libertad:

> *…como Sara obedecía a Abraham, llamándole señor; de la cual vosotras habéis venido a ser hijas, si hacéis el bien, sin temer ninguna amenaza* (1 Pedro 3:6).

Los esposos deben aprender a caminar *junto* a sus esposas, no *sobre* ellas, teniendo cuidado de no amenazarlas con irse o buscar personas que sí los entiendan. Por difícil que sea una confrontación, **jamás** deben usar la palabra *separación*. El uso del lenguaje puede atar el futuro de la relación a esas necias declaraciones, ¡o puede convertirse en el bálsamo sanador y eficaz!

Sí, la mujer es más frágil, como dice Pedro, un apóstol que estuvo casado, supo lo que era amar a su esposa y sufrió con su dolor, como cuando su suegra estuvo en cama con fiebre y Jesús la sanó. Algunos hacen bromas al respecto diciendo que por eso Pedro negó al Señor, pero pasan por alto que ese hombre, junto a Andrés, Jacobo y Juan, **rogó** al Señor por la madre de su esposa (véase Lucas 4:38). Esto nos enseña que, en lugar de criticar las lágrimas de las esposas, podemos aprender a ser más sensibles.

Por todo lo anterior, hombres, no debemos descuidar los sentimientos, anhelos, deseos y lo que satisface a nuestra esposa, de modo que la intimidad sexual no se convierta en un simple mecanismo para desahogar nuestro egoísmo. Tristemente no son pocas las mujeres que sufren en silencio porque el hombre se satisface a sí mismo, deja a su mujer insatisfecha, y ninguno de los dos hace nada para remediarlo, a veces por miedo a quedar mal o empeorar las cosas. Nos cuesta admitir nuestra ignorancia y falta de educación en el área sexual. ¡Pero no hay que sentir vergüenza por ello: nadie nació sabiéndolo todo! Hombres y mujeres debemos aprender que el diálogo y una comunicación abierta son un instrumento que Dios nos dio para usarlo y crecer juntos.

> *Maridos, amad a vuestras mujeres, y no seáis ásperos con ellas* (Colosenses 3:19).

La delicadeza del esposo debe estar presente en todos los momentos de la vida, no solo al llevarle flores y hablarle con dulzura y consideración. La caballerosidad y el respeto también se demuestran al declinar cualquier pretensión de intimidad sexual durante el ciclo menstrual de la esposa, lo que, desde el punto de vista médico es contraproducente, además de antihigiénico. Desde el punto de vista del marido es una oportunidad de mostrar nuestra paciencia y amor.

Dios mismo quiere que se respete a sus hijas, por lo que fue directo y contundente con su pueblo en el desierto (supuestamente mucho menos civilizado que el de hoy):

> *Cualquiera que durmiere con mujer menstruosa, y descubriere su desnudez, su fuente descubrió, y ella descubrió la fuente de su sangre; ambos serán cortados de entre su pueblo* (Levítico 20:18).

Este mandamiento no es caprichoso. Así como algunos hombres reclaman comprensión porque consideran que sufren cambios a medida que pasa el tiempo, en las mujeres también se producen cambios, muchos precisamente durante los días menstruales o en vísperas de tener un bebé. Los antojos o «rebotes» por comer ciertos alimentos responden a veces a cambios hormonales. ¡Y es ahí donde el esposo puede salir a suplir gallardamente lo que se le antoja a su mujer!

Conocer los mandamientos del Señor, deleitarnos en Él mientras los obedecemos, *amar a nuestra esposa como a nosotros mismos*, es una clave del éxito matrimonial. Cuando permitimos a Cristo ser Señor de nuestro hogar las cosas solo pueden mejorar.

> *Así también los maridos deben amar a sus mujeres como a sus mismos cuerpos. El que ama a su mujer, a sí mismo se ama* (Efesios 5:28).

Exhortaciones para las esposas

A las esposas, Yaneth y yo les recomendamos, con todo respeto y amor: eviten a toda costa usar la intimidad sexual para buscar revancha o vengarse de alguna manera.

> *No os venguéis vosotros mismos, amados míos, sino dejad lugar a la ira de Dios; porque escrito está: Mía es la venganza, yo pagaré, dice el Señor* (Romanos 12:19).

Queridas esposas, aprendamos a separar la intimidad sexual de los motivos por los que puedan sentirse ofendidas o heridas. Algunas mujeres suelen negarse a la relación sexual aduciendo dolor de cabeza o cualquier otra disculpa, cuando en realidad quieren llamar la atención sobre alguna situación no resuelta. Lo mejor en tal caso, como ya hemos dicho, es hablar, no mentirle al esposo, quien tarde o temprano descubre que hay algo más. Buena parte de las crisis matrimoniales crecen de la mano de estas «puestas en escena». Por supuesto que en la vida matrimonial vendrán diferencias y desavenencias, ¡pero se solucionan más fácilmente sincerándonos!

Si observamos lo que ocurre con maridos *no cristianos*, cuando su esposa adopta la actitud de «hacerse la difícil», ellos empiezan a pensar en otras personas, a ponerse románticos con quien no deben, a meterse en páginas, redes sociales y grupos que les ofrecen gratificación inmediata. Algunos terminan víctimas de estafadoras y relaciones tóxicas, poniéndose en riesgo de contraer enfermedades de transmisión sexual en prostíbulos y relaciones clandestinas. Si al hombre que rompe así el pacto matrimonial le cuesta arrepentirse y levantarse, ¡imagina lo que le cuesta a su esposa!

Y si estas cosas ocurren con hombres **no creyentes**, no podemos dar por hecho que todos los hombres cristianos sabrán sortear estos obstáculos. Por eso la Biblia dice, y lo reiteramos:

> *No os neguéis el uno al otro, a no ser por algún tiempo de mutuo consentimiento, para ocuparos sosegadamente en la oración; y volved a juntaros en uno, para que no os tiente Satanás a causa de vuestra incontinencia* (1 Corintios 7:5).

Ojo, esposas, lo anterior lo escribió Pablo a **creyentes** corintios. La palabra *incontinencia* en este contexto significa falta de dominio propio para gobernar el deseo sexual. Significa que, con el tiempo, el cónyuge que anhela más el acto sexual, en ausencia de esa satisfacción íntima, puede acumular deseos reprimidos. Si la esposa se niega al esposo sistemáticamente (o viceversa) **quien sale ganando es Satanás.** Pretender que va a desquitarse de este modo creyendo que tiene «la sartén por el mango» no solo es peligroso; con esta actitud solo atraerá un mal mayor.

Tan importante es que el hombre aprenda a discernir los pensamientos de la esposa como que ella comprenda el valor que tiene la sexualidad para su marido. Hablar con la verdad, de manera franca y sincera, ayuda a resolver las diferencias y verlas en su justa proporción ¡Qué hermoso es poder compartir con nuestro cónyuge lo que más nos gusta y disfrutar el regalo incomparable de sus caricias! Unas veces la pareja querrá prolongar el cortejo; otras, encontrará más excitante la exploración mutua; y habrá situaciones en las que ambos ansíen con mayor prontitud el coito y el orgasmo. Es en esos momentos de sagrada intimidad que, marido y mujer, en Cristo, pueden comprobar desde la maravillosa libertad del Espíritu lo que significa la promesa:

> *...y serán **una sola carne** (Génesis 2:24, énfasis de los autores).*

La disposición adecuada para dar placer al otro nos lleva a un terreno fascinante y quizás desconocido para muchos de nosotros, sencillamente porque no formó parte de nuestra educación y no contamos con alguien de confianza que pudiera aclararlo y responder a nuestras preguntas. Nos damos cuenta de lo maravilloso que es aprender cosas nuevas y todo lo que hay por descubrir al interior del precioso regalo del sexo bendecido por Dios. En este punto, existen autores cristianos magníficos, que, con conocimiento, autoridad y el respaldo de la palabra de Dios, han ahondado en el tema desde una perspectiva médica y científica, como el doctor Ed Wheat y la señora Gaye de Wheat, autores de *El placer sexual ordenado por Dios* (Editorial Betania 1977). Para conocer con mayor detalle la técnica del sexo y los problemas sexuales dentro del matrimonio, siempre podremos recurrir a ellos y otros autores, cuyo ministerio específico es abrirnos el panorama y contribuir al éxito de nuestra relación de pareja.

SABIDURÍA DE DIOS PARA SITUACIONES CONFLICTIVAS

Habiendo entendido que el matrimonio es el regalo de Dios —recuerda que el Todopoderoso **es** amor (véase 1 Juan 4:8) y que siempre ha tenido en mente nuestro bien y nuestra felicidad—, dediquemos un momento a considerar el entorno que enfrentamos como hijos Suyos en este mundo; las debilidades, oportunidades, fortalezas y amenazas a la hora de proteger, cultivar y contribuir a que florezca un matrimonio victorioso.

Independientemente del momento por el que atraviese el proceso de nuestra relación con Dios y del crecimiento espiritual de cada uno, hombres y mujeres (aún los casados) debemos entender que somos vulnerables, falibles, y que, por lo mismo, necesitamos mantener una actitud humilde, dispuestos a aprender y aprovechar cada situación que se presente, por adversa que parezca, como una oportunidad para fortalecer la relación que Dios nos ha obsequiado. Aquí también nuestra competencia proviene del Espíritu:

Y tal confianza tenemos mediante Cristo para con Dios; no que seamos competentes por nosotros mismos para pensar algo como de nosotros mismos, sino que nuestra competencia proviene de Dios... (2 Corintios 3:4-5).

¿Qué hacer ante ciertas «señales de alerta»?

Lo normal cuando dos personas se aman y él nota que ella se arregla muy bien para salir, es deducir que la esposa se está poniendo bonita para su marido y sentirse bien a su lado. Pero si esta descripción no refleja el estado de tu matrimonio y ella se arregla mucho, demasiado, pero vive de mal genio contigo, no tiene una palabra amable para ti, se ha vuelto una persona repelente, de las que habla por teléfono en voz baja o a escondidas, sin interesarse para nada en lo que dices o haces (pero ofendiéndose con cada cosa que haces), o vive comparándote con los demás, podríamos estar ante las *señales de alerta* de un matrimonio en crisis. Lo mismo aplica para el caso contrario, cuando *él* se entusiasma más por lo que le espera afuera, e ignora a su esposa.

El mejor consejo en tal situación es buscar a Dios, obedecer Su palabra y recordar que una de las consecuencias de la desobediencia es el adulterio (véase Génesis 28:30). A pesar del dolor que pueda causar una actitud así en el cónyuge que se da cuenta de lo que está pasando, la forma más segura de que Dios proteja al cónyuge bajo amenaza o en riesgo de caer, **es la oración.** Abraham oraba, y mientras lo hacía, Dios protegía a Sara a fin de que ni la tocase el rey de los filisteos, quien la había secuestrado con el claro propósito de acostarse con ella (véase Génesis 20:3-7).

Recordarás que uno de mis principales problemas como esposo antes de recibir a Cristo en mi corazón, fue dejarme arrastrar por los celos. Esta actitud me hizo abrir grandes heridas en el corazón de mi esposa, que solo Jesús pudo sanar. Actuar movido(a) por los celos, porque tu pareja se conduce de esta forma o de aquella, no termina en nada bueno. Tú mejor lleva todo a Dios en oración, entiéndete solo con Él, porque si no es Él quien «guarda la ciudad» (véase Salmos 127:1), en este caso a tu cónyuge, en vano velas tú.

Aplica los principios que hemos venido enseñando y otros que te muestre el Señor: clama a Dios para que los ayude a salir de la situación por la que atraviesan; *perdona, no traigas a tu memoria las experiencias vividas que generaron dolor; devuelve bien por mal; bendícele; pide perdón por las palabras hirientes y de maldición que se han dicho,* y agradece por lo que Dios te ha dado, en vez de quejarte por lo que hace falta. Para cerrar esta lección, quiero compartir dos poderosos testimonios que te mostrarán lo maravilloso que puede ser aceptar la invitación del Señor a las parejas, de vivir según nuestro diseño original.

La importancia de dar gracias a Dios por lo que se nos ha dado, sin reclamar por lo que «falta»

No hace mucho tiempo, por la época en que comencé a editar videos para subirlos a las plataformas y redes sociales, me molesté con Yanethcita porque no me complacía en algo que yo esperaba. Desde mi punto de vista se trataba de algo fácil, nada feo o que pudiera considerarse ilegal, sino una de esas cosas simples del diario vivir. Aun así, me sentía indignado, cargado, pues creía firmemente que se estaba usurpando mi derecho.

Entre más insistía en favor de mi causa, ella se reafirmaba con mayor ahínco en su decisión, en lo cual solo vi descortesía, disgustándome más y más, a tal punto que comenzó a dolerme la cabeza. Tras empecinarme con mi obstinación por algún tiempo, empecé a hablar con Dios al respecto y mi actitud empezó a cambiar casi enseguida.

A mi esposa no volví a hablarle al respecto, ni para bien, ni para mal. Pero desde que empecé a confiarle el asunto a Dios, comprendí que, si bien Yaneth no satisfizo mi pretensión en ese momento, sí lo había hecho muchas veces en el pasado, prodigándome actitudes y respuestas hermosas que daban fe de su generosidad (y en situaciones mucho más complejas comparadas con la pequeñez en la que había resuelto enfrascarme). Como resultado de esta reflexión comencé a darle gracias a Dios por ella y por las muchas veces que había aceptado mis pretensiones sin reproches, con ese candor que siempre la ha caracterizado.

Poco después estaba orando apasionadamente: «Oh, Padre, gracias por Yaneth, gracias porque me ha acompañado y complacido todos estos años, Señor». De pronto no resultó difícil ir un poco atrás, y empecé a agradecer —no solo por la mujer que puso a mi lado—. «Gracias, Padre por la mujer, gracias porque no nos dejaste solos ni física, ni emocional, ni espiritualmente. Tal como las hiciste quedaron hermosas Señor, definitivamente más bonitas que los hombres. Gracias por darme una, Señor, especialmente diseñada para mí. Gracias, Padre, por Yaneth, por formarla en el vientre de su madre. Porque desde entonces —y aún antes— pensaste en mí, como dice la Biblia. Tu gracia se manifestó en ella de manera única y especial. Callaste de amor y te alegraste sobre ella con canciones.

No hay forma de objetarlo ante la belleza de su andar, sus ojos y mirada encantadora ¿Cómo protestar cuando tengo el privilegio del contacto de su piel delicada y puedo sentir sus atractivos labios entre los míos? ¿Cómo quejarme cuando me has dado esa fiel compañera con la que puedo ir de la mano por la vida sin que exista experiencia que se le compare? ¡Gracias, Padre, por dármela por esposa y compañera, ¡por permitirme disfrutar su juventud a mi lado! Me la diste desde que era apenas una flor que comenzaba a abrirse, permitiéndome acariciarla y disfrutar su compañía en el precioso regalo de la intimidad que nos has dado».

Y así continué, olvidándome de todo lo demás, dando gracias a Dios por ella, por sus manos, sus pies, cada parte de su cuerpo, y todo lo que Yaneth hace a diario con él en función de servirme, **por amor**. Al recordarlo dije: «Gracias, Dios mío, porque le importa prepararme la comida y se esmera en eso. Gracias, porque me diste a alguien que quiso tener a mis hijos en su vientre y cuidar de ellos con su vida, Señor, desde que nacieron y hasta el día de hoy. Me diste una mujer maravillosa que los alimentara y les enseñara a vestirse, a dar sus primeros pasos, ¡a caminar por la vida!».

Honestamente nunca había orado tanto tiempo seguido. Recuerdo que estuve ahí sin darme cuenta más de tres horas, dándole gracias a Dios por innumerables situaciones específicas y eventos en los que pude ver la conmovedora y decisiva participación de mi esposa, aunque ella no lo viera así. Al terminar, me quedé dormido.

¡La respuesta al otro día solo puede calificarse como extraordinaria y sorprendente! ¡Todo cambió! ¡Todo el panorama sufrió un asombroso vuelco! Yo mismo, aunque era consciente de la oración con acción de gracias que había elevado la noche anterior, quedé estupefacto. Sus atenciones, su amor hacia mí, sus desvelos, resultaban evidentes y conmovedores. Y puedo afirmar con toda certeza que el cambio no solo se obró *en mí*; desde ese día ella tuvo un cambio sorprendente *hacia mí*. ¡Tremendo! De este modo aprendí a mirar lo que tengo y a recrearme en ello, en lugar de quejarme por lo que me hace falta.

Desde entonces, estimado(a) lector(a), procuro proceder así. Soy consciente de que tenemos carencias, de que nos faltan cosas, pero aprendí a darle gracias a Dios por lo que tengo y he recibido de Él. A partir de ese día comencé a aplicar el mismo principio a otras situaciones como la relación con mis hijos. ¡Oh, cómo me impresiona el cambio del que he sido testigo! Es sorprendente lo que puedo contar por haber obrado de la misma forma con cada uno de mis hijos e hijas.

Recuerdo un caso muy especial. Había tenido una diferencia considerable con mi hija mayor, pero empecé a darle gracias a Dios por ella, por haberme dado una niña, por obsequiarme su compañía para ir a la función de cine de las tres de la tarde en Bogotá cuando era pequeñita, o cuando aceptaba ir a la oficina conmigo mientras yo trabajaba y lo alegraba todo con su sola presencia. ¿Qué puedo decir? Los resultados de mi oración agradeciendo por mi hija, nuevamente fueron sorprendentes.

¡Impresionantes! Hermano(a), me gustaría describirlo con mayor precisión, pero me confieso incapaz de hacerlo. Solo puedo testificar del asombroso y sobrenatural cambio que se produce tanto en los corazones como en las situaciones que en un comienzo amenazaban con alejarnos y acabar con la armonía de la relación. Pero es justo entonces cuando podemos elegir dar gracias a Dios por lo que nos ha dado, sin reclamar por lo que nos está haciendo falta.

Construyendo juntos, guardados por Jesús

El éxito matrimonial «no se dará por casualidad; requiere esfuerzo y compromiso», escribió en su obra *El gozo del amor comprometido* (Editorial Betania, 1982) el consejero familiar estadounidense Gary Smalley, quien partió a la presencia del Señor en 2016. Como parte de sus investigaciones, Smalley entrevistó a decenas de familias que le parecían felices. Primero hablaba a solas con la esposa, luego con el esposo y finalmente con los niños. A todos les hacía la misma pregunta: *«¿Cuál crees que es la razón principal de que estén tan unidos y felices como familia?»*. Sin excepción, cada miembro respondía lo mismo: «Hacemos muchas cosas juntos». Pero lo que más asombró a Smalley fue que (en sus propias palabras): *«todas las familias tenían una actividad particular en común»*. Smalley dio con una clave fundamental. La vida matrimonial y familiar exitosa se fortalece en la medida en que sus miembros busquen intereses comunes y aprendan a disfrutarlos juntos. Toda obra literaria romántica describe las cosas que las parejas tienen en común y no solo se alojan en su memoria, sino que se vuelven indispensables y aportan significado a su vida. El resultado de esas preciosas cosas en común son los recuerdos del mañana, los cimientos de un hogar indestructible de cara al futuro, pase lo que pase.

Ciertamente una vida sexual activa y dichosa —parte del plan de Dios para la pareja— contribuye enormemente a que el matrimonio se mantenga firme y victorioso, pero **no lo es todo.** Aprender a recorrer el camino con Jesús, juntos, agrega a las relaciones matrimoniales y familiares el gozo y la paz de ser guardados por Él mismo:

> *Cuando estaba con ellos en el mundo, yo los guardaba en tu nombre; a*
> *los que me diste, yo los guardé…* (Juan 17:12).

Esposas y esposos: atrévanse a descubrir lo sublime que puede ser la relación en el ámbito sexual cuando obedecemos los mandatos del Señor y permanecemos en Él. Quien lo ha experimentado en carne propia no necesita aprovecharse de las ganas que tiene su cónyuge de tener intimidad sexual a cambio de algún beneficio personal, como que le compren ropa, joyas, un carro, propiedades o cualquier otra cosa. No obstante, aún sucede que si uno de los dos no recibe el beneficio que espera, se hace el ofendido, el difícil, y empieza a recordarle al otro sus errores del pasado. Dios no hizo el sexo como moneda de cambio, para castigar, chantajear o «cobrar el favor». Esas actitudes solo hacen sentir al esposo o la esposa como si estuviera negociando sexo con un extraño y los degrada a ambos. ¡No es así como Dios diseñó el sexo!

Según cuenta el pastor Humberto Henao, a un abuelo con cincuenta años de casado sus nietos le preguntaron: «¿Alguna vez le fuiste infiel a la abuela?», a lo cual él respondió categóricamente: «Nunca». Ellos insistieron: «Tal vez *de pensamiento*, abuelo. Ya somos grandes, cuéntanos, sé sincero con nosotros». El anciano les dijo: «Miren, nadie desea tener un Renault 4 en la calle cuando tiene un Ferrari en casa». La pregunta, a la luz del ejemplo anterior sería: *¿qué marca de automóvil eres tú?* ¿Cómo vas a pensar en una alternativa «barata» cuando en casa tienes lo mejor?

Eso sí, cuídate de **no ser** un «Renault 4» en cuanto a tus actitudes y lo que ofreces a diario a tu pareja, ten en cuenta que por la calle hay muchos «*Ferrari baratos*». No tienes que vivir vigilando su celular, o con GPS. No lo necesitas, si sabes ocupar el lugar que te corresponde. Si cumples con tu vida marital como debe ser, el enemigo no podrá hacerles daño. A un hermano escritor que estimamos mucho, cuando estaba a punto de contraer matrimonio —con quien ya lleva más de 32 años de casado—, los líderes de consejería de parejas de su iglesia le preguntaron: «¿Por qué quieres casarte con ella?». Algo inseguro, él respondió: «Porque la amo». «Muy bien», le dijeron: «Es otra forma de decir: *Porque la quiero hacer feliz*».

Parece una frase muy simple. Algunos podrían llamarla «de cajón». ¡Pero cuánto le hubiera ayudado recordarla a otro pastor que se dedicaba al ministerio de manera tan obsesiva que olvidó que su esposa era su prioridad y otro hombre se la llevó! Lo mismo aplica para las mujeres. Sin duda un hombre de Dios vive de Su palabra, disfruta una buena receta y tener un lugar lindo donde vivir, pero hay detalles que lo hacen **feliz**. Cada cónyuge debe estar dispuesto a satisfacer al otro, aunque no siempre resulte fácil. Desde luego, Dios no quiere que hagamos nada por obligación, y aquí debemos volver siempre a la regla de oro de la verdad y la sinceridad que ya vimos. Nuestro Padre no aprueba ninguna clase de atropello, injusticia o abuso contra Sus hijos.

Pero si en obediencia al Señor te propones en tu corazón que tu esposa quede satisfecha contigo en el ámbito sexual (o tu esposo, en el caso de ellas) puedes contar con que te considerará su héroe (su heroína). Dios siempre estará de tu lado si promueves al interior de tu matrimonio la creatividad y la iniciativa, con un corazón puro. Una mente contaminada con pornografía difícilmente se satisface con la inocencia y las caricias planeadas para ti y tu pareja desde el cielo, porque en la pornografía hay fingimiento, mentira, veneno. Pero una mente limpia, y cándida recibe con generosidad y gran expectativa pequeños besos y caricias auténticas, colmando no solo el cuerpo sino la vida entera de excitación, llenándola de propósito. De **felicidad.**

Si sientes que se ha perdido ese romanticismo, el misterio y el entusiasmo que caracterizan al matrimonio en sus inicios, ¡aún estás a tiempo de recuperarlo, fortalecerlo y edificarlo a la imagen y semejanza de Su Diseñador! Empieza a dar gracias a Dios por haberlos guardado y mantenido a salvo de los peligros que quieren destruir su unión. Y si quieres un consejo para ayudar a reavivar la llama de tu matrimonio, anota esto en letras grandes y cuélgalo en la cartelera de tu corazón: **la rutina mata**. ¡Recuperen el romanticismo! Propóngase innovar.

Recuerden su actitud en los días de la conquista y revivan esas cosas que los enamoraron. No tienen que pagar una costosa remodelación para sentir que se están renovando. A veces la diferencia la marcan los pequeños detalles cargados de significado. Un pequeño cambio en la alcoba, «eso que hace mucho no te ponías y me volvió loco cuando te vi», «el perfume que usabas cuando comenzamos a salir», un regalo inesperado, una flor, una tarjeta con tus propias palabras, aunque no seas escritor(a)…

Pruébenlo. Y verán.

UNA FAMILIA QUE EJERCITA LOS DONES ESPIRITUALES ES UNA FAMILIA VICTORIOSA

Dios quiere llevarte siempre de victoria en victoria, de triunfo en triunfo. Dios no se complace en la maldad (véase Salmos 5:4); los pensamientos que Dios tiene para ti y para tu matrimonio son pensamientos de bien y no para tu mal, «para que tengas un futuro lleno de esperanzas» (véase Jeremías 29:11 RVC).

> *Van de victoria en victoria, hasta llegar a verte, oh Dios, en Sión* (Salmos 84:7 RVC).

Quizás el título de esta lección te pueda parecer extraño a primera vista, pero, aunque se hable poco al respecto, *entender* qué son los dones espirituales y cómo funcionan te permitirá a ti y a tu familia ver el reino de Dios, que ha venido con poder.

Cuando una persona es consciente de esta realidad: que *Dios lo ha equipado con dones espirituales desde el momento en que recibió al Señor en su corazón y se convirtió a Él*, podría empezar a cambiar todo lo que sucede a su alrededor, tal como vimos en la lección quince. De esta manera sabrá qué hacer, y cómo actuar ante cualquier circunstancia que se cierna sobre él(ella), su cónyuge y sus hijos.

Pero cuando una persona o una pareja desconocen esta realidad, afrontarán todo desde su entendimiento humano, o como solemos decir los cristianos, *en la carne* (en forma independiente de Dios), por lo que hay una gran posibilidad de que fracasen y tomen decisiones que les afecten y alejen de los planes divinos para su vida y familia.

Una pareja que ejercita los dones del Espíritu Santo puede lograr muchas cosas. En cierta forma retoma el guion original que se había escrito para el paraíso, trayendo el cielo a la tierra. Por ejemplo, no habría celos, porque hay *discernimiento de espíritus;* no habría enfermos en casa porque hay *don de sanidades;* habría sabiduría sobre cada decisión porque hay *palabra de sabiduría y palabra de ciencia;* ¡sería maravilloso! Es lo que Dios nos ha dado, pero la gente simplemente desconoce el tema o lo ha olvidado.

La buena noticia, como veremos en esta lección, es que ese poderoso equipamiento sobrenatural sigue a nuestra disposición, esperando que nos decidamos a usarlo, para beneficio propio y de los demás. Si lo hiciéramos y comenzáramos a ejercitar los dones espirituales, lo más probable es que las grandes crisis de muchos hogares de hoy empezaran a decrecer y, en muchos casos, a desaparecer. Más ejemplos: no habría adulterio, porque si uno de los cónyuges es tentado de esa forma, detectaría por el *don de discernimiento de espíritus* que se trata de una trampa del diablo. Eventualmente un hijo podría acercarse a sus padres a pedirles algo, pero por una *palabra de ciencia* uno de ellos o los dos podrían recibir revelación y decirle si lo que pide le conviene o no.

Los hijos aprenderían que a los padres no se les puede mentir, porque por medio de los dones que hay en ellos, Dios les revela siempre la verdad.

Estos son solo algunos ejemplos de lo que podría hacer una persona o una pareja si ejercita los dones del Espíritu Santo. Por eso durante esta lección ahondaremos en este maravilloso regalo, diseñado para permitir que, junto con los demás principios y enseñanzas que has recibido, puedas seguir cosechando triunfos. Veamos:

> *Mas a Dios gracias, el cual nos lleva siempre en triunfo en Cristo Jesús, y*
> *por medio de nosotros manifiesta en todo lugar el olor de su conocimiento*
> (2 Corintios 2:14).

A modo de introducción queremos aclarar que en esta lección vamos a estudiar los dones **del Espíritu Santo** de los que trata la Primera Carta a los Corintios en el capítulo 12, entre los versículos 1 y 11.

> *Hay diferentes clases de dones espirituales, pero todos vienen del*
> *mismo Espíritu. Hay diferentes formas de servir, pero hay un solo Se-*
> *ñor. Hay diferentes formas de actuar, pero hay un solo Dios que traba-*
> *ja entre nosotros en todo lo que hacemos…* (1 Corintios 12:4-11 PDT).

LOS DONES DEL ESPÍRITU SANTO

Antes de entrar a estudiar los dones del Espíritu, queremos resaltar la manera como el apóstol Pablo se refiere a ellos. Sin duda habla como un padre que hace recomendaciones muy importantes a sus «hijitos» (como nos llama en Gálatas 4:19). Dios nos muestra por medio de Pablo que la vida es como una carrera en la que vamos a enfrentar diferentes batallas contra poderosos enemigos (véase Efesios 6:12) y que, por lo tanto, los creyentes necesitamos saber cómo usar las armas de nuestra dotación. Por esta razón nos hace recomendaciones orientadas a no olvidar los dones del Espíritu Santo.

> ***No quiero, hermanos, que ignoréis acerca de los dones espirituales***
> (1 Corintios 12:1, énfasis de los autores).

Es como cuando queremos hacer una recomendación muy especial a alguna persona que amamos. Por ejemplo, cuando un hijo va a viajar y se ausentará por un buen tiempo, o está a punto de dar un paso crucial en su vida, como casarse, o prestar el servicio militar. ¡Siempre haremos recomendaciones y daremos consejos a un hijo para que le vaya bien y sea exitoso! Me imagino a Isaí haciéndole recomendaciones a David cuando fue a enfrentar al gigante: «¡No te acerques demasiado! ¡Y ¡no te olvides de usar tu honda!». O a la madre de Moisés diciéndole a su hijo cosas como: ¡Recuerda llevar siempre tu vara contigo!, etc.

> *Por tanto, nosotros también, teniendo en derredor nuestro tan grande*
> *nube de testigos, despojémonos de todo peso y del pecado que nos ase-*
> *dia, y corramos con paciencia **la carrera que tenemos por delante**...*
> (Hebreos 12:1, énfasis de los autores).

También es un excelente consejo para quienes se casan, planean tener hijos y constituir una familia (si es que desean ser exitosos y que les vaya bien en todo lo que emprendan tanto a nivel personal como familiar): **no olviden que han sido equipados, no dejen de lado los dones espirituales.** Los dones del Espíritu Santo constituyen la dotación del creyente para la vida individual, de pareja y familia, son armas de defensa y ataque en la guerra espiritual contra todo enemigo que se levante contra ti, tu cónyuge y tus hijos. La Biblia también nos dice:

> *Sed sobrios, y velad; porque vuestro adversario el diablo, como león*
> *rugiente, anda alrededor buscando a quien devorar* (1 Pedro 5:8).

Lo que siempre debe motivarnos a quienes «corremos la carrera con paciencia» (véase Hebreos 12:1) y peleamos «la buena batalla de la fe» (1 Timoteo 6:12) en este mundo, es que estamos **del lado ganador**, gracias a la victoria de Cristo en la cruz. Ahora el Señor quiere llevarnos de victoria en victoria (recuerda siempre 2 Corintios 2:14).

¿Cuántos y cuáles son los dones espirituales?

Los dones del Espíritu Santo son nueve (véase 1 Corintios 12:7-11). Para facilitar su estudio pueden reunirse en tres grupos de tres, usando como criterio la forma en que opera cada uno y su propósito:

1-Dones de Revelación

a- Palabra de sabiduría

b- Palabra de ciencia

c- Discernimiento de espíritus

2-Dones de Poder

a- Fe

b- Sanidades

c- Milagros

3- Dones de Inspiración

a- Profecía

b- Don de lenguas

c- Don de interpretación de lenguas

Algunas personas podrían pensar que tiene que pasar mucho tiempo antes de que uno de esos dones se manifieste en su vida, pero eso no necesariamente es cierto. De hecho, si prestamos atención a los precedentes bíblicos, nos llevaremos una sorpresa, y es que, **para quienes están dispuestos a abrir todo su corazón al Señor, el Espíritu Santo puede derramar sus dones sobre una persona desde el momento mismo en que se arrepiente y recibe a Cristo como Salvador y Señor, tal como ocurrió en el día de Pentecostés y a partir de entonces, en cumplimiento de la promesa del Señor Jesús a sus discípulos:**

> *...pero recibirán poder cuando el Espíritu Santo descienda sobre ustedes; y serán mis testigos, y le hablarán a la gente acerca de mí en todas partes: en Jerusalén, por toda Judea, en Samaria y hasta los lugares más lejanos de la tierra* (Hechos 1:8 NTV).

Propósitos de los dones del Espíritu

1- Mostrar al mundo que la voluntad de Dios es que seamos sanados:

> *Amado, yo deseo que tú seas prosperado en todas las cosas, y que tengas salud, así como prospera tu alma* (3 Juan 2).

> *Y he aquí vino un leproso y se postró ante él, diciendo: Señor, si quieres, puedes limpiarme. Jesús extendió la mano y le tocó, diciendo: Quiero; sé limpio. Y al instante su lepra desapareció* (Mateo 8:2-3).

Una traducción más fiel de este último pasaje recoge así las palabras de Jesús: *«Por supuesto que sí, es mi deseo, para eso he venido, sé limpio».*

2- Mostrarnos que Él vino para deshacer las obras del diablo:

El ladrón no viene sino para hurtar y matar y destruir; yo he venido para que tengan vida, y para que la tengan en abundancia (Juan 10:10).

...cómo Dios ungió con el Espíritu Santo y con poder a Jesús de Nazaret, y cómo este anduvo haciendo bienes y sanando a todos los oprimidos por el diablo, porque Dios estaba con él (Hechos 10:38).

3- Mostrarnos que Él tiene poder para perdonar pecados:

Y como no podían acercarse a él a causa de la multitud, descubrieron el techo de donde estaba, y haciendo una abertura, bajaron el lecho en que yacía el paralítico. Al ver Jesús la fe de ellos, dijo al paralítico: Hijo, tus pecados te son perdonados. Estaban allí sentados algunos de los escribas, los cuales cavilaban en sus corazones: ¿Por qué habla este así? Blasfemias dice. ¿Quién puede perdonar pecados, sino solo Dios? Y conociendo luego Jesús en su espíritu que cavilaban de esta manera dentro de sí mismos, les dijo: [...] Pues para que sepáis que el Hijo del Hombre tiene potestad en la tierra para perdonar pecados (dijo al paralítico): A ti te digo: Levántate, toma tu lecho, y vete a tu casa (Marcos 2:4-11).

4- Respaldo a quienes predican el Evangelio:

Y estas señales seguirán a los que creen: En mi nombre echarán fuera demonios; hablarán nuevas lenguas; tomarán en las manos serpientes, y si bebieren cosa mortífera, no les hará daño; sobre los enfermos pondrán sus manos y sanarán (Marcos 16:17-18).

Y le dijo Pedro: Eneas, Jesucristo te sana; levántate, y haz tu cama. Y enseguida se levantó. Y le vieron todos los que habitaban en Lida, y en Sarón, los cuales se convirtieron al Señor (Hechos 9:34-35).

A modo de testimonio puedo contar con gozo que, cuando oré por la sanidad de mamá apropiándome de estas promesas, ella no era creyente. Con el tiempo se convirtió al Señor.

Los dones nos acompañan en la **evangelización**. La iglesia de los primeros cuatro siglos conquistó al mundo conocido. Los grandes ministerios siempre se han caracterizado por la manifestación clara y abierta de los dones del Espíritu Santo.

Y por la mano de los apóstoles se hacían muchas señales y prodigios en el pueblo; y estaban todos unánimes en el pórtico de Salomón [...] Y los que creían en el Señor aumentaban más, gran número así de hombres como de mujeres; tanto que sacaban los enfermos a las calles, y los ponían en camas y lechos, para que al pasar Pedro, a lo menos su sombra cayese sobre alguno de ellos. Y aun de las ciudades vecinas muchos venían a Jerusalén, trayendo enfermos y atormentados de espíritus inmundos; y todos eran sanados (Hechos 5:12, 14-16).

...y ni mi palabra ni mi predicación fue con palabras persuasivas de humana sabiduría, sino con demostración del Espíritu y de poder, para que vuestra fe no esté fundada en la sabiduría de los hombres, sino en el poder de Dios (1 Corintios 2:4-5).

Solo imagina, como veníamos diciendo, que un matrimonio (o al menos uno de los cónyuges porque es el único que ha recibido al Señor como Salvador), comienza a ejercitar estos dones en su vida familiar y de pareja. Los resultados reflejarían, sin duda un hogar tal como Dios desea, como fue Su deseo cuando creó a Adán y Eva. Un hogar con bendición integral. Un matrimonio victorioso sobre las dificultades, y una familia triunfante, que comprueba que la felicidad es real, no una meta inalcanzable.

¿CUÁNDO Y CÓMO SE MANIFIESTAN LOS DONES DEL ESPÍRITU SANTO?

Una vez recibimos a Jesucristo como Señor y Salvador, perdonando todas las ofensas, resultamos libres de la amargura y de cualquier atadura en nuestras relaciones con los demás. Es entonces cuando empezamos a manifestar públicamente nuestra fe (de lo cual hace parte la decisión personal de acudir a las aguas del bautismo en obediencia al Señor). Al hacerlo declaramos que pertenecemos a Cristo y que hemos muerto al pecado y a los deseos de este mundo. En algunas ocasiones, mientras las personas hacen la oración para recibir a Cristo y declaran su profesión de fe, al Espíritu Santo le place manifestarse de manera especial sobre ellas. Puede ocurrir que empiecen a hablar en otras lenguas, humanas o desconocidas, o se realicen milagros de sanidad o liberación en ese mismo instante (a veces, antes de que esas personas tengan tiempo de acudir en obediencia para ser bautizadas en agua). Esa manifestación se conoce como el **bautismo en el Espíritu Santo** y el Nuevo Testamento lo registra en más de una oportunidad. Veamos algunos ejemplos:

*Cuando llegó el día de Pentecostés, estaban todos unánimes juntos. Y de repente vino del cielo **un estruendo como de un viento recio que soplaba, el cual llenó toda la casa donde estaban sentados; y se les aparecieron lenguas repartidas, como de fuego, asentándose sobre cada uno de ellos. Y fueron todos llenos del Espíritu Santo, y comenzaron a hablar en otras lenguas, según el Espíritu les daba que hablasen.** Moraban entonces en Jerusalén judíos, varones piadosos, de todas las naciones bajo el cielo. Y hecho este estruendo, se juntó la multitud; y estaban confusos, porque cada uno les oía hablar en su propia lengua. Y estaban atónitos y maravillados, diciendo:*

*Mirad, ¿no son galileos todos estos que hablan? ¿Cómo, pues, les oímos nosotros hablar cada uno en nuestra lengua en la que hemos nacido? Partos, medos, elamitas, y los que habitamos en Mesopotamia, en Judea, en Capadocia, en el Ponto y en Asia, en Frigia y Panfilia, en Egipto y en las regiones de África más allá de Cirene, y romanos aquí residentes, tanto judíos como prosélitos, cretenses y árabes, les oímos hablar en nuestras lenguas las maravillas de Dios. Y estaban todos atónitos y perplejos, diciéndose unos a otros: **¿Qué quiere decir esto?** Mas otros, burlándose, decían: Están llenos de mosto* (Hechos 2:1-13, énfasis de los autores).

En el caso anterior, que registra lo ocurrido el día de Pentecostés, quienes estaban reunidos sorpresivamente fueron bautizados en el Espíritu y comenzaron a hablar en lenguas conocidas en su tiempo (pero no entre los galileos), lo cual fue señal milagrosa para los que sí las hablaban y las reconocieron de inmediato. En el siguiente ejemplo, Dios quiso hacer las cosas de otra forma. Bautizó **en el Espíritu** a los que acababan de dar el paso de obediencia del bautismo en agua en el nombre de Jesús.

*Aconteció que entre tanto que Apolos estaba en Corinto, Pablo, después de recorrer las regiones superiores, vino a Éfeso, y hallando a ciertos discípulos, les dijo: **¿Recibisteis el Espíritu Santo cuando creísteis? Y ellos le dijeron: Ni siquiera hemos oído si hay Espíritu Santo.** Entonces dijo: ¿En qué, pues, fuisteis bautizados? Ellos dijeron: En el bautismo de Juan. Dijo Pablo: Juan bautizó con bautismo de arrepentimiento, diciendo al pueblo que creyesen en aquel que vendría después de él, esto es, en Jesús el Cristo. **Cuando oyeron esto, fueron bautizados en el nombre del Señor Jesús. Y habiéndoles impuesto Pablo las manos, vino sobre ellos el Espíritu Santo; y hablaban en lenguas, y profetizaban.** Eran por todos unos doce hombres* (Hechos 19:1-7, énfasis de los autores).

Y en el ejemplo que sigue encontramos cómo, nuevamente, al Señor le plació hacer las cosas de manera distinta, bautizando **en el Espíritu** a gentiles que nunca habían sido personas reconocidas como creyentes entre los «fieles de la circuncisión».

*Mientras aún hablaba Pedro estas palabras, **el Espíritu Santo cayó sobre todos los que oían el discurso**. Y los fieles de la circuncisión que habían venido con Pedro se quedaron atónitos de que **también sobre los gentiles se derramase el don del Espíritu Santo. Porque los oían que hablaban en lenguas, y que magnificaban a Dios**. Entonces respondió Pedro: **¿Puede acaso alguno impedir el agua, para que no sean bautizados estos que han recibido el Espíritu Santo también***

como nosotros? Y mandó bautizarles en el nombre del Señor Jesús.
Entonces le rogaron que se quedase por algunos días (Hechos 10:44-48,
énfasis de los autores).

En tu caso, ¿cómo fue ese momento en el que sentiste la convicción de entregar tu vida al Señor? Ese día, independientemente de si sentiste algo sobrenatural o no, si te quebrantaste, lloraste o por el contrario tu arrepentimiento aún estaba cercado de preguntas, **¡ese día** llegó a tu vida el Espíritu Santo! ¡Vino a hacer morada en ti! Por lo tanto, ya puedes empezar a *procurar* o desear fervientemente los dones espirituales.

¿POR QUÉ DEBES PROCURAR ALCANZAR LOS DONES ESPIRITUALES?

Para correr la carrera exitosamente y forjar matrimonios victoriosos, familias triunfantes y felices, tienes que procurar alcanzar los dones espirituales, tal como lo enseña San Pablo. Los dones, como su nombre lo indica son un regalo, un obsequio, una dádiva del Espíritu Santo; se manifiestan cuando hay una actitud de **procurarlos, de alcanzarlos,** como puedes ver en el siguiente versículo.

> *Seguid el amor; y* **procurad** *los dones espirituales, pero sobre todo que profeticéis* (1 Corintios 14:1, énfasis de los autores).

La palabra «procurar» está asociada a sinónimos como *gestionar, administrar, tramitar, probar, encaminar, intentar, facilitar y trabajar,* términos todos muy afines a lo que el Espíritu que mora en nosotros desea que hagamos con Sus dones. En resumen: fijarnos como propósito alcanzarlos y luego gestionarlos o administrarlos.

Notemos también que el mismo Espíritu, por medio del apóstol Pablo, no nos exhorta a *pedir* los dones espirituales, sino a *«desear encarecidamente los dones que son de más ayuda»,* como lo redacta la Nueva Traducción Viviente del mismo versículo. Por eso, al referirse a los dones, Pablo utiliza la expresión *«Procurad»* en 1 Corintios 14:1 y *«No quiero, hermanos, que ignoréis»* en 1 Corintios 12:1. Al hablar de esta manera nos recuerda que el Espíritu Santo **ya habita** en cada uno de los que hemos recibido a Cristo como Señor y Salvador. No hay que pedir lo que ya es nuestro (porque habita en nosotros), pero sí necesitamos **anhelar fervientemente,** a fin de **abrazar y luego ejercitar** esos dones en nuestra vida, de modo que el Espíritu se manifieste cada vez más a través de ellos. ¡Todo lo del Espíritu es nuestro, porque Él ya es parte nuestra!

Los dones ya están en nosotros

Las recomendaciones de Pablo en torno a los dones espirituales son insistentes en el sentido de que dichos dones **están** en nosotros. El problema de los creyentes es que muchas veces ignoramos cómo usarlos. Pero aprender a hacerlo es nuestro deber en esa batalla. En

1 Corintios 12:7 Pablo especifica, refiriéndose a los dones: *«Pero a cada uno le es dada la manifestación del Espíritu **para provecho**».*

Nunca debemos olvidar, como ya vimos, que **recibimos el Espíritu Santo cuando aceptamos a Jesucristo como nuestro Dios y único Salvador.** Efesios 1:13 dice que, en Cristo, fuimos **sellados con el Espíritu Santo de la promesa.**

Quien incursiona en el campo de batalla del mundo espiritual **sin Cristo** inevitablemente será vencido por el engañador y sus agentes. Quien entra a la batalla ignorando lo que debe saber sobre los dones del Espíritu Santo corre el riesgo de pasar por muchas dificultades antes de obtener la corona que el Señor le tiene reservada.

Los dones del Espíritu Santo te hacen invencible

Por lo anterior es necesario que cada creyente, cada cónyuge (al menos uno de los dos en un principio), sepa con certeza cómo opera el poder que ha recibido y de dónde viene. Los egipcios pudieron imitar, de manera imperfecta, lo que hizo Moisés (y lo lograron hasta cierto punto), hasta que les resultó imposible. Veamos:

La vara:

> *Entonces llamó también Faraón sabios y hechiceros, e hicieron también lo mismo los hechiceros de Egipto con sus encantamientos…* (Éxodo 7:11).

La sangre*:*

> *Y los hechiceros de Egipto hicieron lo mismo con sus encantamientos; y el corazón de Faraón se endureció, y no los escuchó; como Jehová lo había dicho* (Éxodo 7:22).

Las ranas:

> *Y los hechiceros hicieron lo mismo con sus encantamientos, e hicieron venir ranas sobre la tierra de Egipto* (Éxodo 8:7).

Hasta que llegaron a los piojos. De ahí, ya no pasaron:

> *Y los hechiceros hicieron así también, para sacar piojos con sus encantamientos; pero no pudieron. Y hubo piojos tanto en los hombres como en las bestias* (Éxodo 8:18).

Esta secuencia, que parecería solo una anécdota pintoresca aislada y poco relevante, en realidad tiene un tremendo mensaje para nosotros hoy. Habrá momentos de batalla en tu vida, tu matrimonio o tu familia cuando el enemigo parezca haber ganado la partida y neutralizado el poder divino que te acompaña. Eso podríamos pensar ante situaciones como la determinación de un cónyuge de separarse, alguna enfermedad, o la esclavitud de una adicción. Quizás el reto sea un hijo rebelde, la escasez, la ruina, la contienda, el maltrato, o alguna otra circunstancia aprovechada por el enemigo para destruir hogares. Imagina lo que sintieron Moisés y Aarón al verse «*replicados*» inicialmente por las artes mágicas de los hechiceros del faraón. Sin embargo, Moisés y Aarón sabían en Quién habían creído, por lo cual perseveraron, y pusieron en evidencia que el poder que recibieron superaba de lejos al de sus enemigos, que era un poder incomparable, al punto que sometió el orgulloso corazón del faraón.

¿CÓMO OPERAN LOS DONES ESPIRITUALES?

Dones de revelación *(Sacan una verdad a la luz)*

1. Palabra de sabiduría

Es la manifestación del Espíritu por medio de la cual el Señor muestra Su voluntad acerca de algún asunto, con la capacidad para entender y aplicar el mensaje. El Espíritu se vale de Su Palabra, la Biblia, para indicar lo que está haciendo o quiere hacer en el futuro. Esta es la guía más segura. Dios también puede mostrar Su voluntad a sus siervos por medio de sueños y visiones, como lo hizo con la evangelista estadounidense María Woodworth, muy usada por Dios en el siglo XIX en el ministerio de impartir sanidades. Dios sigue revelando Su voluntad por medio de este don **a quien se disponga y el Espíritu se lo imparta**. Recordemos las palabras de Joel: «*Soñarán sueños* y [...] *tendrán visiones*».

Sucesos en la Biblia:

El comienzo del evangelio de Mateo ya nos presenta dos palabras de sabiduría: la revelación en sueños a José sobre el hijo que esperaba María, su mujer, y la que recibieron los sabios de oriente:

> *Y pensando él en esto, he aquí un ángel del Señor le apareció en sueños y le dijo: José, hijo de David, no temas recibir a María tu mujer, porque lo que en ella es engendrado, del Espíritu Santo es* (Mateo 1:20).

> *Pero siendo avisados por revelación en sueños que no volviesen a Herodes, regresaron a su tierra por otro camino* (Mateo 2:12).

Dios también puede revelarse por sueños a un no creyente, como la mujer de Pilatos:

> *Y estando él sentado en el tribunal, su mujer le mandó decir: No tengas nada que ver con este justo; porque hoy he padecido mucho en sueños por causa de él* (Mateo 27:19).

No toda palabra de sabiduría viene por sueños, como constataron los discípulos que Jesús envió por el pollino para entrar a Jerusalén:

> *...Id a la aldea que está enfrente de vosotros, y luego que entréis en ella, hallaréis un pollino atado, en el cual ningún hombre ha montado; desatadlo y traedlo. Y si alguien os dijere: ¿Por qué hacéis eso? decid que el Señor lo necesita, y que luego lo devolverá. Fueron, y hallaron el pollino atado afuera a la puerta, en el recodo del camino, y lo desataron* (Marcos 11:2-4).

Respecto a los sueños, no es necesario comprar libros que ayuden a interpretarlos. El Señor mismo, por medio de Su Espíritu, nos enseña su significado. Eso mismo declararon José y Daniel ante faraón y Nabucodonosor, respectivamente. José tuvo un sueño tras otro, y aunque no entendiera su significado de inmediato porque su cumplimiento aún estaba distante en el tiempo, no por eso dejó de confiar en Dios. Había aprendido esto de su padre Jacob, quien, siendo aún joven, había soñado con una escalera que unía tierra y cielo, conectando lo natural con lo sobrenatural. Por eso, aunque reprendió a su hijo para que fuera más sabio en el trato con sus hermanos, guardó en su corazón lo que José soñaba. Un día comprobaría por sí mismo que los sueños de su hijo no eran fantasías. Que habían sido una **palabra de sabiduría.**

Si has tenido un sueño de parte de Dios, pero perdiste la esperanza de que se cumpla, recuerda a José, a quien vendieron sus hermanos a los 17 años. Tuvo que padecer la difamación de la esposa de Potifar e ir a la cárcel por una acusación falsa. Aunque desde allí ayudó al copero y le ayudó a interpretar su propio sueño, solo a los 30 años salió de la cárcel para constituirse en el gobernador de Egipto. Cuando el faraón tuvo un sueño empezó a cumplirse el que José había tenido siendo joven y sus doce hermanos terminaron postrándose ante él. ¡Era Dios quien se lo había revelado!

Dios nos enseña con José que debemos perseverar, llamar las cosas que no son como si fueran, y no andar más en derrota. ¡Ese es el Dios de la Biblia! Te hablará por medio de la Palabra, y si también quiere hacerlo a través de tus sueños nadie se lo puede impedir. Eventualmente puede hablarte por profecías (como veremos en los dones de inspiración), o por medio de visiones, como anunció Joel bajo la inspiración del Espíritu y llegó a ser parte de la vida y ministerio de los creyentes ya en el Nuevo Testamento:

> *Y se le mostró a Pablo una visión de noche: un varón macedonio estaba en pie, rogándole y diciendo: Pasa a Macedonia y ayúdanos* (Hechos 16:9).

> *Había entonces en Damasco un discípulo llamado Ananías, a quien el Señor dijo en visión: Ananías. Y él respondió: Heme aquí, Señor* (Hechos 9:10).

Este vio claramente en una visión, como a la hora novena del día, que un ángel de Dios entraba donde él estaba, y le decía… (Hechos 10:3).

Estaba yo en la ciudad de Jope orando, y vi en éxtasis una visión: algo semejante a un gran lienzo… (Hechos 11:5).

Entonces el Señor dijo a Pablo en visión de noche: No temas, sino habla y no calles (Hechos 18:9).

Dios también puede darnos estrategias por medio de esta palabra, la **palabra de sabiduría**, y esas instrucciones son confidenciales, una parte crucial de nuestra ventaja en la guerra espiritual. No debemos revelarlas a menos que el Espíritu Santo lo especifique. De lo contrario son un valioso secreto entre Dios y nosotros. Es el mapa de obediencia que nos conduce a la victoria.

2. Palabra de ciencia

Es el mensaje que revela y aporta entendimiento sobre algo que ha pasado, que está sucediendo, o que permanece oculto ante los ojos de los hombres, con el objetivo de que se identifique esa realidad e ilumine la toma de decisiones a la luz de la Palabra.

Sucesos en la Biblia:

Antes de llamar a Felipe y Natanael, cuando Jesús vio que este último se le acercaba, dijo de él:

> *…He aquí un verdadero israelita, en quien no hay engaño. Le dijo Natanael: **¿De dónde me conoces?** Respondió Jesús y le dijo: **Antes que Felipe te llamara, cuando estabas debajo de la higuera, te vi.** Respondió Natanael y le dijo: Rabí, tú eres el Hijo de Dios; tú eres el Rey de Israel. Respondió Jesús y le dijo: ¿Porque te dije: Te vi debajo de la higuera, crees? Cosas mayores que estas verás. Y le dijo: De cierto, de cierto os digo: De aquí en adelante veréis el cielo abierto, y a los ángeles de Dios que suben y descienden sobre el Hijo del Hombre* (Juan 1:47-51, énfasis de los autores).

Otro momento muy famoso del Evangelio de Juan es la conversación entre la samaritana y Jesús, a quien el Espíritu le revela un cuadro resumido y objetivo de la vida de esta mujer, a pesar de que era la primera vez que cruzaba palabra con ella:

> *…porque cinco maridos has tenido, y el que ahora tienes no es tu marido; esto has dicho con verdad* (Juan 4:18).

Esta revelación ayudó a que la mujer creyera y se convirtiera en una de las primeras evangelistas registradas por la palabra de Dios. La palabra de ciencia, al igual que los demás dones, no han cesado. El Espíritu Santo nos la sigue dando como quiere; de eso podemos dar fe muchos creyentes que las hemos recibido en circunstancias puntuales.

La **Palabra de ciencia** o «*Palabra de conocimiento*» la da el Espíritu Santo, y se expresa de diferentes maneras. Puede venir por visiones sobre una determinada situación, arrojando luz sobre personas, nombres, escritos o información que permanece a la sombra o desconocemos, pero es importante para Dios. A veces podemos percibir internamente que el Espíritu Santo nos inquieta sobre este asunto, y en algunas ocasiones esa voz de alerta puede ser audible, manifestarse por medio de sensaciones, olores, e incluso dolores. El Espíritu revela *algo* sobre *alguien* no para avergonzarlo, sino con el propósito de que la persona sea bendecida, reciba una sanidad o un milagro. Es común que cuando un siervo de Dios se encuentra ministrando y recibe una palabra de ciencia de parte del Señor, interrumpa lo que está haciendo para informar lo que percibe. Por lo general, tiempo después nos enteramos de que alguien del público resuelve compartir el testimonio: «*Supe que esa Palabra era para mí*».

3. Discernimiento de espíritus

Es el don o capacidad que nos permite diferenciar de dónde proviene un mensaje o manifestación, si es del Espíritu de Dios, de los espíritus malignos, o de la naturaleza carnal del hombre. Se trata de un don fundamental tanto para la Iglesia como para el éxito en la vida de cada creyente, los matrimonios y las familias. Lamentablemente a veces no se le concede la importancia que tiene en nuestro diario caminar ni se reconoce cuán valioso es en nuestro proceso de aprender a reconocer la voz de Dios y obedecerlo solo a Él.

Por un lado, el diablo, hábil engañador, muchas veces se viste como ángel de luz (véase 2 Corintios 11:14) para tratar de destruir a los creyentes. Satanás sabe que si puede mantenernos peleando unos contra otros estaremos muy ocupados para luchar contra él. Un cristiano con el don de discernimiento de espíritus tiene la habilidad dada por Dios de reconocer espíritus mentirosos y doctrinas falsas. Como explicamos en la introducción, tiene la capacidad de discernir qué está pasando con su cónyuge o con sus hijos para advertir el peligro y tomar acciones.

Sucesos en la Biblia:

> *Amados, no creáis a todo espíritu, sino probad los espíritus si son de Dios; porque muchos **falsos profetas** han salido por el mundo (1 Juan 4:1, énfasis de los autores).*

Encontramos la aplicación de este don en la vida de Pedro y Pablo, como lo registra Hechos:

> *Y dijo Pedro: Ananías, ¿por qué **llenó Satanás tu corazón** para que mintieses al Espíritu Santo, y sustrajeses del precio de la heredad?* (Hechos 5:3, énfasis de los autores).

> *Aconteció que mientras íbamos a la oración, nos salió al encuentro una muchacha que tenía **espíritu de adivinación**, la cual daba gran ganancia a sus amos, adivinando. Esta, siguiendo a Pablo y a nosotros, daba voces, diciendo: Estos hombres son siervos del Dios Altísimo, quienes os anuncian el camino de salvación. Y esto lo hacía por muchos días; mas desagradando a Pablo, este se volvió **y dijo al espíritu: Te mando en el nombre de Jesucristo, que salgas de ella. Y salió en aquella misma hora*** (Hechos 16:16-18, énfasis de los autores).

Pero no solo debemos juzgar y evaluar todos los pensamientos sospechosos que llegan a nuestras mentes; ¡también las palabras de un profeta falso! (bajo la influencia de un espíritu demoníaco), quien habla más por su propia cuenta, en su carne, pretendiendo que todo lo que dice proviene del Espíritu Santo. Precisamente bajo una influencia semejante la iglesia de Corinto sufrió de graves distorsiones a la verdad, por lo cual Pablo tuvo que advertir:

> *Asimismo, los profetas hablen dos o tres, y los demás juzguen* (1 Corintios 14:29).

Hay que estar alerta, porque a veces los mismos hombres de Dios (o quienes se hacen pasar por tales) son engañados, y por hacerles caso caemos en las trampas de las tinieblas, siguiendo ideas humanas y no al Señor.

> *Yo he oído lo que aquellos profetas dijeron, profetizando mentira en mi nombre, diciendo: Soñé, soñé. ¿Hasta cuándo estará esto en el corazón de los profetas que profetizan mentira, y que profetizan el engaño de su corazón?* (Jeremías 23:25-26).

> *…si el profeta hablare en nombre de Jehová, y no se cumpliere lo que dijo, ni aconteciere, es palabra que Jehová no ha hablado; con presunción la habló el tal profeta; no tengas temor de él* (Deuteronomio 18:22).

Por medio del **discernimiento de espíritus** el Espíritu Santo nos alerta si estamos aceptando un mensaje que no procede de Dios ni está de acuerdo con Su Palabra. Por no discernir de dónde proceden los mensajes (de la mente humana, del diablo, ambas cosas, o de Dios) somos presas fáciles del enemigo, como ocurrió en el pasado y debió testificar el profeta Oseas, según vimos en la lección siete.

> *Mi pueblo fue destruido, porque le faltó conocimiento…* (Oseas 4:6).

Solo mediante el estudio diligente de las Sagradas Escrituras podremos ejercer en forma correcta y responsable los dones de revelación, y contribuir así a la obra del Espíritu en la salvaguarda de la sana doctrina en las iglesias, para lo cual nos ha dejado el don de **discernimiento de espíritus**, a fin de protegerlas de falsas doctrinas, sectas y desviaciones cuyo origen es la carne, lo cual aprovecha Satanás.

Dones de poder *(evidencian la voluntad y el poder de Dios)*

1. Don de fe

Mientras que las sanidades y milagros son dones activos, el de fe obra de manera pasiva. El **don de fe** es la certeza sobrenatural concedida por el Espíritu Santo de que la persona por la que se ora o con la que se interactúa va a recibir un milagro, la respuesta a la oración o el cumplimiento de un designio de la Palabra de Dios. No debe confundirse con la fe para **ser salvo** al *recibir* a Jesucristo (véase Efesios 2:8-9), ni con la fe como **fruto del Espíritu** por *permanecer* en Jesús, que se ejerce en oración, de manera continua y coherente, con una confianza inamovible en Dios a pesar de las situaciones más adversas (véase Gálatas 5:22 y Mateo 17:20).

El **don de fe**, por la misma convicción sobrenatural del Espíritu, te lleva a estar **seguro** de que **Dios hará algo que desafía las leyes de la naturaleza que Él mismo ha creado, con un propósito específico, para la gloria de Su Nombre**. Cuando esto ocurre, deja de importarte el qué dirán, que te llamen loco o fanático, porque a pesar de cualquier amenaza externa sabes que permaneces firme, por lo cual te conviertes en una extensión del poder de Dios para honrar el nombre de Jesús por encima de cualquier pretensión humana. Así lo vivieron, por ejemplo, debido a su obediencia, Pedro, Esteban, Felipe el evangelista y Pablo, en cumplimiento de lo que Jesús les había prometido:

Sucesos en la Biblia:

> ***Y por la mano de los apóstoles se hacían muchas señales y prodigios en el pueblo***... (Hechos 5:12, énfasis de los autores).

> *Agradó la propuesta a toda la multitud; y eligieron a Esteban, **varón lleno de fe** y del Espíritu Santo, a Felipe, a Prócoro, a Nicanor, a Timón, a Parmenas, y a Nicolás prosélito de Antioquía; a los cuales presentaron ante los apóstoles, quienes, orando, les impusieron las manos. Y crecía la palabra del Señor, y el número de los discípulos se multiplicaba grandemente en Jerusalén; también muchos de los sacerdotes obedecían a la fe. **Y Esteban, lleno de gracia y de poder, hacía grandes prodigios y señales entre el pueblo*** (Hechos 6:5-8, énfasis de los autores).

> *Y yendo por el camino, llegaron a cierta agua, y dijo el eunuco: Aquí hay agua; ¿qué impide que yo sea bautizado? Felipe dijo: Si crees de todo corazón, bien puedes. Y respondiendo, dijo: Creo que Jesucristo es el Hijo de Dios. Y mandó parar el carro; y descendieron ambos al agua, Felipe y el eunuco, y le bautizó. Cuando subieron del agua, **el Espíritu del Señor arrebató a Felipe; y el eunuco no le vio más, y siguió gozoso su camino. Pero Felipe se encontró en Azoto**; y pasando, anunciaba el evangelio en todas las ciudades, hasta que llegó a Cesarea* (Hechos 8:36-40, énfasis de los autores).

En un caso debidamente documentado, en Nigeria, la esposa de un pastor que murió a causa de un accidente, recibió del Espíritu Santo el don de fe. Apoyándose en Hebreos 11:35 «Las mujeres recibieron sus muertos mediante resurrección» ella creyó, y no quería enterrar a su marido. Lo tuvieron tres días en la morgue. Como era apenas natural, la gente le insistía: «Sepúltalo». Pero ella se negaba, aferrada al pasaje bíblico. Se enteraron entonces de que había en esa ciudad una campaña con un predicador reconocido, así que lo invitaron. Aunque no los dejaron entrar, permitieron que el muerto fuera trasladado a un cuarto del sótano, le quitaran los algodones de la nariz y lo colocaran sobre un mesón. Mientras unos hermanos oraban, en pleno desarrollo de la campaña, el muerto comenzó a mover los pulmones y a respirar, hasta que súbitamente se sentó y empezó a hablar. El hombre resucitado regresó a su vida normal.

Si te pones a hacer un balance de hechos en tu vida que parecen sobrenaturales y a los que nunca encontraste una explicación razonable, quizás encuentres que los misterios están asociados al **don de fe** concedido por un Dios soberano.

2. Dones de sanidades

Pablo lo dice en plural porque la sanidad puede ser de tres tipos: **física**, **del alma** (mente, emociones y voluntad) o **espiritual** (la cual requiere liberación de espíritus inmundos). Si revisamos el ministerio de Jesús, hacía las tres cosas entre el pueblo, y no siempre las personas tenían la misma necesidad.

> *Y recorrió Jesús toda Galilea, enseñando en las sinagogas de ellos, y predicando el evangelio del reino, **y sanando toda enfermedad y toda dolencia** en el pueblo. Y se difundió su fama por toda Siria; y le trajeron todos los que tenían **dolencias [en el alma], los afligidos por diversas enfermedades y tormentos [físicos], los endemoniados [tormento espiritual]**, lunáticos y paralíticos; **y los sanó*** (Mateo 4:23-24, énfasis y corchetes de los autores).

Si bien las sanidades en el Antiguo Testamento son contadas, a partir de la venida de Cristo se vuelven un sello que autentica su ministerio, no solo porque como dice Isaías «el castigo de nuestra paz fue sobre Él y por su llaga **fuimos nosotros curados**» (véase Isaías 53:5) sino porque recibimos del Señor el encargo de **sanar en Su Nombre**. Concentrémonos en las indicaciones que nos dio Jesús para ser instrumentos de Su sanidad por medio del don de sanidades. En palabras del pastor Marzullo: «El Señor nunca sugiere; Él ordena».

> *Sanad enfermos, limpiad leprosos, resucitad muertos, echad fuera demonios; de gracia recibisteis, dad de gracia* (Mateo 10:8).

Los discípulos obedecieron, y el Señor cumplió su promesa de respaldarlos bajo la guía y el poder del Espíritu que imparte el don de sanidades.

Sucesos en la Biblia:

> *Pedro y Juan subían juntos al templo a la hora novena, la de la oración. Y era traído un hombre cojo de nacimiento, a quien ponían cada día a la puerta del templo que se llama la Hermosa, para que pidiese limosna de los que entraban en el templo. Este, cuando vio a Pedro y a Juan que iban a entrar en el templo, les rogaba que le diesen limosna. Pedro, con Juan, fijando en él los ojos, le dijo: Míranos. Entonces él les estuvo atento, esperando recibir de ellos algo. Mas Pedro dijo: No tengo plata ni oro,* ***pero lo que tengo te doy; en el nombre de Jesucristo de Nazaret, levántate y anda****. Y tomándole por la mano derecha le levantó;* ***y al momento se le afirmaron los pies y tobillos; y saltando, se puso en pie y anduvo; y entró con ellos en el templo, andando, y saltando, y alabando a Dios. Y todo el pueblo le vio andar y alabar a Dios*** *(Hechos 3:1-10, énfasis de los autores).*

> *Aconteció que Pedro, visitando a todos, vino también a los santos que habitaban en Lida. Y halló allí a uno que se llamaba Eneas, que* ***hacía ocho años que estaba en cama, pues era paralítico****. Y le dijo Pedro: Eneas,* ***Jesucristo te sana****; levántate, y haz tu cama.* ***Y en seguida se levantó*** *(Hechos 9:32-34, énfasis de los autores).*

> *Había entonces en Jope una discípula llamada Tabita, que traducido quiere decir, Dorcas. Esta abundaba en buenas obras y en limosnas que hacía. Y aconteció que en aquellos días* ***enfermó y murió****. Después de lavada, la pusieron en una sala. Y como Lida estaba cerca de Jope, los discípulos, oyendo que Pedro estaba allí, le enviaron dos hombres, a rogarle: No tardes en venir a nosotros. Levantándose entonces Pedro,*

*fue con ellos; y cuando llegó, le llevaron a la sala, donde le rodearon todas las viudas, llorando y mostrando las túnicas y los vestidos que Dorcas hacía cuando estaba con ellas. Entonces, sacando a todos, Pedro se puso de rodillas y oró; y volviéndose al cuerpo, dijo: **Tabita, levántate. Y ella abrió los ojos, y al ver a Pedro, se incorporó.** Y él, dándole la mano, la levantó; entonces, llamando a los santos y a las viudas, la presentó viva. Esto fue notorio en toda Jope, y muchos creyeron en el Señor* (Hechos 9:36-42, énfasis de los autores).

*Y cierto hombre de Listra estaba sentado, **imposibilitado de los pies, cojo de nacimiento, que jamás había andado.** Este oyó hablar a Pablo, el cual, fijando en él sus ojos, **y viendo que tenía fe para ser sanado,** dijo a gran voz: **Levántate derecho sobre tus pies. Y él saltó, y anduvo*** (Hechos 14:8-10, énfasis de los autores).

En la medida en que se desarrolla el ministerio al que fuimos llamados (véase Efesios 4:11), Dios nos da el poder para que cumplamos sus órdenes. Convocatoria enmarcada dentro del «gran llamado general» a todos los creyentes: La Gran Comisión:

*Finalmente se apareció a los once mismos, estando ellos sentados a la mesa, y les reprochó su incredulidad y dureza de corazón, porque no habían creído a los que le habían visto resucitado. Y les dijo: Id por todo el mundo y predicad el evangelio a toda criatura. El que creyere y fuere bautizado, será salvo; mas el que no creyere, será condenado. Y estas señales seguirán a los que creen: En mi nombre echarán fuera demonios; hablarán nuevas lenguas; tomarán en las manos serpientes, y si bebieren cosa mortífera, no les hará daño; **sobre los enfermos pondrán sus manos, y sanarán*** (Marcos 16:14-18 énfasis de los autores).

El **don de sanidades** es un regalo del Espíritu Santo para ser usado y glorificar a Dios, no a su portador. Más que por mérito o esfuerzo personal, se recibe por la voluntad de Dios con cada creyente. Este obsequio **también es para ti.** Muchos, teniéndolo en su interior **no lo reciben** porque no permiten que el amor de Dios se desborde desde ellos al punto de atreverse a orar por alguien. Siguiendo esa vocación, hombres de distintas épocas han sido fieles al llamado, como por ejemplo el ministro escocés-australiano John Alexander Dowie, quien se trasladó a Estados Unidos, donde murió en 1907, llegando a ser conocido por su fe como *el apóstol de la sanidad.*

Las «cirugías» del Espíritu se practican mediante el fino bisturí de doble filo de la **Palabra de Dios** (véase Hebreos 4:12). Quien no esté enfermo físicamente, puede estarlo mental, emocional o espiritualmente. Cualquiera que sea el malestar, la Palabra de Dios es «viva y eficaz», poderosa para destruir fortalezas, derribar argumentos y toda altivez en nuestra mente que se levante contra el conocimiento de Dios (véase 2 Corintios 10:4-6). No obstante Pablo nos advierte en ese mismo pasaje que **debemos llevar todo pensamiento cautivo a la obediencia a Cristo**, y en la Primera a los Corintios: «el que piensa estar firme, mire que no caiga» (véase 1 Corintios 10:12).

Si nos piden orar por sanidad, la humildad es requisito indispensable, tanto en nosotros, como en la persona por la que vamos a orar, bien sea que se le ministre sanidad interior (en su alma), o se deba orar por **liberación (en su espíritu)**. En ambos casos:

> *Los sacrificios de Dios son el espíritu quebrantado; al corazón **contrito***
> ***y humillado** no despreciarás tú, oh Dios* (Salmos 51:17, énfasis de los
> autores).

En caso de que la persona requiera oración de **liberación,** el ministro debidamente ordenado por Dios debe poner toda su confianza en el Espíritu Santo para obtener revelación directamente de Él y así poder discernir cuál es el nombre del espíritu líder, el de más alto rango que atormenta a la persona, para **atarlo y expulsarlo**, y si hay espíritus que cooperan con ese demonio líder, hacer lo mismo con ellos. El hermano o hermana por quien se ore, debe renunciar voluntariamente a esos demonios y arrepentirse, decidiendo dejar atrás toda actitud o conducta cometida mientras estaba bajo la influencia de esta atadura maligna.

> *Pero si yo por el Espíritu de Dios echo fuera los demonios, ciertamente*
> *ha llegado a vosotros el reino de Dios. Porque **¿cómo puede alguno***
> ***entrar en la casa del hombre fuerte, y saquear sus bienes, si primero***
> ***no le ata?** Y entonces podrá saquear su casa* (Mateo 12:28-29, énfasis
> de los autores).

En la medida que la persona que pide oración coopere con quienes ministran, y en lugar de apegarse a un demonio favorito deponga su orgullo y esté dispuesta a renunciar a Satanás y entregarse por completo a nuestro Señor Jesucristo, la liberación será exitosa y esa persona podrá conservarla. Por mucho que un ministro sepa, la persona no será completamente libre **si es ella misma la que impide la ayuda del Espíritu Santo.** Fue lo que Jesús concluyó al pronunciar su lamento ante Jerusalén:

> *¡Jerusalén, Jerusalén, que matas a los profetas, y apedreas a los que*
> *te son enviados! ¡Cuántas veces quise juntar a tus hijos, como la gallina*
> *junta sus polluelos debajo de las alas**, y no quisiste!** He aquí vuestra*
> *casa os es dejada desierta* (Mateo 23:37-38, énfasis de los autores).

La buena noticia es que Dios ha provisto **todo** lo que necesitamos para derrotar al enemigo. En primer lugar, lo hemos vencido por medio de la sangre del Cordero (véase Apocalipsis

12:11), tenemos los dones del Espíritu (véase 1 Corintios 12:8-10) y la armadura de Dios (véase Efesios 6:10-20) que nos permite mantenernos firmes y victoriosos en Él.

3. Don de milagros

Consiste en la realización de actos o señales divinas que desafían el orden natural, de forma que no pueden explicarse sino como la intervención intencional del poder de Dios, con un propósito específico que respalda Su Palabra, y a Cristo como Su Hijo.

Desde Génesis la Biblia registra muchos milagros de Dios. El propósito del **don de milagros** no es manifestar la gloria del portador del don, o reconocer la fe de los que oran pidiendo la intervención divina, sino **manifestar la gloria de Jesús,** confirmando que Dios obra por medio de Él (véase Hechos 2:22). Los milagros **de Jesús** empezaron a manifestarse desde el comienzo de su ministerio, y el Señor mismo, en lugar de afirmar que con su muerte cesaría ese don, prometió:

> De cierto, de cierto os digo: **El que en mí cree, las obras que yo hago, él las hará también; y aún mayores hará,** porque yo voy al Padre (Juan 14:12, énfasis de los autores).

Sucesos en la Biblia:

> Este **principio de señales** [convertir el agua en vino] hizo Jesús en Caná de Galilea, **y manifestó su gloria**; y sus discípulos creyeron en él (Juan 2:11, corchetes y énfasis de los autores).

Además de crear vino, calmar la tormenta con su voz, multiplicar los panes y los peces, sanar a los enfermos, liberar a los endemoniados y resucitar a los muertos, entre otros milagros, Jesús hizo ver a Pedro que, llegado el momento y la situación elegidos por Dios, **él podría caminar sobre el agua,** lo que implica desafiar las leyes naturales, si mantenía su fe y su mirada puesta en Él (véase Hechos 7:55 y Hebreos 12:2).

> Pero al ver el fuerte viento, tuvo miedo; y comenzando a hundirse, dio voces, diciendo: ¡Señor, sálvame! Al momento Jesús, extendiendo la mano, asió de él, y le dijo: **¡Hombre de poca fe! ¿Por qué dudaste?** Y cuando ellos subieron en la barca, se calmó el viento (Mateo 14:30-32, énfasis de los autores).

> ...y un joven llamado Eutico, que estaba sentado en la ventana, rendido de un sueño profundo, por cuanto Pablo disertaba largamente, vencido del sueño cayó del tercer piso abajo, y fue levantado muerto. Entonces descendió Pablo **y se echó sobre él, y abrazándole, dijo: No os alarméis, pues está vivo.** Después de haber subido,

*y partido el pan y comido, habló largamente hasta el alba; y así salió. Y llevaron al joven **vivo**, y fueron grandemente consolados* (Hechos 20:8-12, énfasis de los autores).

El que se hayan levantado falsos discípulos y timadores a lo largo de la historia no puede desacreditar ni desvirtuar la existencia del **don de milagros** durante la era de la Iglesia. El hombre incrédulo y el religioso aún se esfuerzan por comprobar y validar si el don de milagros es genuino poniendo los ojos en el «mensajero», cuando el que realiza el milagro para gloria de Jesús es el Espíritu Santo.

El evangelista británico de los siglos XIX y XX Smith Wigglesworth, a pesar de su origen humilde y formación en iglesias metodistas, anglicanas y bautistas, influyó notablemente en el pentecostalismo. Su esposa Polly Featherstone, predicadora del Ejército de Salvación le enseñó a leer la Biblia. Dejó una familia de cinco hijos, y un nieto líder de la iglesia pentecostal en el Congo. Wigglesworth fue bautizado en el Espíritu Santo recibiendo Sus dones, y como parte de su ministerio participó en actividades de las Asambleas de Dios en Gran Bretaña y los Estados Unidos. Algunos le atribuyen haber sido el instrumento a través del cual el Señor obró, por medio del Espíritu, catorce resucitaciones. Más allá de las historias que empezaron a circular sobre su vida en el sentido de que las personas, al ser tocadas por él, recibían milagros, debemos preguntarnos por qué hemos dejado de creer en este don, uniéndonos a los que consideran que cesó. ¿Qué pasaría si en lugar de unirnos a ese coro, le creyéramos a Jesús cuando le habló a Pedro y aceptáramos *ser* el toque de Dios en la vida de otros, el instrumento de los milagros de Dios en este mundo?

Dones de inspiración *(Dicen algo de parte de Dios)*

1. Don de lenguas

Es una manifestación de la llenura del Espíritu Santo cuando un creyente, a veces recién nacido de nuevo, ora y adora *en el Espíritu*, agradeciendo a Dios. Pablo afirma que estas lenguas son una **señal para los incrédulos** (véase 1 Corintios 14:22). Pero, ¿y si no entendemos ese *género* de lenguas que hablamos y no hay cerca quien tenga el don de interpretación? El apóstol también nos dice cuál es su propósito. Primero, hablarle a Dios bajo la guía del Espíritu. Segundo, edificarnos. Veamos.

Sucesos en la Biblia:

> *Porque el que habla en lenguas no habla a los hombres, sino a Dios...* (1 Corintios 14:2).

> *El que habla en lengua extraña, a sí mismo se edifica...* (1 Corintios 14:4).

*Mientras aún hablaba Pedro estas palabras, el Espíritu Santo cayó sobre todos los que oían el discurso. Y los fieles de la circuncisión que habían venido con Pedro se quedaron atónitos de que también sobre los gentiles se derramase el don del Espíritu Santo. **Porque los oían que hablaban en lenguas, y que magnificaban a Dios*** (Hechos 10:44-46, énfasis de los autores).

¿Qué pasó entonces entre Pentecostés y el capítulo trece de Primera de Corintios, que Pablo ya no celebraba el don de lenguas, sino que comenzó a referirse a este con cierta prevención?

Si yo hablase lenguas humanas y angélicas, y no tengo amor, vengo a ser como metal que resuena, o címbalo que retiñe (1 Corintios 13:1).

Como hemos dicho, Corinto en tiempos de Jesús y los apóstoles no solo era una ciudad cosmopolita y arrogante; también era epicentro del paganismo. En la iglesia de Corinto se habían filtrado prácticas inmorales, varias de ellas disfrazadas de religiosidad. Al parecer algunos miembros que se ufanaban de tener el don de lenguas lo practicaban desordenadamente. Pablo pone orden y deja claro que el don de profecía es de mayor importancia comparado con los de lenguas e interpretación de lenguas, porque **edifica a toda la iglesia**, y que, si alguien quería compartir públicamente algún mensaje en lenguas, debía estar presente en la reunión alguien con el don de interpretación. La conclusión del capítulo catorce es que los creyentes, más bien, debieran procurar profetizar, que **no debía impedirse hablar en lenguas**, y que **«todo debía hacerse decentemente y con orden»**.

*Por lo cual, **el que habla en lengua extraña, pida en oración poder interpretarla**. Porque si yo oro en lengua desconocida, mi espíritu ora, pero mi entendimiento queda sin fruto. ¿Qué, pues? Oraré con el espíritu, pero oraré también con el entendimiento; cantaré con el espíritu, pero cantaré también con el entendimiento* (1 Corintios 14:13-15, énfasis de los autores).

*Doy gracias a Dios que **hablo en lenguas más que todos vosotros**; pero **en la iglesia** prefiero hablar cinco palabras con mi entendimiento, para enseñar también a otros, que diez mil palabras en lengua desconocida. **Hermanos, no seáis niños en el modo de pensar,** sino sed niños en la malicia, pero maduros en el modo de pensar* (1 Corintios 14:18-20, énfasis de los autores).

Si has recibido el **don de lenguas**, aunque no puedas interpretarlas, ¡ejercítalo!, pues al hacerlo estarás adorando y orando en el Espíritu. Si, como dice Pablo, hay lenguas angélicas y no solo humanas, ¿cómo saber *si el enemigo entiende* lo que estamos diciendo? Orando en la intimidad de la Trinidad, solo Dios sabe bien lo que estamos pidiendo, en tanto que si oramos en lenguaje de hombres el enemigo podría intentar oponerse, como lo hizo con Daniel el ángel príncipe de Persia. En cualquier caso, tú siempre saldrás fortalecido.

2. Interpretación de lenguas

En ciertas ocasiones Dios habla a la iglesia por medio de un mensaje en lenguas y se cuenta con alguien que tiene **el don de interpretación de lenguas**, de modo que la congregación puede entenderlo, hay fruto para todos, esto se puede hacer «decentemente y con orden», como pide Pablo.

Sucesos en la Biblia:

> *¿Qué hay, pues, hermanos? Cuando os reunís, cada uno de vosotros tiene salmo, tiene doctrina, tiene lengua, tiene revelación, **tiene interpretación**. Hágase todo para edificación. **Si habla alguno en lengua extraña, sea esto por dos, o a lo más tres, y por turno; y uno interprete. Y si no hay intérprete, calle en la iglesia, y hable para sí mismo y para Dios*** (1 Corintios 14:26-28, énfasis de los autores).

¡Bendito sea el Señor por quienes tienen el don de interpretación de lenguas! A veces tendremos la oportunidad de escucharlos públicamente. En otros momentos deberemos esperar, orar y pedir discernimiento para comprender el mensaje del Espíritu Santo. Cuando se nos instruye por medio de un don de inspiración, debemos atesorar esas indicaciones, entendiendo que tienen un gran valor y son altamente confidenciales, razón por la cual no nos llegaron de otro modo. Se trata de un secreto íntimo entre Dios y nosotros, que **siempre estará en perfecta concordancia con Su Palabra** y que debemos aprender a guardar a salvo del enemigo, obedeciendo fielmente las instrucciones de nuestra misión.

3. Profecía

Es el don que nos lleva por el Espíritu a *proclamar* o *anunciar* la Palabra de Dios, contribuyendo a la edificación, exhortación y consolación de la iglesia. Durante la edad media se quiso añadir de manera indebida la connotación de *predicción* al don de profecía, pero esa característica no es requisito para que lo sea, según explica Pablo. Este don es ante todo para edificación, exhortación y consolación.

> *Seguid el amor; y procurad los dones espirituales, **pero sobre todo que profeticéis.** Porque el que habla en lenguas no habla a los*

*hombres, sino a Dios; pues nadie le entiende, aunque por el Espíritu habla misterios. **Pero el que profetiza habla a los hombres para edificación, exhortación y consolación**. El que habla en lengua extraña, a sí mismo se edifica; **pero el que profetiza, edifica a la iglesia**. Así que, quisiera que todos vosotros hablaseis en lenguas, **pero más que profetizaseis**; porque **mayor es el que profetiza** que el que habla en lenguas, a no ser que las interprete para que la iglesia reciba edificación* (1 Corintios 14:1-5, énfasis de los autores).

*Asimismo, **los profetas hablen dos o tres, y los demás juzguen. Y si algo le fuere revelado a otro que estuviere sentado, calle el primero. Porque podéis profetizar todos uno por uno, para que todos aprendan, y todos sean exhortados. Y los espíritus de los profetas están sujetos a los profetas**; pues Dios no es Dios de confusión, sino de paz [...] Si alguno se cree profeta, o espiritual, reconozca que lo que os escribo son mandamientos del Señor* (1 Corintios 14:29-37, énfasis de los autores).

Así que, las lenguas son por señal, no a los creyentes, sino a los incrédulos; pero la profecía, no a los incrédulos, sino a los creyentes**. Si, pues, toda la iglesia se reúne en un solo lugar, y todos hablan en lenguas, y entran indoctos o incrédulos, ¿no dirán que estáis locos? **Pero si todos profetizan, y entra algún incrédulo o indocto, por todos es convencido, por todos es juzgado; lo oculto de su corazón se hace manifiesto; y así, postrándose sobre el rostro, adorará a Dios, declarando que verdaderamente Dios está entre vosotros (1 Corintios 14: 22-25, énfasis de los autores).

Una profecía puede ser para ti, para una familia, para una congregación, o para una nación. Dios puede entregar profecías por medio de uno de sus siervos en el cuerpo de Cristo, tal como lo hicieron los profetas mayores y menores en el Antiguo Testamento, con el mismo celo de guardar la Palabra. Hay dos evidencias de que la palabra profética comunicada por algún siervo de Cristo proviene de Dios, pues hay que ponerla a prueba, como dice Pablo; la primera, **que no contradiga la Palabra Revelada (la Biblia)** (véase 2 Pedro 1:19); y la segunda, que, en el caso de que la palabra anuncie el cumplimiento de algún evento, este suceda: «*si **el profeta** hablare en nombre de Jehová, **y no se cumpliere lo que dijo, ni aconteciere**, es palabra que Jehová no ha hablado; con presunción habló el tal profeta; no tengas temor de él*» (véase Deuteronomio 18:22).

Si nos vamos a mover *en el Espíritu*, tenemos que acostumbrarnos al **lenguaje espiritual** y aprender a ejercitar nuestros oídos, nuestra boca, nuestros ojos en el discernimiento de Su Palabra. Ser guiados por la mente o por la razón (la carne) no garantiza la victoria, ni la vida abundante. «Andar en la carne» es ir **contra el Espíritu** (véase Gálatas 5:17) fórmula infalible para una derrota segura. El momento actual, según vimos fue anunciado con antelación por el profeta Joel, y su profecía tiene un lugar preponderante, como lo discernió Pedro en Pentecostés:

> *Mas esto es lo dicho por el profeta Joel: Y en los postreros días, dice Dios, derramaré de mi Espíritu sobre toda carne, y vuestros hijos y vuestras hijas profetizarán; vuestros jóvenes verán visiones, y vuestros ancianos soñarán sueños; y de cierto sobre mis siervos y sobre mis siervas en aquellos días derramaré de mi Espíritu,* **y profetizarán** *(Hechos 2:16-18, énfasis de los autores).*

Sucesos en la Biblia:

La profecía como don ha acompañado a la Iglesia desde sus primeros días:

> *En aquellos días* **unos profetas** *descendieron de Jerusalén a Antioquía. Y levantándose* **uno de ellos, llamado** *Agabo,* **daba a entender por el Espíritu, que vendría una gran hambre en toda la tierra habitada; la cual sucedió en tiempo de Claudio** *(Hechos 11:27-28, énfasis de los autores).*

> *Ministrando estos al Señor, y ayunando,* **dijo el Espíritu Santo:** *Apartadme a Bernabé y a Saulo para la obra a que los he llamado (Hechos 13:2, énfasis de los autores).*

> *Al otro día, saliendo Pablo y los que con él estábamos, fuimos a Cesarea; y entrando en casa de Felipe el evangelista, que era uno de los siete, posamos con él.* **Este tenía cuatro hijas doncellas que profetizaban.** *Y permaneciendo nosotros allí algunos días, descendió de Judea* **un profeta** *llamado Agabo,* **quien viniendo a vernos, tomó el cinto de Pablo, y atándose los pies y las manos, dijo: Esto dice el Espíritu Santo: Así atarán los judíos en Jerusalén al varón de quien es este cinto, y le entregarán en manos de los gentiles** *(Hechos 21:8-11, énfasis de los autores).*

Nosotros, como iglesia, debemos estar atentos a **todo mensaje profético** del Señor, en especial, a los que ya han sido revelados y se encuentran en la Biblia:

> *Me dijo entonces: Profetiza sobre estos huesos, y diles… (Ezequiel 37:4).*

Respecto a esta palabra del profeta Ezequiel, el Señor nos ha regalado valiosísimas enseñanzas. En resumen, **si no se profetiza, no se desata.** Dios nos ha instruido (y vamos a parafrasearlo a fin de entender mejor esto): *«Dilo, háblales con palabras audibles; si tú no lo dices, las personas seguirán muertas, y aquellos por los que oras no sanarán»*. El Señor le dijo al profeta: «Hijo de hombre, ¿vivirán esos huesos? [...] ¡profetiza!». Y una vez profetizó, muchos que solo eran huesos, revivieron.

EL COSTO DE MENOSPRECIAR LOS DONES ESPIRITUALES

Esaú **menospreció** y **no procuró los dones espirituales.** De no haber ocurrido esto, el pueblo de Israel no se llamaría así, sino *el pueblo de Esaú*. Después de todo, Esaú era el primogénito; él estaba llamado a ser padre de reyes. Dios le había prometido a Abraham que sería luz para las naciones, y que su descendencia sería como las arenas del mar y como las estrellas del cielo. Esaú estaba llamado a ser la simiente de Jesús.

Dios quiere que le demos *de lo que Él nos ha dado, y solo* de lo que Él nos ha dado. No debe intimidarnos ministrar como Él pide, y es importante no hacer caso a las críticas del hombre que intentan desviarnos. Recordemos que David danzaba delante del Señor y, a los ojos de algunos, incluso de su propia esposa, su conducta fue degradante. Pero a Dios **le agradó** que David danzara, porque sintió hacerlo en lo profundo de su corazón.

Cien años atrás, en la Iglesia no se había vuelto a tocar el tema de los dones de inspiración. Todos lo habían olvidado, hasta que un día de 1906, en Azuza Street, en Los Ángeles, California, el Espíritu Santo vino con poder y como resultado de ese avivamiento los asistentes comenzaron a manifestarlos. En nuestro tiempo hemos recuperado nuestra capacidad de asombro y gratitud ante el don de profecía, hablar en lenguas, interpretación de lenguas, y los demás dones espirituales.

CONCLUYENDO

Como vimos a lo largo de esta lección, los dones espirituales son regalos que Dios otorga a quienes deciden creerle y caminar con Él. Los dones espirituales son dados para que la persona pueda hacer la obra que Dios le mandó a hacer. En la vida diaria, pero en especial en la vida conyugal y familiar, estos dones pueden traer experiencias sobrenaturales que beneficien a la pareja, a los hijos, a las generaciones. La labor que se nos llama a realizar por medio del don recibido debe enfocarse en exaltar a Dios, nunca en engrandecer a quien lo administra o en permitir que se llene de orgullo. Y recuerda que, aunque en apariencia ninguno de estos dones se haya manifestado en tu vida, ello no quiere decir que el Señor te haya excluido, sino que debes anhelarlos, desearlos, procurarlos por medio de la oración, entonces el Espíritu Santo se manifestará y derramará esta unción divina. Solo persevera, ¡procura alcanzarlos!

Recuerda por último que las experiencias bíblicas no se dieron en condiciones de laboratorio, sino en el contexto de familias reales, por lo cual contamos con ejemplos muy concretos de cómo aplicar los dones en nuestra cotidianidad. Puede parecer un poco extraño para quienes no lo hayan vivido aún, pero hacer frente a las diferentes situaciones por medio del uso continuo de los dones del Espíritu Santo, es ejercer el rol de reyes y sacerdotes que Dios desea para cada creyente (recordar 1 Pedro 2:9 y Apocalipsis 1:6).

No sería irreal que, si un miembro de la familia enfermara gravemente (como fue el caso de la hija de Jairo), el padre o la madre, en lugar de ir a buscar a un hombre de Dios para sanar al enfermo, orara por este, imponiéndole las manos en ejercicio del don de sanidades (véase Marcos 5:21-43).

También hoy ocurren accidentes como el de Eutico, quien fue resucitado (recuerda Hechos 20:8-12). Aunque no nos gusta pensar que algo así podría pasar, podemos estar mejor preparados para ello. Solo supón que un miembro de la familia tiene un accidente y muere, pero que otro miembro de la familia, por medio del don de milagros y obedeciendo a lo que el Espíritu Santo le muestra en ese momento, se tiende sobre el fallecido y le resucita completamente sano(a). Si fue maravilloso en la iglesia primitiva, ¡imagina cómo ayudaría a esta familia y glorificaría a Dios!

Un ejemplo más, tomando como base la historia de Ananías y su esposa Zafira, quienes fallecieron luego de intentar engañar al Espíritu Santo (véase Hechos 5:1-25).

Pensemos que una tercera persona quiere engañar a uno de los miembros de la familia, pero por medio del don de la palabra de ciencia el padre de familia se da cuenta de la mentira. Imagina que quien trata de engañar a la familia es uno de los hijos. Si el padre (o la madre) tiene este don y recibe revelación por medio del Espíritu Santo, puede advertir el engaño, lo cual le permitiría actuar a tiempo y evitar cualquier desenlace trágico.

Estos fueron solo tres ejemplos de lo que es vivir atento a las indicaciones del Espíritu Santo y actuar por medio de Sus dones de poder en favor de la familia. Así que, si cuentas con tal dirección, dotación y equipamiento celestiales, no te conformes con menos. No te resignes a llevar una vida sin esta gloriosa manifestación de lo Alto. ¡Anhela una vida que pueda ejercer estos dones por el bien de tu hogar y para la gloria de Dios!

DEL CAUTIVERIO A LA LIBERTAD Y DE LA OPRESIÓN AL GOZO

En el evangelio de San Lucas el mismo Señor Jesucristo nos dice a qué ha venido a la tierra, y de los cinco motivos que enuncia hay dos que nos llaman profundamente la atención, por lo que son motivo de estudio en la presente lección: «*A pregonar libertad a los cautivos, y a poner en libertad a los oprimidos*».

Dentro de los pasajes bíblicos elegidos prestaremos especial atención a una frase del Señor que habla del «pan de los hijos». Quizá no hayas reparado antes en esta expresión, pero se encuentra en un bello relato bíblico plasmado en el capítulo siete del evangelio de Marcos. Se trata de uno de los milagros más representativos y sorprendentes de Jesús, basado en la fe de una mujer que buscaba ayuda desesperadamente, resuelta a que el Señor de señores *liberara* a su hijita de un demonio que la atormentaba (véase Marcos 7:24-30).

Antes de entrar en materia, ten presente que en la lección siete, cuando estudiamos «Cómo lograr que tu cónyuge cambie», aprendimos muchas verdades, entre ellas que nuestra lucha no es contra carne y sangre, sino contra principados, potestades y gobernadores de las tinieblas, que pueden influenciar por medio de fortalezas mentales a tu cónyuge, tus hijos, o a otras personas de tu familia y relacionados, incluso a ti mismo(a), para que actúen bajo los parámetros y planes de Satanás, nuestro enemigo.

Tomamos como ejemplo a Pedro, que en un momento fue influenciado por Satanás y quería impedir que nuestro Señor cumpliera con el plan Divino de entregarse por nosotros en la cruz (véase Marcos 8:33). También vimos como David, el más grande rey de Israel, considerado por Dios como «un hombre conforme a su corazón», fue influenciado para que hiciera un censo por fuera de la voluntad del Todopoderoso (véase Marcos 8:33), y esta acción acabó con la vida de cientos y cientos de personas, hasta que el rey reconoció su error y se arrepintió. También vimos cómo Satanás puso en el corazón de Judas el deseo de entregar al Señor (véase Juan 13:2). Y fue Satanás quien llenó el corazón de Ananías y Safira para mentir al Espíritu Santo (véase Hechos 5:1-3).

En esa lección también vimos que Dios ha dotado al creyente con armas espirituales para la destrucción de fortalezas, según lo registra 2 Corintios 10:3-5. Dentro de las principales armas podemos enumerar: **«Conocimiento de lo que está escrito en la Biblia»; «Creer lo que Dios dice»; «Obedecer a las Sagradas Escrituras»; «La oración en todo tiempo»**; y no menos importante: **«Proclamar lo que Dios ha establecido».** Todas estas armas son esenciales para cambiar a tu cónyuge y a tus hijos como lo hemos explicado a lo largo del curso.

Ahora que hemos retomado un poco aquella lección, vamos a avanzar en un tema que tiene que ver con lo allí explicado, pero que es aún más profundo. Y es que una persona, aparte de poder ser influenciada en un determinado momento, puede llegar a estar totalmente dominada por estas entidades de maldad, con o sin su consentimiento. Es decir que una persona, aparte de estar influenciada en determinado momento para decir o proceder en forma igual o similar a Pedro, David, Judas, Ananías o Safira; puede llegar a ser transitoria o permanentemente atormentada y hasta dominada en su cuerpo y en su alma por Satanás, o por uno de sus agentes.

Antes de continuar, te invito a dejar atrás cualquier temor, pues no hay razón para sentirse intimidado. Por el contrario, conocer esta verdad te hace libre, como dice la Palabra (véase Juan 8:32). Libre para no ser indiferente ante este hecho, e impedir para siempre al enemigo que haga estragos (o continúe haciéndolos) en tu vida, tu matrimonio, tus hijos y tus generaciones. Conocer la verdad te permitirá asumir tu posición, tomar las armas espirituales de guerra y usarlas apropiadamente, para obtener matrimonios victoriosos, familias triunfantes, felices y estables.

Durante esta lección te vamos a enseñar algunos fundamentos para permanecer libre. Por ejemplo, ¿cómo debemos responder ante los ataques de nuestro enemigo? ¿De qué manera el diablo saca ventaja en la vida de una persona para influenciarla, oprimirla y dominarla? Y en últimas, ¿qué puedes hacer para cortar con ese dominio sobre ti y sobre tu familia, conociendo lo que Cristo hizo por ti en la cruz?

De principio a fin la Biblia habla de nuestro enemigo

La Biblia expone desde Génesis hasta Apocalipsis que tenemos un enemigo que pelea contra nosotros, que, aunque fue vencido en la cruz para siempre y está destinado con su ejército al fuego eterno, continúa activo en el mundo, procurando engañar y hacer el mayor daño posible al ser humano. Entre tanto, la guerra espiritual, la actividad de los espíritus inmundos y la manera de enfrentarla desde una perspectiva bíblica, son una realidad que exige permanecer alerta.

Es tan palpable como el tráfico que obstruye las autopistas, como la gran cantidad de personas que conoces y llegan a interactuar contigo. Ciertamente en algunos casos se hace más evidente que en otras la presencia del maligno intentando torcer y frustrar los planes de

Dios, tratando de imponer el pillaje, el homicidio, y la destrucción, pero, aunque a veces no veamos lo que intenta, Pablo fija claramente cuál debe ser nuestra actitud: «no ignoramos sus maquinaciones» (véase 2 Corintios 2:11).

Se trata del mismo enemigo que vemos en escena desde el Antiguo Testamento en Génesis 3, cuando tienta a Eva oculto bajo la apariencia de una serpiente. El mismo que enviaba un demonio para atormentar al rey Saul aprovechando la puerta que le abrió con su desobediencia. El que por medio de un espíritu de mentira indujo a la guerra al rey Acab con una profecía falsa. El que intentó acabar con Job y con su familia por medio de la enfermedad, la violencia y la muerte.

Con el nacimiento de Jesús, la actividad del enemigo se hizo aún más evidente. Como no pudo matarlo cuando era niño valiéndose de funcionarios romanos del momento, el diablo creyó que podía aprovecharse de su humanidad, por lo cual intentó engañarlo desde el comienzo de su ministerio, durante la tentación en el desierto. Más tarde Jesús tuvo que enfrentar y echar fuera a muchos demonios, incluyendo al mismo Satanás, quien trató de impedir por la boca de Pedro que fuera a la cruz para salvarnos, pero Jesús se fortaleció en oración y se mantuvo obediente a la voluntad de Su Padre.

¿CÓMO OPERAN LOS DEMONIOS HOY?

Siguen el *modus operandi* que siempre ha movido a Lucifer. Jesús lo resumió en tres palabras: **hurtar, matar y destruir** (véase Juan 10:10). El objetivo del infierno: robarle la gloria a Dios, atribuírsela y recibir la adoración del hombre.

Su estrategia más conocida es intentar pasar desapercibido. Paradójicamente Charles Baudelaire, catalogado por Verlaine como uno de los poetas malditos de la Francia del siglo XIX, fue quien nos dejó esta elocuente frase para la historia: «*el mayor truco del diablo consiste en hacernos creer que no existe*». Pero no es su única trampa. En Segunda de Corintios también se nos advierte que Satanás se viste como ángel de luz para engañar al ser humano, haciendo que ponga su confianza en quien no debe (véase 2 Corintios 11:14). Incluso intentó engañar a Pablo por medio de palabras aduladoras. Atención: **no siempre el que afirma estar de nuestro lado** (por más cosas bonitas y ciertas que diga), **lo está en realidad:**

> *Aconteció que mientras íbamos a la oración, nos salió al encuentro una muchacha que tenía* **espíritu de adivinación**, *la cual daba gran ganancia a sus amos, adivinando. Esta, siguiendo a Pablo y a nosotros, daba voces, diciendo: Estos hombres son siervos del Dios Altísimo, quienes os anuncian el camino de salvación. Y esto lo hacía por muchos días; mas desagradando a Pablo, este se volvió y dijo al espíritu: Te mando en el nombre de Jesucristo, que salgas de ella. Y salió en aquella misma hora* (Hechos 16:16-18, énfasis de los autores).

Lo que Satanás nunca podrá hacer, como acabamos de ver, por más que se disfrace de ángel de luz, es engañar a su antojo a un creyente que ha puesto su confianza en Jesucristo como Señor y Salvador, pues ha sido redimido por la sangre del Cordero y tiene Su autoridad, que está por encima de cualquier rango del infierno y se mueve *en el poder, la libertad y la guía* **del Espíritu Santo.** Pablo en un principio guardó silencio, pero posteriormente fue redargüido por el Espíritu Santo y reprendió al demonio.

Hoy día los demonios siguen induciendo a hombres y mujeres al suicidio, como lo hizo en su momento con Judas. Incita al homicidio, a la violencia, el odio, la sodomía, el escepticismo, a una religión tergiversada y a poner en entredicho que necesitemos de un Salvador. En el matrimonio suelen propiciar sentimientos de irritabilidad hacia lo que dice o hace el cónyuge, una sensación de fastidio y negativismo hacia cualquier cosa que haga. También les induce al adulterio, el engaño, el descontrol alimenticio, enciende la contienda, la inapetencia sexual, insta a ver al otro como indeseable y «causante de su desdicha», entre otras cosas. Con los hijos hace otro tanto; fomenta la rebeldía, el gusto por tomar siempre los caminos peligrosos, las adicciones, conductas irresponsables que traen enfermedad, estancamiento, etc.

Mediante el engaño, el enemigo lleva a las personas a enfermarse, muchas veces por intentar seguir un tren de vida frenético, caracterizado principalmente por el estrés, la frustración, la codicia y el temor al fracaso. De un momento a otro, surgen enfermedades devastadoras cuyo diagnóstico resulta un completo enigma, porque los médicos no las detectan con facilidad. Pero los demonios están ahí, atrincherados, hurtando, destruyendo, *matando.* Enferman el cuerpo, corrompen el alma mediante padecimientos mentales y emocionales, e impactan desfavorablemente al espíritu.

No son pocos los casos de homicidas que, al ser interrogados por las autoridades sobre sus acciones, declararon escuchar una voz que los conminaba a matar a alguna persona. Otros confiesan haber sentido presencias, angustiosas sensaciones de muerte, condenación y resentimiento.

Representantes de la psicología y la psiquiatría explican estos casos como enfermedades puramente mentales y atribuyen esas voces a la esquizofrenia. Llama la atención, sin embargo, que personas con este supuesto diagnóstico lograron ser libres rindiendo sus vidas a Jesús y nunca más volvieron a presentar los mismos síntomas «patológicos».

La respuesta a este «enigma» está en la Biblia. **Allí dice que, al ser salvos, recibimos libertad. Los evangelios de Marcos y Lucas registran una importante afirmación del Señor:**

> *He aquí os doy potestad de hollar serpientes y escorpiones, y sobre toda fuerza del enemigo, **y nada os dañará*** (Lucas 10:19, énfasis de los autores).

No saber esto, conduce a ignorar una libertad que podría disfrutarse en la práctica a diario. Por eso está escrito: «Mi pueblo fue destruido, porque le faltó conocimiento» (véase Oseas 4:6). Aun así, la Biblia es clara: tenemos la autoridad para echar fuera demonios, y sobre toda fuerza del mal, y nada podrá dañarnos, ni a nuestros matrimonios, ni a nuestros hogares.

Así que no le creas a Satanás, ya sea que susurre, grite o se infiltre en tus pensamientos asegurando que te va a enfermar, matar o destruir, acabando de paso con tu matrimonio y tu familia. Resístelo mediante tu obediencia al Padre y repréndelo con tus propias palabras (basadas en lo que dicen las Sagradas Escrituras), en el nombre de Jesucristo. Recuerda: la autoridad la tienes tú, el enemigo lo sabe y tiene que sujetarse.

La autoridad **no** fue dada a los que caminan según los deseos de este mundo, **nos fue dada a nosotros**, quienes hemos sido constituidos **hijos de Dios** por creer en Jesucristo, recibirlo y permanecer en Él, por su Espíritu. Si ya eres hijo la pregunta es: ¿ejerces esa autoridad?

Los demonios afectan el cuerpo

Los demonios se instalan en la persona y causan daños a su alma y cuerpo. En el cuerpo, pueden producir enfermedades, malformaciones y afectaciones en distintos órganos. La mujer que andaba encorvada según el evangelio de Lucas, por ejemplo, la ató un espíritu de enfermedad por dieciocho años y el causante era Satanás.

> *Y a esta hija de Abraham, que Satanás había atado dieciocho años, ¿no se le debía desatar de esta ligadura en el día de reposo?* (Lucas 13:16).

Algunas fiebres son del diablo, como la que padecía la suegra de Pedro. Según el evangelio, el Señor Jesús, «inclinándose hacia ella, reprendió la fiebre y la fiebre la dejó, y levantándose ella al instante, les servía» (véase Lucas 4:39). Nunca lo pensamos, pero muchos problemas digestivos o migrañas pueden ser causados por el enemigo. En ocasiones cuando los demonios son expulsados de la persona, esta sencillamente rejuvenece. Descubramos otros ejemplos:

• *Mudez causada por un demonio*

No todos los casos de mudez física son obra de Satanás, pero encontramos uno en el evangelio de Mateo que maravilló a las personas y puso en aprietos a los religiosos, quienes se atrevieron a justificar la liberación del hombre como una prueba de que Jesús era el líder supremo de los demonios y por eso le obedecían:

> *Mientras salían ellos, he aquí, le trajeron un mudo, endemoniado. Y echado fuera el demonio, el mudo habló; y la gente se maravillaba, y*

decía: Nunca se ha visto cosa semejante en Israel. Pero los fariseos
decían: Por el príncipe de los demonios echa fuera los demonios (Mateo
9:32-34).

Aquí, hasta los fariseos admitieron que era Satanás el que impedía hablar al hombre, y que habían presenciado un acto genuino de liberación, **solo que cuestionando *de qué lado* estaba el Señor**. También es evidente otro de los propósitos del enemigo al esclavizar a hombres y mujeres: **¡que no puedan hablar de su Señor, ni alabarlo!**

- ***Ciego y mudo por el enemigo***

Vemos aquí otro caso de esclavitud espiritual que había traído consecuencias físicas.

> *Entonces fue traído a él un endemoniado, ciego y mudo; y le sanó, de tal*
> *manera que el ciego y mudo veía y hablaba* (Mateo 12:22).

En este pasaje (también en Lucas 11:14-23), Mateo nos cuenta que mientras había personas atónitas con lo que Jesús hacía y se preguntaban «*¿Será este aquel Hijo de David?*», los fariseos persistían en el grave error de atribuir la liberación a Beelzebú, príncipe de los demonios. Jesús los confronta haciéndoles ver que una casa dividida contra sí misma no permanece, que Satanás no gana nada echándose a sí mismo y que a quien insultan es al **Espíritu Santo**, «única blasfemia que no será perdonada».

Recapitulemos. Quien pretenda liberar a alguien de la esclavitud del diablo debe hacerlo **en el nombre de Jesús, con Su autoridad, habiéndose sometido a Él, confiando en la perfecta voluntad de nuestro Padre Celestial, y por medio del Espíritu Santo, que nos da el discernimiento y el poder para hacerlo.**

> *Mas si **por el dedo de Dios echo yo fuera los demonios**, cier-*
> *tamente el reino de Dios ha llegado a vosotros. Cuando el hom-*
> *bre fuerte armado **guarda su palacio**, en paz está lo que posee.*
> *Pero cuando viene **otro más fuerte** que él y le vence, le quita todas*
> *sus armas en que confiaba, y reparte el botín. El que no es conmigo,*
> *contra mí es; y el que conmigo no recoge, desparrama* (Lucas 11:20-23,
> *énfasis de los autores*).

La expresión, «dedo de Dios», había sido utilizada por los magos de Egipto en Éxodo 8:19, cuando se vieron obligados a reconocer que los milagros de Moisés eran obras procedentes del Dios verdadero, no como sus trucos. Jesús se valió de esta imagen y de la profecía hecha sobre Él en Isaías 53:12 para dejar en evidencia que no hay comparación entre Su liberación, que es genuina, y la de los judíos exorcistas, que representan aquí a todos los maestros de fórmulas religiosas prefabricadas. A diferencia de ellos, Cristo toma completa posesión del espíritu (palacio) que antes ocupaban las tinieblas, llenándolo con su amor, salvación y bajo Su señorío.

- ***Los discípulos echaban fuera demonios y los enfermos sanaban***

El libro de Hechos, por ejemplo, relata cómo Felipe el evangelista, creyente fiel y comprometido, fue a predicar a Samaria. Con la autoridad de Jesús y en el poder del Espíritu, Felipe echaba fuera los demonios y sanaba a los enfermos.

> *Y la gente, unánime, escuchaba atentamente las cosas que decía Felipe, oyendo y viendo las señales que hacía. Porque **de muchos que tenían espíritus inmundos, salían estos dando grandes voces;** y muchos paralíticos y cojos eran sanados…* (Hechos 8:6-7, énfasis de los autores).

También en el caso de Pablo, llevaban los paños del apóstol a los enfermos y las enfermedades desaparecían. En cuanto a los demonios, **salían:**

> *…de tal manera que aún se llevaban a los enfermos los paños o delantales de su cuerpo, y las enfermedades se iban de ellos, y **los espíritus malos salían*** (Hechos 19:12, énfasis de los autores).

Como puedes notar, las sanidades con frecuencia estaban relacionadas con la existencia de espíritus inmundos. Bendito sea Dios, hemos recibido los dones del Espíritu Santo de los que hablamos en la lección dieciocho, ¡para usarlos! No tenemos las mismas particularidades culturales ni tenemos que replicar exactamente los métodos y costumbres de los evangelistas en tiempos de Pablo y la iglesia primitiva, pero sí tenemos el mismo Espíritu de Dios que nos guía para hacer cosas sorprendentes o inusuales, en favor de las personas, los matrimonios y las familias. Debemos aprender a escucharlo, porque Él sabe mejor que nadie cuál es la forma más indicada y efectiva de dar testimonio del poder de Dios en la vida de cada uno.

Los demonios también afectan el alma

En algunos casos el demonio entra hasta el alma y afecta la vida emocional, haciendo cambiar el temperamento de la persona. Es entonces cuando la víctima parece otro(a). Su personalidad puede tornarse agresiva, impaciente o indolente. La angustia indescriptible, el temor, la inseguridad y sentimientos que producen una ansiedad o depresión aparentemente incontrolables muchas veces son causados por demonios que se aferran a algún recuerdo doloroso, miedo, odio o amargura para meterse al alma y esclavizar al «dueño de casa».

Los demonios buscan infiltrar los pensamientos (mimetizándose con los de la persona) para reproducir voces de condenación y desánimo. En otras ocasiones te persuaden de que todo lo tienes que pasar por el filtro de la razón, cuando el enemigo sabe muy bien que Dios se mueve en nuestra vida por medio de la fe (no de la razón). Y esos pensamientos tarde o temprano te roban la bendición. Veamos algunos casos bíblicos:

- ***El muchacho endemoniado***

En este relato de un hecho real vemos a un padre desesperado por ver a su hijo libre, sin llegar a entender que su liberación era apenas el comienzo de una **nueva vida**. Por eso las palabras de Jesús: «¡Oh generación incrédula y perversa!», pueden sonar duras para el que no entienda el contexto, según el cual es claro que el Señor se refiere a quienes, conociendo la verdad, —como la conocían los discípulos— le permiten al diablo hacer de las suyas. ¡Jesús no vino solo a impartir sanidades temporales ni compresas de agua tibia! **¡Vino a liberarnos del todo y para siempre!**

> *Al día siguiente, cuando descendieron del monte, una gran multitud les salió al encuentro. Y he aquí, un hombre de la multitud clamó diciendo: Maestro, te ruego que veas a mi hijo, pues es el único que tengo; y sucede que un espíritu le toma, y de repente da voces, y le sacude con violencia, y le hace echar espuma, y estropeándole, a duras penas se aparta de él. Y rogué a tus discípulos que le echasen fuera, y no pudieron. Respondiendo Jesús, dijo: ¡Oh generación incrédula y perversa! ¿Hasta cuándo he de estar con vosotros, y os he de soportar? Trae acá a tu hijo. **Y mientras se acercaba el muchacho, el demonio le derribó y le sacudió con violencia; pero Jesús reprendió al espíritu inmundo, y sanó al muchacho, y se lo devolvió a su padre.** Y todos se admiraban de la grandeza de Dios* (Lucas 9:37-43, énfasis de los autores).

Jesús acudió al llamado de este padre e hizo lo que le pedía, lo liberó de los demonios que atormentaban su cuerpo y su alma. Ahora correspondía al padre ayudar a entender a su hijo lo ocurrido y a empezar a caminar en la libertad de los hijos de Dios.

- ***El endemoniado gadareno***

Otro ejemplo extraído de la vida real sobre cómo Satanás no solo puede afectar el cuerpo, sino también el alma —en este caso la mente y las emociones—, nos lo confirma el encuentro con el endemoniado gadareno.

A causa del indiscutible interés de Dios por la salvación de los gentiles, Jesús, a pesar de estar agotado, atravesó el Mar de Galilea en medio de una violenta tormenta para poder llegar a su destino, donde lo esperaba un singular personaje al que le cambiaría la vida. Si examinamos los relatos del mismo pasaje de Lucas, como veremos a continuación, en palabras de Mateo y Marcos, deduciremos que la economía de la región la impulsaba la porcicultura (el hato que había cerca, según Marcos, era de dos mil cerdos), algo de por sí ofensivo y desagradable para los judíos. Los comerciantes gentiles cuyas ganancias se vieron afectadas con la llegada de Jesús, terminaron pidiéndole que se fuera. Pero enfoquémonos en el personaje que la sociedad menospreciaba y que Dios anhelaba **salvar y liberar.**

De acuerdo con el relato, el endemoniado salió **directamente** al encuentro de Jesús. Llaman la atención sus palabras —que no parecían las suyas— sino las de los demonios que tenía dentro, **y su sujeción al Hijo de Dios**, en quien no solo reconocen el poder de salvar y liberar, sino también la autoridad para romper toda cadena, e incluso juzgarlos y enviarlos al abismo (véase Lucas 8:31).

> *Y arribaron a la tierra de los gadarenos, que está en la ribera opuesta a Galilea. Al llegar él a tierra, **vino a su encuentro** un hombre de la ciudad, **endemoniado desde hacía mucho tiempo**; y no vestía ropa, ni moraba en casa, sino **en los sepulcros**. Este, **al ver a Jesús**, lanzó un gran grito, **y postrándose a sus pies** exclamó a gran voz: ¿Qué tienes conmigo, Jesús, Hijo del Dios Altísimo? Te ruego que no me atormentes (porque mandaba al espíritu inmundo que saliese del hombre, pues hacía mucho tiempo que se había apoderado de él; y le ataban con cadenas y grillos, pero rompiendo las cadenas, era impelido por el demonio a los desiertos). Y le preguntó Jesús, diciendo: **¿Cómo te llamas?** Y él dijo: **Legión. Porque muchos demonios habían entrado en él. Y le rogaban que no los mandase ir al abismo**. Había allí un hato de muchos cerdos que pacían en el monte; y le rogaron que los dejase entrar en ellos; y les dio permiso. **Y los demonios, salidos del hombre, entraron en los cerdos**; y el hato se precipitó por un despeñadero al lago, y se ahogó. Y los que apacentaban los cerdos, cuando vieron lo que había acontecido, huyeron, y yendo dieron aviso en la ciudad y por los campos. Y salieron a ver lo que había sucedido; y vinieron a Jesús, **y hallaron al hombre de quien habían salido los demonios, sentado a los pies de Jesús, vestido, y en su cabal juicio**; y tuvieron miedo. Y los que lo habían visto, les contaron cómo había sido **salvado** el endemoniado. Entonces toda la multitud de la región alrededor de los gadarenos le rogó que se marchase de ellos, pues tenían gran temor. Y Jesús, entrando en la barca, se volvió. **Y el hombre de quien habían salido los demonios le rogaba que le dejase estar con él**; pero Jesús le despidió, diciendo: **Vuélvete a tu casa, y cuenta cuán grandes cosas ha hecho Dios contigo. Y él se fue, publicando por toda la ciudad cuán grandes cosas había hecho Jesús con él** (Lucas 8:26-39, énfasis de los autores).*

Por la actitud del gadareno **después** de ser liberado, podemos notar que ya no es el hombre temerario que llegaba a romper cadenas y grillos y vivía en los sepulcros semidesnudo, sino todo un caballero: sentado a los pies de Jesús, vestido y **cuerdo**. Además, estaba muy agradecido con el Señor por haberlo liberado, dispuesto a seguirlo a donde quiera que fuera, y le «rogaba que le dejase estar con él».

¡Qué gratificante oír sus propias palabras y no las de los demonios que lo tenían encadenado espiritualmente y le impedían ser él mismo! Las palabras del gadareno liberado y nacido de nuevo son una evidencia indiscutible de cómo los demonios pueden afectar el cuerpo, el alma y el espíritu de una persona.

Hasta aquí hemos visto a grandes rasgos la manera como operan los demonios, espíritus inmundos, o huestes de Satanás, explicando en parte lo que pueden llegar a causar en la persona que influencian, oprimen o poseen, afectando la mente, el cuerpo y el alma. De la misma forma estudiamos que en todos estos relatos bíblicos, el poder de nuestro Dios **siempre** es superior a cualquier maniobra del enemigo. Nuestro Señor siempre resulta vencedor sobre toda influencia o poder demoníaco. Ahora estudiaremos *cómo* entran estas entidades a la vida de una persona, de un cónyuge o de un hijo. Saberlo te ayudará a orar en forma precisa, de acuerdo con la situación específica, para cortar ese poder maligno en el nombre de Jesús.

¿CÓMO ENTRAN LOS DEMONIOS?

Satanás ha sido homicida desde el principio, y no ha permanecido en la verdad, porque no hay verdad en él (véase Juan 8:44), actúa contra el hombre, al menor descuido y a cualquier edad. Puede tratar de impactar a las personas en cualquier momento de la vida, incluso desde el vientre materno, sin importar si son bebés, niños, jóvenes o adultos. Por lo tanto, nuestro deber, es permanecer vigilantes. La Biblia dice:

> *Sed sobrios, y velad; porque vuestro adversario el diablo, como león rugiente, anda alrededor buscando a quien devorar; al cual resistid firmes en la fe…* (1 Pedro 5:8-9).

> *…ni deis lugar al diablo* (Efesios 4:27).

Esto significa que **no debemos abrirle la puerta al enemigo por medio de nuestros pensamientos, conversaciones u acciones.** Cuando se abre la puerta al enemigo, así sea solo una rendija, él la aprovecha. Puede que el escenario no varíe dramáticamente de un momento a otro, pero poco a poco empiezan a aparecer pesadillas, terror y miedo en las noches. Ira, descontrol, contiendas y un ambiente hostil se toman la vida y las relaciones de la persona. En el caso del creyente se sentirá estancado y que no avanza. **Si se les da lugar, los demonios hacen su trabajo.**

Para el caso de los matrimonios puede pasar que uno de los cónyuges esté llevando una vida que no desea, y esto quizás obedezca a la presencia de uno de estos espíritus de maldad que llega a sentirse el dueño de esa vida, induciéndole en todo momento a hacer lo incorrecto.

Examinemos cómo entró el diablo en Judas: *durante la cena,* «después del bocado» cuando creyó que podía mantener impunemente su disfraz de creyente y traicionar al Señor sin recibir daño (véase Juan 13:27). Pero ese peligroso juego de «agente doble» no comenzó ahí, sino mucho tiempo atrás. Judas robaba, era codicioso, y Jesús, en lugar de avergonzarlo públicamente, le dio tiempo para enmendarse. Cuando María ungió los pies de Jesús con un perfume de alto precio, Judas protestó: «¿Por qué no fue este perfume vendido [...] y dado a los pobres? Pero dijo esto no porque le importaran los pobres sino porque robaba de la bolsa» (véase Juan 12:3-6). En este punto, el homicidio se unió a la codicia. Por treinta monedas de plata que le ofrecieron vendió al Señor. Terminó suicidándose. El suicidio es del diablo. Veamos a continuación las principales causas por las cuales entran los demonios:

Como consecuencia del pecado

La principal justificación legal por la que los demonios creen tener el derecho de entrar en una persona es la puerta (o ventana) abierta de los pecados cometidos. Fue precisamente el pecado de Adán y Eva el que le dio derecho a Satanás y a sus demonios de entrar, manipular y controlar al hombre. La Biblia dice:

> *El que practica el pecado es del diablo, porque el diablo ha pecado desde el principio...* (1 Juan 3:8 NBLA).

Antes de continuar con esta explicación, es necesario aclarar que hay demonios que pueden entrar a la vida de una persona por los pecados cometidos *antes* de que aceptara a Cristo como Señor y Salvador, y demonios que pueden entrar por los pecados cometidos *después.* Es válido hacer esta aclaración porque la forma de proceder en ambos casos es diferente.

El evangelio de Juan nos relata que en una oportunidad Jesús sanó a un paralítico. Pasado el tiempo, el Señor se lo volvió a encontrar en el templo y le dijo que no pecara más para que no le viniera alguna cosa peor. Lo anterior nos muestra con claridad que **este hombre había estado enfermo a causa del pecado,** y que, si seguía pecando, le iba a volver a venir alguna enfermedad o algún mal, aún más grave.

> *Después le halló Jesús en el templo, y le dijo: Mira, has sido sanado; no peques más, para que no te venga alguna cosa peor* (Juan 5:14).

El pecado es una puerta abierta a los demonios. Se le abre la puerta de par en par, por ejemplo, al ver películas de terror. Todo contenido aterrador o abominable exalta a Satanás y sus demonios. Es nuestra responsabilidad filtrar los contenidos que vemos por medio de nuestros dispositivos, plataformas y aplicaciones, en pantallas fijas o móviles, así como hacer ver a nuestros hijos la importancia de identificar y no dejar entrar ni a su corazón ni a casa juegos, series o películas que solo terminarán haciéndoles daño. Veamos otras puertas abiertas que el enemigo no perdona.

La lascivia y la inmoralidad sexual esclavizan gradualmente al adicto a la pornografía. Una persona con esta adicción tiene altísimas probabilidades de ser infiel en su matrimonio, o si es soltero(a), a la fornicación. La influencia que ejercen los demonios por medio de la pornografía crea un deseo insaciable en sus víctimas que los lleva a buscar en descontrol e inmoralidad la satisfacción de lo que creen son sus deseos.

El adulterio y la pornografía son pecados que no solamente afectan a la persona, sino a toda la familia. La tecnología ha facilitado en los últimos días una práctica aún más sofisticada llamada *sexting*, el chateo sexual y otras prácticas igual de inmorales. Todas estas conductas son puertas abiertas a los demonios.

El propósito de los demonios es destruir a los cónyuges y a sus familias. Satanás sabe que la familia es idea de Dios. Después de destruir a las familias, los demonios quieren llevar a las personas a la muerte.

En 2 Samuel 12 y los salmos 32 y 51, podemos ver una muestra representativa de demonios que aprovecharon la «puerta abierta» para meterse en la vida de David, por causa de su pecado de adulterio. Uno de esos demonios fue el espíritu de enfermedad. En el salmo 32, cuando David se arrepiente, el dulce cantor de Israel le pide a Dios que lo sane físicamente, porque como resultado de su pecado su cuerpo se había debilitado. Otro demonio es el *bloqueo espiritual*. En Salmos 51:11 David le dice al Señor: «No me eches de tu presencia, ni quites de mí Tu Santo Espíritu» (RVA-2015). Es un demonio que no deja orar, bloquea las oraciones. En el versículo 8 habla de la tristeza y de la depresión. En el versículo 12 dice «Vuélveme el gozo», lo cual significa que por causa del pecado David había perdido el gozo, estaba triste, deprimido.

También entró un espíritu de muerte; en 2 Samuel 12:14 el Señor le dijo a David: «Tu hijo morirá». En el versículo 8 vemos un espíritu de ruina, pobreza y estancamiento. El Señor afirma allí que *le habría dado mucho más* (de no haber pecado David). A no pocas personas los negocios se les estancan, porque un espíritu interfiere a causa de su pecado, como en este caso. David, además, abrió la puerta a un espíritu de rebeldía; en el versículo 11, dice: «He aquí yo haré levantar el mal sobre ti de tu misma casa». Significa desintegración de la familia. Pero no termina ahí. Le dice: «Tomaré tus mujeres delante de tus ojos, y las daré a tu prójimo». Esto es, la vergüenza pública. El Señor agrega: «Porque tú lo hiciste en secreto; más yo haré esto delante de todo Israel y a pleno sol». Como si fuera poco, entró un espíritu de violencia, porque también se le anunció (versículo 10): «Por lo cual ahora no se apartará jamás de tu casa la espada».

Las consecuencias del adulterio de David fueron devastadoras. ¡Terrible, terrible cosa es abrir las puertas a los demonios! Como bien sabemos, todo esto se cumplió.

En cuanto al homicidio (como ya lo habíamos mencionado) es del diablo. La Biblia dice que Satanás es homicida desde un principio. Quien cometa homicidio o sea cómplice del mismo, abre las puertas de su vida y su casa a Satanás y a los demonios.

La sangre derramada de personas inocentes (como el aborto, cualquiera que sea la razón) es una puerta abierta a Satanás. Cuando las personas abortan, buena parte de ellas admite que lo ha hecho para encubrir su pecado, como David. Siendo ya rey, David falló sexualmente, y para tapar el pecado asesinó a uno de sus oficiales, hecho que le trajo como consecuencia múltiples adversidades ya mencionadas. La Biblia dice:

> *Porque el que demanda la sangre se acordó de ellos; no se olvidó del clamor de los afligidos* (Salmos 9:12).

Otro pecado íntimamente relacionado con el homicidio es la ira, como advirtió el Señor en Mateo 5:21-26, donde aclara que matar no solo consiste en quitar la vida de otro. También incluye enojarse e infligir heridas a terceros, tanto físicas como emocionales.

Hablamos del rechazo, el abandono, el abuso físico, verbal, sexual y emocional. También de las burlas, la traición, la discriminación y el matoneo. Si las heridas que todo ello deja no son sanadas, se convierten en una puerta abierta para los demonios.

Pueden entrar demonios de inseguridad, depresión, baja autoestima, soledad, auto conmiseración, odio (incluso contra uno mismo), alcoholismo, vicios, drogadicción, suicidio, etc. El homicidio atrae además demonios de violencia y venganza, que inducen a las personas a «cobrar revancha» por lo que les hicieron a ellos.

Para complementar lo anterior, el enojo o *airarnos*, no es pecado en sí mismo, pero sí cuando dejamos que el enojo nos controle. La Biblia dice:

> *Airaos, pero no pequéis; no se ponga el sol sobre vuestro enojo…* (Efesios 4:26).

Respecto al pecado de la mentira, Satanás no solo es homicida, también es mentiroso, y padre de mentira. La mentira abre las puertas a Satanás.

> *Los labios mentirosos son abominación a Jehová; pero los que hacen verdad son su contentamiento* (Proverbios 12:22).

Desde luego la lista de los pecados del corazón humano es larga. La Palabra los expone, para que sepamos de qué nos ha librado Cristo. Por ejemplo, en 1 Corintios 6:9-10 y Marcos 7:20-23 se cita la envidia, el no honrar a los padres y varios pecados más. Un pecado por el cual entran los demonios que no podemos dejar de subrayar en esta lección, es *negarse a perdonar*. La Biblia dice que debemos perdonar, e insiste en la importancia de hacerlo, como tratamos con suficiente amplitud en la lección seis. Quien no perdona, da lugar (abre la puerta de par en par) a los demonios. Es absolutamente necesario perdonar a quienes nos han ofendido, sea la ofensa que fuere, y a quienes nos han herido. Para los casos en que los demonios entraron como consecuencia de heridas en el corazón causadas en la niñez, lo primero es perdonar a la persona que ocasionó el daño, paso de fe hacia la libertad de estos traumas.

Claramente solo mencionamos algunos de los pecados que puede llegar a cometer cualquier persona. Lo más importante para resaltar aquí es que, si alguien fuera influenciado o poseído por demonios que llegaron a su vida debido a los pecados cometidos antes de conocer a Cristo, **puede ser libre si pone su confianza en Jesucristo,** por cuanto Él ya pagó en la cruz por todos sus pecados; ¡en tal caso los espíritus malignos ya no tienen ningún derecho sobre su vida!

Si eres un(a) creyente que ya recibió al Señor en su corazón, pero sientes que esas ataduras aún te controlan o estorban tu crecimiento, ¡para eso vino el Hijo del Hombre, para destruir las obras del diablo y echar fuera a los demonios! Admítelo, arrepiéntete, lleva esas cadenas a la cruz, renuncia a esas conductas oscuras y opresivas en voz alta, ora, apoyándote en la gracia y la autoridad que has recibido por la misericordia de Dios. Confiesa, una y otra vez, cuantas veces sea necesario. ¡Persevera! ¡Tu vida dará un giro sorprendente cuando permitas al Espíritu Santo hacer Su parte!

Por pecados de los antepasados

Este es otro argumento del que se agarran los demonios reclamando el derecho de entrar a una persona: los pecados cometidos por sus antepasados. Recordemos que, de conformidad con la ley de Moisés, los hijos pagaban las consecuencias de la desobediencia de sus padres. La Biblia dice:

> *Y guarda sus estatutos y sus mandamientos, los cuales yo te mando hoy, **para que te vaya bien a ti** y **a tus hijos después de ti**, y prolongues tus días sobre la tierra que Jehová tu Dios te da para siempre* (Deuteronomio 4:40, énfasis de los autores).

> *Y vendrán sobre ti todas estas maldiciones, y te perseguirán, y te alcanzarán hasta que perezcas; por cuanto no habrás atendido a la voz de Jehová tu Dios, **para guardar sus mandamientos y sus estatutos, que él te mandó;** y serán en ti por señal y por maravilla, **y en tu descendencia para siempre** (Deuteronomio 28:45-46, énfasis de los autores).*

Esta ley, aunque ya no puede atar a un creyente que camina bajo la gracia de un nuevo pacto, como lo veremos más adelante, Satanás la aprovecha como recurso legal ante la justicia del cielo para atacar a los incautos y dañar sus vidas, matrimonios y familias. La gran mayoría de víctimas de este yugo, no saben cómo defenderse.

En la lección dos estudiamos a profundidad este tema como una de las causas externas de fracaso en los matrimonios, entendiendo que, como consecuencia de los pecados de nuestros antepasados, se generan maldiciones que van pasando de generación en generación. A menos que alguien acepte a Cristo, pida perdón por esas faltas cometidas y rompa esa atadura en el nombre de Jesús, con el poder de lo alto, las maldiciones seguirán pasando de una generación a otra.

Por pactos con los ídolos

Nuestro enemigo el diablo también entra en la vida de las personas como consecuencia de los pactos que realizan con los demonios. Es muy común que quienes obran así, no sean totalmente conscientes de lo que hacen. La gran mayoría lo hace desde su ingenuidad, convencidos de que se encomiendan a algún «santo», «santa», o a «la virgen», ignorando, como hemos estudiado anteriormente, que Satanás se viste de ángel de luz para engañar (véase 2 Corintios 11:14). Se disfraza de dios de milagros, de Jesús flagelado, de Madre de Dios, de alguno de los arcángeles, y hasta de «Niño Dios», si le es necesario. Por eso la Biblia prohíbe hacer, inclinarse u honrar imágenes o semejanzas de lo que está en el cielo o en la tierra.

Un pacto es un convenio. Cuando una persona le pide un favor a una de estas imágenes o ídolos que le quitan la gloria a Dios, le está pidiendo a uno de esos demonios; ¡está pactando con ellos! Una persona puede ser víctima del dominio de Satanás por pactos realizados por alguno de sus antepasados, o por ella misma.

Hay personas que hacen pactos con demonios de manera consciente y deliberada, como los satanistas. Otras, de manera indirecta, para lo cual recurren a invocaciones a través de algún tipo de brujo, hechicero o espiritista. Algunas de las formas de pacto más conocidas son las ceremonias de casamiento o «matrimonio» con demonios.

Por consagraciones o dedicatorias a ídolos

Las consagraciones son en realidad una forma en que la gente pacta con los demonios, como ya dijimos, pero lo trataremos por separado, dada la altísima frecuencia con que las personas incurren en estas prácticas al punto de considerarlas normales, con las funestas consecuencias que recaen sobre ellos y sobre sus hijos.

Por ignorancia, nuestros antepasados tenían por costumbre consagrar o dedicar el recién nacido a uno de los ídolos de los que veníamos hablando. En mi caso personal, me habían consagrado al «sagrado corazón de Jesús», una imagen a la que muchos veneran en el pueblo donde nací. A una de mis hermanas la consagraron a la «virgen de Fátima», etc. La Biblia habla de este tipo de consagraciones, como veremos a continuación en la vida de Manasés, y de todo el mal que vino sobre él y sobre su nación como consecuencia de sus *abominaciones*, en palabras del Señor mismo.

> *De doce años era Manasés cuando comenzó a reinar, y reinó en Jerusalén cincuenta y cinco años; el nombre de su madre fue Hepsiba. E hizo lo malo ante los ojos de Jehová, según las abominaciones de las naciones que Jehová había echado de delante de los hijos de Israel. Porque volvió a edificar los lugares altos que Ezequías su padre había derribado, y levantó altares a Baal, e hizo una imagen de Asera, como había hecho Acab rey de Israel; y adoró a todo el ejército de los cielos, y rindió culto a aquellas cosas. Asimismo edificó altares en la casa de Jehová, de la cual Jehová había dicho: Yo pondré mi nombre en Jerusalén. Y edificó altares para todo el ejército de los cielos en los dos atrios de la casa de Jehová. Y pasó a su hijo por fuego, y se dio a observar los tiempos, y fue agorero, e instituyó encantadores y adivinos, multiplicando así el hacer lo malo ante los ojos de Jehová, para provocarlo a ira (2 Reyes 21:1-6).*

> *Habló, pues, Jehová por medio de sus siervos los profetas, diciendo: Por cuanto Manasés rey de Judá ha hecho estas abominaciones, y ha hecho más mal que todo lo que hicieron los amorreos que fueron antes de él, y también ha hecho pecar a Judá con sus ídolos; por tanto, así ha dicho Jehová el Dios de Israel: He aquí yo traigo tal mal sobre Jerusalén y sobre Judá, que al que lo oyere le retiñirán ambos oídos (2 Reyes 21:10-12).*

En nuestros días se volvió una práctica común de personas religiosas que cuando enferman ellas o algún conocido convaleciente, asistan a ciertos templos, porque allí determinado «santo» o «santa» imparten sanidad. También es frecuente que encomienden sus vehículos a cierta imagen para que «se los bendiga», con caravanas y desfiles para honrar estas falsas deidades. Ignoran que lo que están haciendo es pactar con demonios, autorizándolos a venir con soporte legal a robar, matar y destruir.

Por practicar o participar en ocultismo

El ocultismo, incluyendo la adivinación, la hechicería, la brujería, el vudú, la magia, la adivinación, o la consulta a los muertos, entre otras prácticas, es una manera en que Satanás engaña a muchos. Mediante el ocultismo, los demonios pueden hacer mucho mal a las personas en su cuerpo, su alma y sus familias, llegando incluso a causarles la muerte. Vemos lo que dice la Biblia:

> *…y di: Así ha dicho Jehová el Señor: ¡Ay de aquellas que cosen vendas mágicas para todas las manos, y hacen velos mágicos para la cabeza de toda edad, para cazar las almas! ¿Habéis de cazar las almas de mi pueblo, para mantener así vuestra propia vida? ¿Y habéis de profanarme entre mi pueblo por puñados de cebada y por pedazos de pan, **matando a las personas que no deben morir,** y dando vida a las personas que no deben vivir, mintiendo a mi pueblo que escucha la mentira?* (Ezequiel 13:18-19, énfasis de los autores).

Mediante el ocultismo, Satanás hace creer a las personas que tienen poder, y hace que muchos crean en ellas, y los admiren, porque evidentemente llegan a obtener cierto grado de poder, aunque sea muy limitado. Recordemos que cuando Moisés fue a pedirle al faraón que dejara salir a su pueblo, el soberano de Egipto mandó a llamar sus propios hechiceros (véase Éxodo 7:11), los cuales demostraron poder. Solo que dicho poder fue puesto en vergüenza por el *poder de la vara de Dios*, que tomando forma de serpiente devoró a las de los hechiceros. Después, los magos egipcios continuaron tratando de replicar los mismos prodigios que hacían Moisés y Aarón, hasta que les resultó imposible y fueron completamente derrotados.

> *Y los hechiceros no podían estar delante de Moisés a causa del sarpullido, porque hubo sarpullido en los hechiceros y en todos los egipcio*s (Éxodo 9:11).

El Señor prohíbe el esoterismo, por cuanto todas estas prácticas ocultas no son más que trampas del diablo para dañar cruelmente a los incautos.

> *Cuando entres a la tierra que Jehová tu Dios te da, no aprenderás a hacer según las abominaciones de aquellas naciones. No sea hallado en ti quien haga pasar a su hijo o a su hija por el fuego, ni quien practique adivinación, ni agorero, ni sortílego, ni hechicero, ni encantador, ni adivino, ni mago, ni quien consulte a los muertos. Porque es abominación para con Jehová cualquiera que hace estas cosas, y por estas abominaciones Jehová tu Dios echa estas naciones de delante de ti* (Deuteronomio 18:9-12).

Algunas personas muestran una inclinación especial hacia el ocultismo. Los demonios aprovechan esto y se visten de ángel de luz para engañarlas. No pocos buscan en la adivinación o en los horóscopos la clave para saber lo que pasará. Pero la Biblia dice que el Espíritu Santo es quien nos revela la verdad y lo que sucederá en el futuro.

Otros consultan a los muertos para obtener respuestas. Tal fue el caso de Saúl, quien fue a asesorarse con una espiritista, desconociendo el mandato dado a su propio pueblo:

> *No os volváis a los encantadores ni a los adivinos; no los consultéis, contaminándoos con ellos. Yo Jehová vuestro Dios* (Levítico 19:31).

Muchos optan por el ocultismo para controlar a otros, empezando por el ser querido, o para maldecir a alguien, mediante conjuros, hechicerías, vudú, etc.

Hay quienes lo hacen por simple curiosidad, o por divertirse, pero los que juegan con la tabla ouija, las cartas del tarot, la bola de cristal o la clarividencia, no imaginan el mundo tan oscuro y peligroso al que se están metiendo, así parezca inofensivo, sano y luminoso por fuera, como pretenden quienes practican yoga y se encomiendan a las energías, los elementos, la naturaleza, el universo, la astrología o la numerología.

Se debe tener mucho cuidado con el ocultismo. Satanás siempre ha tratado de venderlo como una oportunidad para alcanzar el éxito, posicionando la idea de que existe cierta magia «blanca» o «buena», con la que se puede vencer todo obstáculo, o conseguir lo que se quiere, como plantean los libros y películas de Harry Potter y otras historias similares que han surgido a la sombra del mismo modelo.

Pero este asunto no es un juego. Detrás del ocultismo y todo lo que tiene que ver con el esoterismo (brujos, hechiceros, espiritistas, mentalistas, agoreros, psíquicos o satanistas) están los demonios, desplegando toda clase de maquinaciones para atar a las personas a altares, consagraciones, maldiciones y artimañas cuyo fin es la destrucción. Menospreciando esta amenaza, muchos aún avanzan temerariamente por este campo minado, pensando que, por el hecho de andar vendados, saldrán ilesos.

Por nuestra manera de hablar

*Ninguna palabra corrompida salga de vuestra boca, sino la que sea
buena para la necesaria edificación, a fin de dar gracia a los oyentes*
(Efesios 4:29).

*La muerte y la vida están en poder de la lengua, y el que la ama comerá
de sus frutos* (Proverbios 18:21).

Bendecir significa hablar bien, maldecir es hablar mal. Los demonios se agarran de todas las palabras de mal que salen de nuestra boca. Si son palabras de enfermedad, les da derecho de poner enfermedad. Las palabras de odio les dan derecho de poner odio. Algunas esposas odian a sus maridos porque en alguna ocasión lo proclamaron. Lo mismo sucede con las palabras de tristeza o las de muerte. Las personas acostumbradas a soltar groserías están plagadas de demonios. Muchos cónyuges, tanto hombres como mujeres, dicen: «No me vuelvo a enamorar»; «Me quiero morir»; «Me odio, mi vida es una desgracia»; «No sirvo para nada»; «No lo quiero volver a ver»; «No quiero oírte nunca más»; «No te soporto»; «Lo(a) quiero matar»; «Si no es mío(a), no será de nadie». ¡Cuidado!, mucho cuidado con estas expresiones porque dan ocasión a los demonios de entrar en la vida de las personas y ejecutar lo declarado.

Como consecuencia de la brujería

El tema de la brujería ya lo hemos esbozado de una manera básica, pero debemos profundizar en esta categoría porque un miembro del hogar podría estar siendo afectado por algún demonio y no saberlo, bien sea porque le practicaron brujería, o porque él (ella) o un antepasado suyo practicó brujería a un tercero.

Una situación así es más común de lo que parece. Aunque resulte difícil de creer, hasta en internet se pueden encontrar ritos y otros pasos para hacer brujería a alguien. La brujería, en términos sencillos, es el conjunto de rezos, conjuros y declaración de palabras de maldición por medio de rituales.

El objetivo en la mayoría de los casos es obtener mayor poder, dinero, dominar a alguien, hacerle daño por celos o envidia, entre otros motivos. Se valen de fotos, prendas de vestir, cabellos, elaboran muñecos de la víctima y otras artimañas. Si el Espíritu Santo muestra a alguno de los miembros de la familia que una de estas ataduras continúa vigente, debe cortarse con autoridad, de manera específica, según la revelación recibida, orando en voz alta, en el nombre de Jesús, renunciando a Satanás y sus demonios, repudiando abiertamente estas acciones del pasado (se conozcan o no), notificándoles que ya no tienen poder sobre un creyente que anda en vida nueva y ordenándoles que abandonen la vida de la persona que ha sido objeto de los rituales.

Por accidentes o experiencias dolorosas

Las tinieblas también se valen de situaciones que le ocurrieron a una persona, o a sus antepasados. Por ejemplo, si una persona (o uno de sus antepasados) fue víctima de violación, lo más probable es que un espíritu violento de sometimiento en el área sexual quiera seguir ejerciendo dominio sobre la víctima o sobre su descendencia, fabricando las mismas consecuencias, incluso haciéndole creer que «está destinada a eso». O si la persona se vio envuelta en un accidente, es posible que un espíritu de temor o de muerte se hayan quedado en el alma de la persona para intimidarla.

Los demonios usan la misma táctica a partir de todo suceso doloroso para la persona como un aborto, una separación, el abandono, el suicidio, o un homicidio, entre otros.

Por contaminación espiritual en un lugar

Te puede sonar extraño, pero esta forma de causar daño empleada por Satanás parte del dominio espiritual maligno que el enemigo ha llegado a ejercer en un determinado ambiente y en ciertos lugares geográficos. Por ejemplo, una casa donde se practica brujería, espiritismo, satanismo, rituales con demonios, rezos, tabla ouija, conjuros tribales a ancestros, etc. A veces se queda en un hotel, en una habitación específica, en la cama donde vas a dormir. No solo porque la persona que la usó hizo brujería. También pudo dejar allí las secuelas espirituales de su adulterio, de un homicidio, o espíritus inmundos que propiciaron la ingesta de drogas, o que participaron cuando se acordaron venganzas, rebeldías, o traiciones, entre otras prácticas.

Donde hay esoterismo, donde abunda el pecado, los demonios surcan los aires, y pueden entrar en la vida de una persona, si esta, por pequeña que sea la equivocación que cometa (ingenuamente o no) le abre la puerta al enemigo. Puertas que muchos abren sin darle importancia al asunto al ver pornografía, películas de terror, o involucrarse en discusiones, odios, venganzas, consumo de alcohol, sustancias alucinógenas, depresiones, temores o resentimientos, son aprovechadas por el diablo.

Te recomendamos que siempre que tengas que acercarte a una propiedad desconocida, una vivienda nueva, un local que vas a tomar en arriendo, o un lugar de mala reputación, cubras tu vida y la de quienes te acompañan mediante la sangre de Cristo, invocando el poder de la Palabra de Dios. Pídele al Señor que bendiga ese entorno y situación, que traiga Su presencia, y actúa bajo la guía del Espíritu Santo.

Como hemos visto hasta aquí, las probabilidades de que una persona sea víctima de la influencia, opresión o dominio de alguna entidad de las tinieblas son altas, considerando que hay muchas maneras de abrir la puerta a los demonios.

Conocer esta realidad no debe intimidarte o atemorizarte; por el contrario, conocer cómo opera el mundo de las tinieblas, según enseñamos en la lección siete, te permite ser un agente de cambio para tu familia y para ti mismo, y no una víctima más.

Para el caso de las maldiciones generacionales, saber si tu cónyuge o tú están cargando con esta «herencia» orquestada por la maldad les permite orar con entendimiento del asunto, e impedir que esa carga siga prolongando sus efectos en el tiempo, de modo que ya no pase a la pareja, a sus hijos y a su descendencia.

Sobre todo, debes comprender —y esto es lo más importante—, que, si ya eres un hijo de Dios, entonces aceptaste a Cristo como tu Señor y Salvador, y si caminas con Él, ningún arma del enemigo debería prevalecer contra ti, porque Cristo ya pagó por tus pecados, ya te hizo libre de las maldiciones y te liberó de todo pacto hecho con entidades de maldad. Eres beneficiario por gracia de un nuevo y mejor pacto, y el Espíritu Santo mora en ti. Si lo escuchas, comprobarás que está dispuesto a ayudarte para que todas las promesas de Dios se cumplan en tu vida.

Estudiemos en esta parte final de la lección *cómo* y *por qué* se puede ser libre de estas opresiones e influencia maligna, si crees que tú o alguien de tu familia lo necesitan.

JESUCRISTO NOS LIBERÓ DEL CAUTIVERIO Y LA OPRESIÓN

Ahora quiero invitarte a dejar atrás todo temor que haya podido llegar a tu corazón tras revisar estos temas. Aunque es cierto que no nos han educado para gestionar estas situaciones, ha llegado el tiempo de que eso cambie: debemos entender y recibir con gratitud la victoria que nos ha dado el Señor sobre toda fuerza del enemigo. Por eso mismo también es necesario que cada cónyuge conozca todas estas bendiciones de su herencia, porque ignorarlas y mostrar poco interés en ellas se convierte en una de las causas o razones de fondo por las que surgen problemas serios en el matrimonio, y situaciones dolorosas e indeseables con los hijos.

También es cierto que no es un tema que se exponga con regularidad desde el púlpito (lo cual hace parte de la estrategia de las tinieblas) pero hay muchos libros que tratan el tema a profundidad, y videos de sana doctrina disponibles en Internet. Recomendamos que pidas la guía de tu pastor o de un hermano maduro en la fe, que te ayude a documentarte y profundizar en el tema.

Como puedes ver, la liberación de espíritus inmundos no es un tema menor, inventado, o que queramos destacar por capricho. Está totalmente evidenciado en las Sagradas Escrituras, situación sobre la cual nuestro Señor y Salvador nos dejó la llave, nos delegó Su autoridad y Su poder para que podamos atar, desatar, liberar y ordenar a todas estas fuerzas de maldad que se vayan, pues solo han venido para *robar, matar y destruir,* mientras que nuestro Señor ha venido a darnos vida, salvación y libertad.

La mejor manera de derrotar al diablo **es someternos a los mandatos de Dios, y poner resistencia; resistir permite enfrentar al diablo con éxito.** La Biblia dice:

> *Someteos, pues, a Dios; resistid al diablo, y huirá de vosotros* (Santiago 4:7).

Aquí tenemos que ser muy precisos. Muchos creyentes aún confunden la *opresión* con el cautiverio completo o *posesión*. Pero hablamos de cautiverio o posesión solo cuando hay enajenamiento del espíritu, y esto sucede cuando espíritu, alma y cuerpo son dominados por el diablo. La *opresión*, en cambio, evidencia actividad demoniaca solo en el cuerpo o en el alma, pero sin tocar el espíritu, habitado ya por el Espíritu Santo de Dios; sin embargo, siempre hay trabajo de limpieza por hacer en el cuerpo y en el alma.

Cuando aceptamos a Jesucristo como nuestro Señor y Salvador, nacemos de nuevo, somos liberados del cautiverio, ya no somos más templo del diablo, ahora pasamos a ser templo de Dios, y el Espíritu Santo vive en nosotros. Ahora el creyente no podrá ser poseído ni enajenado por el diablo, pero sí puede ser oprimido (cuando le damos lugar o no hemos solucionado situaciones del pasado en el cuerpo y en el alma). La buena noticia es que Jesús también nos libera de la opresión (véase Lucas 4:18-19).

La salvación está disponible para todos

La salvación que tenemos en Jesucristo, el Hijo de Dios, es gratuita, y extensiva a todos aquellos inconversos que quieran aceptarla. La carta a Timoteo declara que el Padre Celestial **«quiere** que todos los hombres sean salvos y vengan al conocimiento de la verdad» (véase 1 Timoteo 2:4), pero eso no significa que nos fuerce a hacerlo. La salvación es un regalo que no merecemos, pero aun así se nos ofrece, por gracia, porque Dios es amor. Por eso la Biblia dice:

> *Mas a todos los que le **recibieron**, a los que creen en su nombre, les dio potestad de ser hechos hijos de Dios...* (Juan 1:12, énfasis de los autores).

> *...por **gracia** sois salvos **por medio de la fe**...* (Efesios 2:8, énfasis de los autores).

> *[...] Al que a mí viene, **no le echo fuera*** (Juan 6:37, énfasis de los autores).

> *...**todo aquel** que invocare el nombre del Señor, será salvo* (Romanos 10:13, énfasis de los autores).

> *...si confesares con tu boca que Jesús es el Señor, y creyeres en tu corazón que Dios le levantó de los muertos, serás salvo. Porque con el*

corazón se cree para justicia, pero con la boca se confiesa para salvación (Romanos 10:9-10).

La liberación, es prioritariamente para los hijos

Muchos creen que la liberación es solo para los inconversos, pero no, no es así, los invito a leer lo que dice la Biblia al respecto y a sacar sus propias conclusiones:

> *Levantándose de allí, se fue a la región de Tiro y de Sidón; y entrando en una casa, no quiso que nadie lo supiese; pero no pudo esconderse. Porque una mujer, cuya hija tenía un espíritu inmundo, luego que oyó de él, vino y se postró a sus pies. La mujer era griega, y sirofenicia de nación; y **le rogaba que echase fuera de su hija al demonio. Pero Jesús le dijo: Deja primero que se sacien los hijos**, porque no está bien tomar **el pan de los hijos** y echarlo a los perrillos* (Marcos 7:24-27, énfasis de los autores).

Como podemos apreciar, Jesús revela un orden de prioridades en su ministerio que pone a «*los hijos*» en primer lugar, con relación al tema que una mujer desesperada le consulta: la presencia en *su* hija de un demonio. Ante lo cual, el Señor, nos transmite un mensaje que trascenderá a todas las generaciones. La liberación (**el pan de los hijos**) es *primero* **para nosotros, los hijos, los que hemos creído**.

La razón principal puede estar, en que, los hijos, *supuestamente*, sabemos **mantener** la liberación, porque conocemos la Palabra, y entendemos y apreciamos la obra que es hecha en nosotros cuando somos liberados, mientras que los inconversos (es decir, los que *no son hijos*), al no entender lo que reciben, ni conocer las Sagradas Escrituras, no saben mantener su liberación, y recaen en las mismas postraciones que los esclavizaban y aún peores porque dice la Biblia que si no se cuida la liberación, los demonios regresan y el estado de la víctima viene a ser aún peor de lo que estaba antes (véase Mateo 12:43-45). Jesús, en este pasaje, nos hace entender que lo primero que debemos anhelar es convertirnos en **HIJOS**. La liberación viene *después*.

Para concluir este tema, y dejarlo bien claro, entendamos que la primera y más grande liberación **es la que nos lleva a reconocer a Jesucristo como nuestro único Salvador y Señor,** confesando nuestros pecados, rindiéndonos y postrándonos ante Él con genuino arrepentimiento, dispuestos a hacer Su voluntad. A partir de ese momento, se rompen las cadenas que nos ataban al diablo, quedamos totalmente libres, se anula todo pacto con Satanás, o con sus demonios. Cuando esto ocurre nos convertimos en hijos de Dios (véase Juan 1:12). Recuperamos nuestra semejanza a Dios, la semejanza que habíamos perdido en el paraíso cuando nuestros primeros padres pecaron.

Es en este punto donde aprendemos a apreciar «el pan de los hijos», la total liberación del cuerpo y del alma. Porque, puede que siendo salvos algunos espíritus persistan en atormentarnos, ya no **en** nuestro espíritu (posesión), pero sí engañando o perturbando nuestro cuerpo, pensamientos y emociones desde afuera, mediante la opresión.

SATANÁS Y SUS AGENTES PERDIERON EL DERECHO A DAÑARNOS

Jesucristo derrotó definitiva y estrepitosamente al diablo

Liberar es una de las tres actividades a las que Jesucristo dedicó su tiempo en esta tierra. Según Mateo 4:23, Jesús iba «**enseñando**, **predicando** el evangelio del reino, y **sanando**» toda enfermedad y dolencia, lo cual incluía echar fuera a los demonios que las atormentaban. Cristo derrotó y despojó a los principados y a las potestades al triunfar sobre ellos en el Gólgota. La Biblia dice:

> *Y a vosotros, estando muertos en pecados y en la incircuncisión de vuestra carne, os dio vida juntamente con él, perdonándoos todos los pecados, anulando el acta de los decretos que había contra nosotros, que nos era contraria, quitándola de en medio y clavándola en la cruz, y despojando a los principados y a las potestades, los exhibió pública-mente, triunfando sobre ellos en la cruz* (Colosenses 2:13-15).

> *Porque Él nos libró del dominio de las tinieblas y nos trasladó al reino de su Hijo amado…* (Colosenses 1:13 LBLA).

> *…y de juicio, porque el príncipe de este mundo ha sido juzgado* (Juan 16:11 LBLA).

Ya no puede cautivar, ni oprimir legalmente al creyente; todas las puertas por las que podía tener acceso han sido declaradas *clausuradas* para él, los pecados nos han sido perdonados, los pecados de nuestros antepasados fueron saldados, los pactos con demonios, anulados, las brujerías, deshechas. De todo esto ya fuimos librados por Jesucristo. Los demonios, sin importar de qué intenten aferrarse para entrar, ya no tienen derecho a dañar a quienes aceptan a Cristo como Señor y Salvador. Veamos:

Jesús ya pagó por nuestros pecados

Era partiendo del pecado que Satanás basaba su derecho sobre las personas, pero una vez los pecados fueron perdonados, los demonios perdieron tal derecho. El Señor se puso en nuestro lugar, intercediendo a nuestro favor. Por eso tienes que invocar siempre lo que Jesús hizo por ti en la cruz del Calvario.

> *...quien llevó él mismo nuestros pecados en su cuerpo sobre el madero, para que nosotros, estando muertos a los pecados, vivamos a la justicia; y por cuya herida fuisteis sanados* (1 Pedro 2:24, énfasis de los autores).

> *Y a vosotros, estando muertos en pecados y en la incircuncisión de vuestra carne, os dio vida juntamente con él, perdonándoos todos los pecados...* (Colosenses 2:13).

Cuando una persona acepta a Jesús como su Señor y Salvador, inmediatamente le son perdonados los pecados y Satanás es derrotado, se cumple íntegramente lo que dicen estos versículos. Ya Satanás no tiene más derecho sobre el creyente. No puede poner más sus enfermedades, sus vicios, ni provocar males como lo hacía antes.

Aunque aún somos terrenales, pasamos a ser *celestiales*, sentados con Cristo en *lugares celestiales*. Y Satanás no puede evitarlo. Ha sido derrotado contundentemente, pero si las personas no lo creen, declaran y actúan en consecuencia, él seguirá aprovechándose, trayendo enfermedades, males, odio, rebeldía, etc. ¡Sí, está derrotado, pero si alguien le hace el juego, él se presta a continuar el engaño!

> *El que practica el pecado es del diablo; porque el diablo peca desde el principio.* **Para esto apareció el Hijo de Dios, para deshacer las obras del diablo** (1 Juan 3:8, énfasis de los autores).

Cristo libera *completamente*. Lo triste es que muchos aún no lo entienden. Existen cristianos y aun pastores que no saben sobre su liberación. Lamentablemente muchos tienen demonios, padecen enfermedades causadas por demonios y no lo saben.

> *Sabemos que **todo aquel que ha nacido de Dios, no practica el pecado,** pues **Aquel [Jesús]** que fue engendrado por Dios **le guarda, y el maligno no le toca** (1 Juan 5:18, énfasis y corchete de los autores).*

Jesucristo ya pagó, los demonios tienen que irse. En algunas oportunidades los espíritus inmundos se resisten, pero tienen que salir. Si no se someten, tenemos que expulsarlos con autoridad, en el nombre de Jesús. Por eso Jesús dice «echarán fuera demonios». ¡Échalos fuera, en el nombre de Jesús! (véase Mateo 28:18-20 y Marcos 16:15-18).

El pacto en la sangre de Jesús: mayor que todo pacto con el diablo

Cualquier pacto con demonios es roto, porque hay uno superior, que deja atrás todos los demás, incluso las consagraciones de antepasados y el casamiento con demonios. El pacto **en** la sangre de Jesús es el **nuevo pacto** (véase Colosenses 2:14-15).

De igual manera, después que hubo cenado, tomó la copa, diciendo: Esta copa es el nuevo pacto en mi sangre, que por vosotros se derrama (Lucas 22:20).

Dios corta los brujos y los hechiceros

Asimismo, destruiré de tu mano las hechicerías, y no se hallarán en ti agoreros (Miqueas 5:12).

Estas dos cosas te vendrán de repente en un mismo día, orfandad y viudez; en toda su fuerza vendrán sobre ti, a pesar de la multitud de tus hechizos y de tus muchos encantamientos (Isaías 47:9).

Y la persona que atendiere a encantadores o adivinos, para prostituirse tras de ellos, yo pondré mi rostro contra la tal persona, y la cortaré de entre su pueblo (Levítico 20:6).

No tienes por qué sobrellevar más las continuas acciones esclavizantes del diablo y sus demonios, ni sus influencias directas o indirectas. Jesucristo tiene **toda potestad** en el cielo y en la tierra. Veamos:

*...**Toda potestad me es dada en el cielo y en la tierra. Por tanto, id, y haced discípulos** a todas las naciones, bautizándolos en el nombre del Padre, y del Hijo, y del Espíritu Santo; enseñándoles que guarden todas las cosas que os he mandado; y he aquí yo estoy con vosotros todos los días, hasta el fin del mundo. Amén* (Mateo 28:18-20, énfasis de los autores).

Del único que podemos y debemos aprender todo el tiempo para mantenernos libres y ayudar a otros a serlo, es de Jesucristo, quien venció al pecado y a la muerte, y además de darnos Su autoridad y poder para representarlo, ha sido constituido, como vimos atrás, en Rey de Reyes, Señor de Señores y Juez de todo lo creado. En una de sus tentaciones, Satanás le dijo: «A ti te daré toda esta potestad, y la gloria de ellos; porque a mí me ha sido entregada, y a quien quiero la doy (véase Lucas 4:6)». En lugar de ponerse a desmentir esa falsedad o a discutir, la respuesta de Jesús fue: «Vete de mí, Satanás, porque escrito está: Al Señor tu Dios adorarás, y a él solo servirás» (véase Lucas 4:8).

El diablo *tuvo* toda potestad en la tierra, porque Eva y Adán se la cedieron, pero ya no la tiene, porque Jesús lo venció en el Calvario. Esta victoria trajo un efecto legal.

En el relato de Marcos de la Gran Comisión, se especifica el encargo del Señor Jesús a sus discípulos de ejercer Su autoridad. Liberar a los cautivos en Su nombre es una parte de la misión por medio de la cual damos testimonio de Él:

*Y les dijo: Id por todo el mundo y predicad el evangelio a toda criatura. El que creyere y fuere bautizado, será salvo; mas el que no creyere, será condenado. Y estas **señales** seguirán a los que creen: **En mi nombre echarán fuera demonios**; hablarán nuevas lenguas; tomarán en las manos serpientes, y si bebieren cosa mortífera, no les hará daño; sobre los enfermos pondrán sus manos, y sanarán* (Marcos 16:15-18, énfasis de los autores).

Jesús llevó nuestras maldiciones a la cruz

Desde la lección uno y dos, entre otras, hemos enfatizado a lo largo de este curso que Satanás **no tiene derecho por más tiempo sobre nosotros, porque Jesús, nuestro Amado Señor, le quitó ese derecho en la cruz. Nos hizo libres de pecado, ataduras, maldiciones y del dominio que tenía sobre nosotros.**

Cristo llevó nuestras maldiciones a la cruz, esas que habíamos recibido por nuestros pecados y los de nuestros antepasados. Él quitó el pecado del mundo, nos redimió, nos exoneró, Él fue hecho maldición por nosotros para librarnos de la maldición.

Cristo nos redimió de la maldición de la ley, hecho por nosotros maldición (porque está escrito: Maldito todo el que es colgado en un madero)... (Gálatas 3:13).

Por lo tanto, **la obra de nuestro Señor en la cruz es la única garantía que tenemos todos los creyentes para enfrentar el dominio y la opresión que Satanás quiera ejercer sobre nosotros o sobre nuestra familia.** Cada vez que venga el enemigo a intentar influenciarnos o poseernos, **debemos recordar y hablar con total firmeza, que Cristo ya pagó y no somos más de las tinieblas.**

Jesucristo nos dio vida juntamente con Él, aunque, antes de recibirle estuviéramos muertos a causa de nuestros delitos y pecados. *Por gracia*, tomó todo documento de reclamación que demostrara nuestra culpabilidad de acuerdo con la ley y lo anuló mediante su sacrificio por nosotros clavándolo en la cruz, despojando y derrotando así a los principados y potestades para siempre (recuerda Colosenses 2:13-15).

Finalizando esta parte esperamos que hayas podido comprender e interiorizar las enseñanzas de las Sagradas Escrituras sobre cómo el enemigo se mueve y llega a dominar las vidas cuando se le permite. Y lo más importante: que una maravillosa parte de nuestra herencia es la autoridad y el poder para cortar toda influencia, opresión y dominio de las tinieblas en el nombre de nuestro Señor Jesucristo.

Al principio de la lección te preguntamos si estabas ejerciendo la autoridad que Dios te dio, por medio de Su Hijo. Ahora que entiendes cuál debe ser tu posición en este conflicto, te invitamos a que clames a Dios y alces la voz en el nombre de Jesús, desenfundando la espada de la Palabra, por ti, tu familia y tus generaciones.

CON LA AUTORIDAD QUE RECIBISTE ORDENA AL DIABLO QUE SE VAYA

Ahí donde te encuentras, levanta las manos a tu Padre Celestial y pídele perdón por haber abierto puertas al enemigo cuando pecaste. Sí aún no has nacido de nuevo, si no has aceptado a Jesucristo como tu Señor y tu Salvador, debes saber que a partir del momento en que lo hagas, todos los pecados que habías cometido son perdonados y borrados, porque Cristo pagó por ellos en la cruz.

Si ya eres un hijo, o una hija de Dios, si ya has recibido al Señor en tu corazón y Él mora en ti, pero, si aún no renuncias a algún pecado, **debes arrepentirte, y procurar con todo tu corazón y la ayuda del Espíritu Santo a no volver a cometerlos.** En lecciones anteriores habíamos mencionado que la tentación o la tendencia a cometer un pecado se vence por medio de la declaración de la Palabra y del poder y convicción que te trae el Espíritu Santo. Así que, cuando llegue la tentación, declara la Palabra cuantas veces sea necesario. Verás cómo esa inclinación se debilita y es vencida por el Señor.

Pide perdón a Dios también por los pecados que cometieron tus antepasados. Quizá subsista alguna maldición que Satanás ha venido aprovechando para someter, influenciar o dominar a cada integrante de tu familia y linaje. Quizá alguno de ellos hizo un pacto con el enemigo, o hubo alguna consagración que desconoces a un «santo» para pedir una sanidad u otro favor. Pide al Espíritu que te revele el origen exacto de esas prácticas ocultas y lo que las mantiene aferradas, para repudiarlas y renunciar a ellas abiertamente. Sin importar si tuvieron que ver con satanismo, lectura del tabaco, o de las cartas, rezos, baños, conjuros, o brujería, las ataduras deben nombrarse en forma específica, declararse rotas y expulsarse en el nombre de Jesús.

Por consiguiente, pide al Espíritu Santo en oración que te guíe y revele con total claridad y con nombre propio por qué motivos específicos debes pedir perdón a Dios y cómo debes orar para expulsar al enemigo y declarar tu libertad. Él te lo mostrará con precisión, y de qué manera orar para declararte libre. Lo siguiente es solo un modelo de oración que puedes complementar con tus propias palabras mientras el Espíritu de Dios te guía. Ora en voz audible y con autoridad:

«Padre, gracias por tu misericordia y gracias por tu perdón. Yo solo quiero a Cristo Jesús en mi vida. Reconozco por la eternidad a Jesucristo como mi Salvador y Señor, y la única puerta de acceso para poder presentarme ante Ti. Renuncio a Satanás y a sus demonios, y en el nombre de Jesucristo, por el poder del Espíritu Santo, hoy pido que rompas toda cadena, toda atadura espiritual, y que me hagas completamente libre.

Renuncio a todo demonio que se haya infiltrado en mi vida sentimental, en mis emociones, causando resentimiento, odio, ira, rechazo, miedo y autocompasión. ¡Todos esos espíritus se van ahora de mi vida en el nombre de Jesús!

Renuncio a los celos, la depresión, la inseguridad, la tristeza, al sentimiento de inferioridad, la duda, la incredulidad y la confusión; les ordeno que salgan de mi mente y mi alma para siempre.

Declaro que la blasfemia nunca más estará en mi boca. ¡Sale de mi vida en el nombre de Jesús toda influencia demoníaca que me llevaba a dañar a los demás por medio de mentiras, crítica y chisme!

Renuncio a todo espíritu de adicción, al sexo por fuera del matrimonio, al adulterio y la fornicación, la pornografía, a las drogas, el cigarrillo, a toda sustancia tóxica y alimento que atenta contra mi salud. ¡Espíritus inmundos, fuera en el nombre de Jesús!

Consagro mi sexualidad al Dios Altísimo: Santo, Justo, Sabio y Bueno, el Dios que es Amor y hace nuevas todas las cosas en mí. Declaro que permaneceré en Su verdad.

Renuncio a toda fantasía sexual, lujuria, perversión, exhibicionismo, masturbación y otras desviaciones que haya permitido en mi mente como infidelidad, promiscuidad, homosexualismo y toda propensión a seguir sectas religiosas y falsas doctrinas.

Renuncio a todo espíritu de enfermedad, y le ordeno salir de mí: ¡Salga ahora, en el nombre de Jesús!».

Es muy aconsejable que está oración la hagas junto con tu cónyuge, si es que ambos ya recibieron al Señor y entienden lo que realmente está sucediendo en el mundo espiritual, aunque no lo vean físicamente. De hacerlo juntos, el beneficio será para ambos y sus hijos, porque le están cerrando la puerta a todo dominio de las tinieblas para que no afecte más a su matrimonio, a sus hijos y a las generaciones venideras.

Ahora bien, si este no es el caso y tu cónyuge aún no ha recibido a Cristo como su Salvador, te invito a que te arrodilles y pronuncies esta misma oración intercediendo por tu esposa (o esposo). Recuerda que juntos son *una sola carne*. Pide perdón a Dios por los pecados de sus antepasados, por las maldiciones ejecutadas por demonios de las que él (o ella) sea víctima. Pide perdón por las prácticas ocultas que hayan realizado, declarando sin poder todo pacto o consagración de las tinieblas a su familia.

Y si él (o ella) está cometiendo algún pecado, clama a Dios para que le perdone y se arrepienta, a fin de que también sea libre del enemigo. ¡Clama en verdad, clama para que el Espíritu Santo le redarguya de pecado, de justicia y de juicio! Para que pueda ver el pecado como lo que es: *pecado*. Para que llame malo a lo malo y bueno a lo bueno. Clama para que sus ojos sean abiertos y para que un día puedan elevar juntos sus rostros y manos al Altísimo por la libertad, sanidad y bendición que les ha traído.

Como trataremos más adelante, tú puedes orar por tu cónyuge para que Dios rompa todo yugo del mal, pero va a ser imposible que él, ella, o un hijo (porque también puedes orar por tus hijos de esta manera), se mantenga libre de la opresión y el dominio demoníaco si aún insiste en pecar, concediendo a esa esclavitud que se mantenga vigente. De todo corazón te animamos y exhortamos a no desmayar, a que insistas con este tipo de oración, porque el Señor sin duda te responderá.

Él no desprecia un corazón que se humilla (véase Salmos 51:17). Vencerás porque «el cautivo será rescatado del valiente, Dios arrebatará el botín al tirano, defenderá tu caso y salvará a tus hijos» (véase Isaías 49:25). También en Isaías 62:6 el Señor llama al creyente a no desmayar hasta que restablezca a Jerusalén y la ponga por alabanza en la tierra, es decir, hasta que restablezca a tu familia.

CÓMO MANTENER LA LIBERACIÓN Y ANDAR EN VICTORIA

Las Sagradas Escrituras son claras al insistir en la necesidad de mantener la liberación del espíritu, el alma y el cuerpo. En efecto, los demonios saben que, de ser expulsados, su primera opción es regresar a la casa donde vivían, por si aún tienen oportunidad allí.

Desgraciadamente muchas personas que son liberadas reinciden en sus pecados y de esta manera invitan de vuelta al espíritu que los habitaba antes de ser liberados. ¿El resultado? Les va muy mal, porque el espíritu inmundo que antes los poseía vuelve con otros siete demonios peores que él, y la situación de la persona se complica aún más.

> *Cuando el espíritu inmundo sale del hombre, anda por lugares secos, buscando reposo; y no hallándolo, dice: Volveré a mi casa de donde salí. Y cuando llega, la halla barrida y adornada. Entonces va, y toma otros siete espíritus peores que él; y entrados, moran allí; y el postrer estado de aquel hombre viene a ser peor que el primero (Lucas 11:24-26).*

> *Ciertamente, si habiéndose ellos escapado de las contaminaciones del mundo, por el conocimiento del Señor y Salvador Jesucristo, enredándose otra vez en ellas son vencidos, su postrer estado viene a ser peor que el primero. Porque mejor les hubiera sido no haber conocido el camino de la justicia, que después de haberlo conocido, volverse atrás del santo mandamiento que les fue dado. Pero les ha acontecido lo del verdadero proverbio: El perro vuelve a su vómito, y la puerca lavada a revolcarse en el cieno (2 Pedro 2:20-22).*

Definitivamente hay que cuidar la liberación siendo *oidores y hacedores* de la Palabra, teniendo comunión con DIOS por medio de su Santo Espíritu, que nos revela lo que desconocemos, nos ayuda a recordar todo lo que el Señor ha dicho y a caminar victoriosos sobre las aguas, en lo sobrenatural. Veamos a continuación algunas claves para tener en cuenta al respecto:

Uno: La clave es Jesucristo, tener la mirada puesta en Él. Pedro comenzó a hundirse cuando dejó de enfocarse en Jesús y se puso a mirar las olas.

Dos: Estudiar la palabra de Dios. No solo leerla, sino estudiarla.

Tres: Orar constantemente. Ora con autoridad en el nombre de Jesús.

Cuatro: Escuchar y cantar música cristiana que alabe y exalte solo a Dios.

Cinco: Hacerse miembro de una iglesia de sana doctrina. Te preguntarás: ¿cómo puedo saber si es de *sana doctrina*? Si lees la Palabra y la estudias, sabrás si lo que te están enseñando va conforme a la Palabra, o si es adulterado por el hombre.

Seis: Servir en la iglesia de forma práctica o con los dones que el Señor te ha dado.

Siete: Convivir en amor y armonía con los hermanos de la iglesia (véase 1 Pedro 3:8-12, y Salmos 133:1).

Ocho: Ayudar a otros a ser libres. De gracia recibiste, da de gracia.

Nueve: Dejar las malas amistades.

Diez: Andar con gente sabia.

Si alguno peca, nuestra responsabilidad es confesar el pecado de inmediato y pedir perdón a Dios para no dar ocasión a los demonios de entrar a nuestro templo.

Como cónyuge, debes estar muy pendiente de cómo están espiritualmente en tu casa, tu esposa(o) e hijos. Aprovechando tu comunión con Dios, pídele que te muestre lo que puede estar pasando con cada uno de ellos (recuerda lo que vimos sobre los dones espirituales). Claro está que, si ambos cónyuges avanzan sintonizados en el mismo Espíritu, sus conquistas pueden ser mayores, porque estarán pendientes el uno del otro, y de sus hijos. Juntos pueden orar y repeler cualquier ataque del mal.

Pide la guía del Espíritu Santo para declararte (y a tu familia) libre en el nombre de Jesús, teniendo en cuenta los fundamentos bíblicos que hemos expuesto. ¡Y aún hay mucho más en la Palabra sobre este tema!, versículos que nos enseñan y puedes declarar en la batalla como lo que son: una poderosa espada para blandir con destreza.

Coloca las manos sobre los tuyos y, con sabiduría, sin que ellos noten que hablas en voz alta (quizás no lo entenderían), susurra declarándolos libre de toda influencia demoníaca. Nunca te pongas en contra de tu familia, o a pelear con ellos por tus propios medios porque no es una guerra contra ellos, sino contra huestes de maldad.

Si encuentras resistencia, acude a la Iglesia, la esposa del Cordero

En ciertas ocasiones, espíritus inmundos muy territoriales se aferran a rituales o conjuros del pasado para permanecer (ilegalmente) en una persona, a veces por contactos con otras personas muy activas en el mundo espiritual o por haber participado en eventos esotéricos de abierto desafío a Dios. El procedimiento para ser libre es el mismo. No hay que dejarse intimidar por la supuesta magnitud de esas acciones que, ten presente, se hicieron *en ignorancia*. Simplemente hay que renunciar, sin prestar atención a la resistencia del enemigo ni a sus pataleos, ni a ningún malestar físico que llegues a experimentar (es temporal y pasará). Ora con confianza:

«Renuncio a toda atadura del enemigo que permití por involucrarme en el ocultismo, (pide al Espíritu que te ayude a ser preciso y deja que guíe tu oración), a la brujería, religiones falsas, magia negra, magia blanca, espiritismo, adivinación, lectura del tarot, de la palma de la mano, de los astros, tabla ouija, talismanes, levitación, hipnosis, regresiones, reencarnación, religiones orientales, percepción extrasensorial o Nueva Era: ¡Fuera Satanás, en el nombre de Jesús! Solo Jesucristo es mi Señor».

Si después de hacer esta oración de renuncia no sientes completa paz y aún persiste alguna inquietud, no te angusties, persevera en lo que has creído. *El enemigo tiene que irse.* Y si sientes la necesidad, pide una cita con tu pastor o las personas designadas por él, como los ancianos o el equipo intercesor de la iglesia a la que asistes, para que te acompañen en una oración un poco más pública, sellando tu vida para Cristo. ¡El enemigo tiene que irse! No tiene autoridad sobre ti. A medida que te fortalezcas en el Señor, podrás hacer lo mismo por otros que quizás mañana necesiten tu ayuda.

Eleva, para terminar, una oración de gratitud por tu libertad, afirmándola con la lectura en voz alta de los versículos que hemos visto durante la presente lección. Te invitamos a interiorizarlos, para poder empezar a vivir de acuerdo con ellos.

Estabas en cautiverio. Ahora el Señor te libera. Vivías bajo opresión. Ya nunca más. El Señor te enseña y ayuda a vivir en libertad por medio de Su Espíritu. Y si estabas triste, Él te llena con el consuelo y gozo que nos prometió:

> *Ciertamente consolará Jehová a Sion; consolará todas sus soledades, y*
> *cambiará su desierto en paraíso, y su soledad en huerto de Jehová; se*
> *hallará en ella alegría y gozo, alabanza y voces de canto* (Isaías 51:3).

Limpia tu casa de toda inmundicia con la palabra de Dios, con adoración al Rey de reyes y un corazón sensible al Espíritu. El diablo solo entra *cuando se le abre la puerta.* Pero por la gracia, la misericordia y el amor de Dios, tú y los tuyos han sido llamados a disfrutar desde ahora mismo de la vida eterna por la que Jesús pagó en la cruz, **¡del cautiverio a la libertad, de la opresión al gozo!**

LOS CÓNYUGES NECESITAN ESCUCHAR LA VOZ DE DIOS

Muchos creyentes no están cumpliendo el encargo de Jesús ni llevando a cabo las obras que Él hizo entre nosotros, aunque nos empoderó para hacer lo mismo y más, según sus propias palabras:

> De cierto, de cierto os digo: **El que en mí cree, las obras que yo hago, él las hará también; y aun mayores** hará, porque yo voy al Padre (Juan 14:12, énfasis de los autores).

La inconsistencia a la que nos referimos produce una gran frustración en los fieles que llevan tiempo siéndolo, y en los que van llegando. Uno de los motivos por los que no estamos cumpliendo con la Gran Comisión (véase Mateo 28:18-20) en el poder del Espíritu es que *no estamos escuchando la voz de Dios*:

> Mis ovejas oyen mi voz, y yo las conozco, y me siguen… (Juan 10:27).

Jesús deja claro que, si no escuchamos Su voz, Él es como un extraño para nosotros, y no podemos seguirlo. Partiendo de ahí, ¿qué tan importante es para un cónyuge, para cualquier persona, aprender a escuchar la voz de Dios? ¡Es una necesidad, más aún, un *imperativo*! Solo a través de esta dirección divina podremos ser guiados en las decisiones que tomamos, como personas y como matrimonio, para llegar a la plenitud que Dios quiere que alcancemos. Por eso mismo afirma a través de Juan que desea que seamos prosperados y nos vaya bien en todo, incluyendo nuestra salud y el bienestar de nuestra alma (véase 3 Juan 1:2).

Un cónyuge que actúa sin esta dirección es presa fácil de sus emociones, y la Palabra dice que el corazón de una persona, aunque nos parezca difícil de aceptar, es engañoso, perverso (véase Jeremías 17:9). Si no escucha a Dios, sus pensamientos le llevan continuamente a hacer el mal (véase Génesis 6:5).

Cuando un matrimonio no se esfuerza por escuchar la voz de Dios, no le está permitiendo edificar **a Él**, y ya sabes que lo que no es edificado por Su mano, se derrumba. Es como un cuerpo sin su sistema inmunológico, como un hijo que va por la vida sin escuchar el consejo firme, sabio y amoroso de su padre.

Otro ejemplo se da en la guerra. Si un pelotón que sale en misión carece de una comunicación efectiva con el puesto de mando (o el nombre que corresponda según los códigos de cada ejército), se abandonaría a su propia suerte, aventurándose a caminar sin dirección, quizá donde es inminente un encuentro con el enemigo y en inferioridad de condiciones; tampoco podría contar con apoyo aéreo, logístico o médico, lo que acabaría en pérdida de vidas y una grave derrota en combate.

En el ámbito del matrimonio sucede igual. No escuchar la dirección de Dios trae consigo equivocación, dolor, tristeza, agonía y todo tipo de duras consecuencias. A veces me pregunto: ¿por qué si la vida es tan bonita, y todo lo creado por Dios es tan perfecto, preferimos apoyarnos en nuestra limitada comprensión y en decisiones que traen tanta amargura? Y casi de inmediato me parece escuchar la clara respuesta: **escuchar la voz de Dios trae vida; desatenderla, trae muerte.**

En nuestro caso, si no nos hubiéramos rendido a Dios, dispuestos a clamar a Él y a escuchar sus enseñanzas, nuestro matrimonio tampoco hubiera sido restaurado, y hoy no podríamos ser instrumentos en las manos de Dios Todopoderoso para aconsejar a cientos de personas y familias a las que el Señor nos ha enviado.

Puede que ya estés convencido(a) de la importancia de escuchar la voz de Dios, pero ahora te preguntas: ¿Cómo puedo hacerlo? ¿Cómo identificar Su voz y diferenciarla de un pensamiento propio, o de un consejo de un amigo o familiar que aún resuena en mi mente? De esto justamente trata esta lección. Permítenos guiarte por el corazón de este valioso estudio.

Debemos empezar por una realidad tan maravillosa como alentadora: el Señor en verdad desea que lo escuchemos. Dios considera dichosos y benditos a quienes lo escuchan y guardan Su palabra:

> *Y él dijo: Antes bienaventurados los que oyen la palabra de Dios, y la guardan* (Lucas 11:28).

DIOS DESEA QUE SU SANTO ESPÍRITU MORE EN TI

A muchos les cuesta aceptar que Dios, el Creador del cielo y de la tierra, quien tiene dominio absoluto sobre todos los seres existentes y sobre todas las cosas, desee tener una relación personal con cada ser humano. Sin embargo, el mismo Jesús reafirmó esta verdad:

> *...El que me ama, mi palabra guardará; y mi Padre le amará,*
> *y **vendremos a él, y haremos morada con él*** (Juan 14:23, énfasis de
> los autores).

En el caso del Señor Jesús, vivió en la casa de Pedro y la llamó *su* casa. Pero antes de conocer a Pedro, seguramente conoció otros hogares, otras familias, siempre con el deseo de habitar allí. Pedro, sin embargo, respondió de una manera particular, que cautivó Su corazón.

Presenció sus enseñanzas, como muchos, pero Pedro le creyó, lo invitó a su casa, y el Señor se quedó a vivir allí. Lo mismo sucedió con Capernaúm, una población no muy importante, pero Él la escogió como *su* ciudad. ¡La grandeza del Dios Todopoderoso morando en esa casa!

> *Habiendo entrado en la barca, Jesús pasó a la otra orilla **y llegó a su propia ciudad*** (Mateo 9:1 RVA-2015, énfasis de los autores).

> *Cuando él entró otra vez en Capernaúm después de algunos días, se oyó que estaba **en casa*** (Marcos 2:1 RVA-2015, énfasis de los autores).

¿Por qué escogió la casa de Pedro como su casa?, y ¿por qué eligió a Capernaúm como la ciudad donde podía vivir? Había nacido en Belén. Se crio en Nazaret. ¿Por qué no considerar *su casa* a Jerusalén, «la ciudad de Dios»? Sencillamente porque en la casa de Pedro lo amaban, creían en Él, y le obedecían. Y en Capernaúm, la gente salía a buscarlo. Allí escuchaba decir: **«Quédate con nosotros»**, **«no te vayas»**. La gente de Capernaúm se juntaba y apretaba rápidamente (véase Marcos 2:1-2) y seguían al Señor por diferentes lugares, sin preocuparse por **desmayar en el camino**, porque allí tenían **hambre de Dios**, **de oír Su voz** y **seguirlo**.

Dios busca un lugar donde pueda recostar la cabeza, donde repose Su Espíritu. Y quiere hacerlo en ti, en tu matrimonio, en tu familia.

> *Jesús le dijo: Las zorras tienen guaridas, y las aves del cielo nidos; mas el Hijo del Hombre no tiene dónde recostar su cabeza* (Mateo 8:20).

Dios no ha dispuesto visitarte esporádicamente para luego desaparecer. Cuando Cristo fue a la casa de Pedro se produjo mucho más que una visita. Llegó a su casa *para quedarse*. Tú puedes venir a mi casa a tomar un café, o yo ir a la tuya, y conversar un par de horas, Solemos llamar a eso *visita*. Pero Dios **quiere más**. El Espíritu Santo está buscando dónde **reposar** y permitir que allí **habite Su presencia**. Depende de **qué tanto tú lo anheles y quieras que Él habite en ti**. Lucas lo expresa así:

> *Pues si vosotros, siendo malos, sabéis dar buenas dádivas a vuestros hijos, **¿cuánto más vuestro Padre celestial dará el Espíritu Santo a los que se lo pidan?*** (Lucas 11:13, énfasis de los autores).

Con frecuencia el Espíritu Santo no puede quedarse contigo

Si bien el Espíritu Santo anhela quedarse, renovarnos, fortalecernos y transformarnos a la imagen del Hijo, hay acciones del hombre o de los cónyuges con las que Dios no puede cohabitar ni coexistir. Así como es Santo y Poderoso, Él también es sensible; se entristece profundamente y aflige. Recuerda: ¡el Espíritu Santo no es una fuerza, es una Persona! Cuando contristamos al Espíritu Santo nos alejamos de Él. Lo «apagamos» (véase 1 Tesalonicenses 5:19). Cuando lo ignoramos, lo ofendemos e impedimos la obra a la que fue enviado: ¡Avivarnos! (véase 2 Timoteo 1:6).

Además del muro llamado *falta de perdón* que separa a los hombres de Dios (de lo cual ya hemos hablado), **lo que hace que el Espíritu de Dios no pueda continuar Su obra renovadora en una persona es dar lugar a los deseos de la carne,** de lo cual nos habla claramente la Biblia. Veamos:

> *Digo, pues:* **Anden en el Espíritu, y así jamás satisfarán los malos deseos de la carne.** *Porque la carne desea lo que es contrario al Espíritu, y el Espíritu lo que es contrario a la carne.* **Ambos se oponen mutuamente,** *para que no hagan lo que quisieran* (Gálatas 5:16-17 RVA-2015, énfasis de los autores).

> *Y manifiestas son las obras de la carne, que son: adulterio, fornicación, inmundicia, lascivia, idolatría, hechicerías, enemistades, pleitos, celos, iras, contiendas, disensiones, herejías, envidias, homicidios, borracheras, orgías, y cosas semejantes a estas; acerca de las cuales os amonesto, como ya os lo he dicho antes, que los que practican tales cosas no heredarán el reino de Dios* (Gálatas 5:19-21).

Cuando alguien incurre en alguno de estos pecados, el Espíritu Santo se contrista, procurando convencerlo de que sin Él solo va a seguir estancado, que necesita corregir el rumbo. Es claro bíblicamente que Él desea morar y llenarlo todo en ti, pero el pecado lo entristece y apaga. Solamente podemos hacer que retome Su obra y vuelve a manifestar Su presencia en nosotros si nos arrepentimos, porque para eso vino, como dice la Biblia, para ayudarnos a rectificar y a reconocer que no podemos caminar sin su consejo, consuelo y poder:

> *Pero si reconocemos ante Dios que hemos pecado, podemos estar seguros de que él, que es justo, nos perdonará y nos limpiará de toda maldad* (1 Juan 1:9 TLA).

¿CÓMO ESCUCHAR LA VOZ DE DIOS?

La oración es el primer paso

Ahora que has entendido que Dios quiere morar en ti, en tu matrimonio y en tus hijos(as), debes aprender a escucharlo. Dios habla, y si no sabemos escuchar, tampoco vamos a poder actuar ni pedir con sabiduría para discernir la diferencia entre los deseos de nuestra carne y *lo que Él desea* para nuestras vidas. Y una de las maneras más efectivas para empezar a escuchar Su voz y descubrir esa voluntad perfecta es por medio de la oración.

La oración, básicamente, es un *diálogo;* si no sabemos escuchar, se convertirá en un *monólogo,* sin comunicación de **doble vía.** La palabra comunicación viene del latín *communicare,* que significa «*hacer a otro partícipe de lo que uno tiene*». Basta con que no haya esa disposición en un participante del *diálogo* para que la comunicación no sea efectiva. Lo mismo aplica en nuestra relación con Dios. Pese a la disposición del Espíritu Santo, no podrá hacer mucho sin la nuestra. Es lo mismo que pasa entre dos novios cuando la comunicación decrece. La relación también se va enfriando.

Si bien Dios, no se irá por más que lo excluyamos, seremos nosotros los que sufriremos las consecuencias de no apreciar esa comunicación, de alejarnos, en vez de cultivarla. En el libro de Habacuc, el profeta nos abre el panorama sobre lo que significa realmente la oración:

> *¿Hasta cuándo, SEÑOR, he de pedirte ayuda sin que tú me escuches?*
> *¿Hasta cuándo he de quejarme de la violencia sin que tú nos salves?*
> (Habacuc 1:2 NVI).

En este pasaje bíblico vemos algo muy interesante. El profeta entabla una conversación con el Padre para tocar un tema que lo aqueja. En la segunda frase un sencillo cambio en el pronombre utilizado («**nos** salves») revela algo más sobre el corazón del profeta: su oración es *intercesora*. El destino de su gente le importa tanto como el suyo. Se ha puesto en la brecha para orar como el Espíritu Santo le guía, no solo por sí mismo. Su clamor nos muestra que podemos orar al Señor en todo momento y por cualquier motivo, pues tenemos la libertad que nos da nuestro Padre para preguntarle o pedir algo, pero no olvidemos que Él ve nuestro corazón y propósitos (véase Santiago 4:3). Cuando realmente confiamos en Él y no queremos hacer solo nuestra propia voluntad, empezamos a descubrir que nuestras preguntas o peticiones se hacen cada vez más específicas y desprendidas.

En muchas oportunidades oramos pidiendo a Dios de manera general: «Señor te pido por mi hijo», pero no decimos qué estamos pidiendo por ese hijo. O: «Señor te pido por mi esposo (a), ¡por ese carácter!», pero tampoco así le estamos diciendo a Dios nada en concreto. Un corazón que escucha a Dios eleva oraciones más específicas, confiando en el que responde más allá de toda expectativa humana y comprometiéndose a fondo con lo que dice. Por ejemplo: «Señor te pido que enderezes los pasos de mi hijo(a) de modo que solo vayan por Tus caminos, que sus decisiones lo(a) acerquen a ti». O «Padre te pido que cuando a mi cónyuge no le salga algo como espera, no se enoje y empiece a gritar y a tratar mal a la familia, ni a nadie; dale, por el contrario, un corazón amoroso y paciente, sabiduría para analizar cada situación y escoger la mejor decisión».

Pueden parecer ejemplos muy básicos, pero sirven para mostrarte de manera sencilla la diferencia entre pedir algo general y algo específico. En caso de que no sepamos cómo pedir en una situación de forma específica, Dios también está ahí para ayudarnos y nos ha dejado una puerta abierta en su Palabra: ante la falta de sabiduría, ¡pídesela y Él te la dará! Veamos:

> *Si necesitan sabiduría, pídansela a nuestro generoso Dios, y él se la*
> *dará; no los reprenderá por pedirla* (Santiago 1:5 NTV).

Busca espacios para estar a solas con Dios

Un aspecto vital para fortalecer nuestra vida de oración es fijarnos como prioridad buscar espacios para hablar con Dios; lugares y momentos del día en los que podamos alejarnos de todo tipo de distracción. Recordemos las prioridades en la vida de nuestro Señor Jesucristo. Aunque amaba a las personas, buscaba alejarse temporalmente de las multitudes que le seguían, incluso de sus discípulos, con un propósito claro: orar, a fin de que su comunión se fortaleciese. La Palabra nos dice que se retiraba muy temprano para hablar con Su Padre celestial. Jesús sabía que, para cumplir Su propósito divino, necesitaba la guía de Su Padre.

¡Cuánto más nosotros! El solo hecho de retirarnos nos permite asumir la conversación (lo que voy a decir y a escuchar) con una mejor disposición. Como cuando tienes un tema pendiente con tu pareja y buscas un momento en que puedan estar a solas para hablarlo en calma. No lo haces en el cine, o en la cena familiar, sino que buscas el espacio y momento adecuados. Claro está, habrá oportunidades en que la situación apremia y no da tiempo, sino que debemos hablar con el Padre «sobre la marcha». Aún en esos casos Él hablará y responderá tu oración. Nuestra relación con Dios es mucho más que un cronograma. Es una comunicación viva que se nutre todo el tiempo, gracias a la oración.

Un buen inicio si quieres apartarte de las distracciones diarias es elegir un lugar de tu casa para orar. Puede ser tu habitación, el estudio, el comedor, la cocina, o la terraza. El mejor lugar es el que tú has dispuesto con amor para hablar con Dios. Muchas personas no cuentan con suficientes espacios como para elegir y se acomodan incluso en el baño, donde pasan momentos muy especiales con el Padre. Crecen, reciben revelación, son consolados (as) y fortalecidos para la batalla.

Si además tienes la posibilidad de retirarte a un ayuno, hazlo. Esos tiempos a solas para enfocarse en la oración y buscar al Padre en espíritu y en verdad son muy edificantes y necesarios. Por supuesto escoger un buen lugar y momento del día no lo es todo. A veces lo que más consigue distraerte son tus pensamientos: preocupaciones, algún pendiente por realizar, un dolor, etc. Por eso es aconsejable que cuando estés orando y te lleguen esos pensamientos, atiendas la instrucción de la Palabra: ¡Aquiétalos, oblígalos a obedecerte! (véase 2 Corintios 10:5).

En caso de que estés orando con tu pareja por un tema específico, póngase de acuerdo para no olvidar el tiempo de cuidarse como esposos (1 Corintios 7:5). Si no están dedicando un tiempo a orar juntos, pide a Dios estrategias para que puedan hacerlo, sin que por eso sacrifiques tu tiempo para orar a solas. Tal vez puedas levantarte un poco más temprano, acostarte un poco más tarde, en fin, siempre hay una manera de resolverlo. Ten por seguro que cuando te dispones para Dios, Él te dará la forma de que ambos puedan cultivar su relación de Padre a hijo(a).

Espera por Su respuesta

Continuando con el profeta Habacuc como referente, vemos que, luego de presentar su queja, inicia el capítulo 2 indicando que va a estar firme mientras espera la respuesta de Dios. *Esperar firmes* significa aguardar por Su dirección antes de tomar cualquier decisión intentando apresurar o cambiar las circunstancias para acomodarlas de manera precipitada. Es una total rendición al Padre.

> *Sobre mi guarda estaré, y sobre la fortaleza afirmaré el pie, velaré*
> *para ver lo que se me dirá, y qué he de responder...* (Habacuc 2:1).

Cuando no sabemos esperar tomamos decisiones por fuera de la voluntad del Padre y las consecuencias pueden ser terribles para la persona y su familia. Esperar, como nos enseña David en diferentes salmos (véase Salmos 28:7 y Salmos 40:1), ayuda a que se tomen decisiones sabias y le muestra a Dios que confiamos en Él.

Cuando uno de los cónyuges (o ambos) están orando a Dios para saber cómo obrar en determinada situación y no se mueven hasta recibir dirección, eso en verdad agrada al Señor. Esperar en Él permite que las decisiones importantes como trasladarse a otro país, comprar una vivienda, o cambiar de trabajo se tomen con seguridad, confiando en la dirección de Dios. Aunque haya dificultades, ambos saben que Dios los respalda y que procura lo mejor para la pareja y la familia.

Hambre de oír la voz de Dios (leer la Palabra, creerla y obedecerla)

Si quieres oír a Dios, solo necesitas creer en Su palabra y recibirla. Jesús y Su palabra son lo mismo. Para escuchar Su voz, solo se necesita creer lo que Él dice. Cristo es el Verbo (Palabra) de Dios, como lo llamó Juan (véase Juan 1:1-3).

Se trata de estar hambriento de Dios, de oír lo que Él nos habla, y de ***llevarlo a la práctica,*** porque entonces todo cambia para bien, todo se multiplica, las puertas se abren, las oportunidades afloran. ¡Hambre de Dios, por lo que Dios **es**! Hablamos de lo más hermoso que alguien puede anhelar, y es lo que Dios quiere que **todos** tengamos.

Muchos esperan oír la voz audible de Dios sin detenerse a considerar las Sagradas Escrituras, sin prestar atención a lo que Dios **ya** ha dicho, puesto que nos ha hablado a través de Su Hijo, y Cristo es el Verbo. Es **en Jesús** donde debemos buscar primero si queremos conocer a Dios. Las Escrituras dan testimonio de Él, y no hay contradicción en ellas. Si nos disponemos, allí descubriremos Su voluntad. Por ignorar esto hay varios creyentes que no dan fruto. Les cuesta comprender el sentido de los dones y fluir con su Dador, el mismo que inspiró la Biblia. Allí radica la decepción de quienes solo esperan ver los milagros que hacía Jesús sin tener en cuenta lo que significa su muerte y resurrección, y a qué se refiere cuando nos pide que renunciemos a todo para ganarlo a Él y una nueva vida.

La palabra de Dios es una de las principales maneras en que el Señor nos habla, pues cuando oras tú hablas y Él escucha, pero cuando lees lo que Él escribió, lo estás escuchando *a Él*. Si un esposo o esposa, por ejemplo, se siente atraído por otra persona diferente a su cónyuge, y orando le pregunta a Dios si está bien separarse porque no quiere adulterar sino empezar una nueva relación en «otro» matrimonio (la consulta parece ilógica, pero sucede), no tiene que esperar a que Dios le hable de manera audible para saber lo que tiene que hacer. Le basta con leer en la Palabra lo que Dios dice sobre el matrimonio y el adulterio, y así conocerá rápidamente lo que el Padre tiene que decir acerca de su consulta.

Escribir la respuesta ayuda

Cuando Dios le respondió a Habacuc le dijo que escribiera la visión y la declarara en tablas. Lo cual quiere decir que cuando estamos orando en busca de una respuesta, Dios nos puede ir hablando por medio de visiones, ideas o pensamientos que llegan a la mente. Eso fue lo que hizo David. En la mayoría de sus salmos podemos ver que se suele iniciar con una pregunta, queja o afirmación. Progresivamente Dios le iba hablando, revelando, y David iba escribiendo. Lo mismo podemos hacer nosotros. Después, si no estamos de acuerdo o no entendemos, podemos pedirle una confirmación sobre ese registro y Dios la dará.

Disposición para hacer lo que Él nos dice

La disposición para aceptar y obedecer en nuestro corazón lo que Dios nos diga es fundamental. Es una decisión que se debe tomar a conciencia antes de orar, porque si oramos y Él nos responde, pero no estamos de acuerdo con Su sabia respuesta y tampoco vamos a obedecer, pienso que solo le estaríamos haciendo perder el tiempo. Una cosa es no estar de acuerdo y a pesar de ello obedecerle con sumisión, y otra, no estar de acuerdo, sin tener la intención de obedecer.

Es como si uno de tus hijitos te busca para hablar de cierto tema, pero lo que tú le respondes a él (o a ella) no le agrada y al final ignora tus palabras. ¿Cómo te sentirías? Quizás dijeras: «No entiendo para qué me consultan entonces, si lo único que esperaban de mí era la aprobación a una decisión ya tomada».

Por lo mismo te recomendamos: si buscas oír la voz de Dios, y estás orando junto con tu cónyuge para pedir dirección, dispónganse a aceptar la respuesta de Dios, y a obedecerla.

Escuchar la voz de Dios no consiste solo en anotar lo que nos diga. Implica, cuando se trata de una instrucción, obedecerla. Estudiemos ahora cómo cambia nuestra vida la obediencia al mandamiento más importante, el mandamiento del amor.

La esencia del mensaje de nuestro Salvador Jesús es **el amor**. Fue por amor al Padre (véase Juan 14:31) y a nosotros (Juan 3:16) que dio su vida en la cruz. Un día le preguntaron sobre este mandamiento principal.

*Jesús le respondió: El primer mandamiento de todos es: Oye, Israel; el Señor nuestro Dios, el Señor uno es. Y amarás al Señor tu Dios con todo tu corazón, y con toda tu alma, y con toda tu mente y con todas tus fuerzas. Este es el principal mandamiento. Y el segundo es semejante: **Amarás a tu prójimo** como a ti mismo. No hay otro mandamiento mayor que estos* (Marcos 12:29-31, énfasis de los autores).

En lo referente al primer mandamiento: amar a Dios con todo el corazón, con toda el alma, con toda la mente y con todas las fuerzas, se convierte en el escenario perfecto para que el Espíritu Santo more en nosotros, como ya lo vimos. En cuanto al segundo mandamiento, *«Amarás a tu prójimo como a ti mismo»*, el prójimo más cercano que tenemos es nuestro cónyuge, aunque a veces digamos en broma que, en lugar de ser ayuda idónea, compañero(a) de vida o «mano derecha», se ha vuelto nuestro enemigo(a), quejándonos de que nos maldice, nos aborrece, nos ultraja o nos persigue. Pero veamos qué nos enseña nuestro Señor respecto al trato que debemos dar a quienes se comportan así con nosotros:

Oísteis que fue dicho: Amarás a tu prójimo, y aborrecerás a tu enemigo. Pero yo os digo: Amad a vuestros enemigos, bendecid a los que os maldicen, haced bien a los que os aborrecen, y orad por los que os ultrajan y os persiguen; para que seáis hijos de vuestro Padre que está en los cielos, que hace salir su sol sobre malos y buenos, y que hace llover sobre justos e injustos. Porque si amáis a los que os aman, ¿qué recompensa tendréis? ¿No hacen también lo mismo los publicanos? Y si saludáis a vuestros hermanos solamente, ¿qué hacéis de más? ¿No hacen también así los gentiles? Sed, pues, vosotros perfectos, como vuestro Padre que está en los cielos es perfecto (Mateo 5:43-48).

Según la ley de Moisés (incluso hasta los días de Jesús) la Palabra es contundente con el pecador, suficientemente clara en el sentido de que Dios aborrece a todos los que hacen iniquidad (véase Josué 24:19; Oseas 7:2 e Isaías 63:10). Sin embargo, a partir de la venida de Jesús el panorama cambió. El Padre dio a su Hijo unigénito, a Jesús, para morir por los pecadores (véase 2 Corintios 5:21). Juan nos lo explica en un pasaje que se predica a todas las naciones:

Porque de tal manera amó Dios al mundo, que ha dado a su Hijo unigénito, para que todo aquel que en él cree, no se pierda, mas tenga vida eterna (Juan 3:16).

Ante tal declaración, no hay la menor duda de que el Padre sigue aborreciendo el pecado, pero también ama al pecador. Y nosotros, como Sus hijos, que amamos lo que Él ama y aborrecemos lo que Él aborrece, debemos amar a los pecadores a pesar de lo que hayan hecho. Tal como hizo Jesús con nosotros. Por eso también debes amar a tu cónyuge sin importar cuáles sean las circunstancias o su pecado (ora como enseñamos en la lección siete y a lo largo del curso, para que Dios obre en el carácter de tu cónyuge).

Suponiendo, por ejemplo, que tu cónyuge te maldiga, odia si quieres esas maldiciones, pero ama sin condiciones al maldiciente. Si tu cónyuge es celoso, tú aborrece los celos, pero ama al que se comporta como si estos le dominaran. Tienes que diferenciar entre dos identidades que parecen una sola, pero provienen de un espíritu diferente, por cuanto una (tu cónyuge) proviene de Dios (se formó conforme a lo escrito en Salmos 139:13-17), y la otra es el resultante de la intervención en su vida de principados de maldad en las regiones celestes.

Se trata de disponernos para ver a las personas **como Dios las ve.** Tendremos que reconocer su versión original, **como *Dios las creó*,** y eran **antes** de la caída, procurando ver en cada una esa *mejor versión*. Jesús pagó un precio por nosotros para que pudiéramos disfrutar la vida extraordinaria y abundante **que nuestro Padre diseñó desde el principio.** Dios no olvida la **versión original, la mejor, la única,** esa que quiso para Adán y Eva, antes de que desobedecieran. Hoy Dios ve a Sus hijos como si nunca hubiésemos pecado, aunque nos cueste creer que alguien pueda vernos así, sin pecado, sin rebelión, salvos, sanos y herederos del reino de los cielos. Pero así nos ve el Padre por medio de la sangre de Su Hijo Jesucristo, y así nos invita a ver a los demás.

Si Dios perdonó a mi cónyuge, y ya no le ve como otras personas quizás lo hagan, sino limpio(a), como cuando no existía el pecado por cuanto eso fue lo que hizo Cristo salvándole en la cruz, entonces ¿quién soy yo para verle defectuoso(a)?

Agradecer

En el capítulo 3 de Habacuc vemos que el profeta, después de recibir la visión, se dedica mayormente a exaltar a Dios, reconociendo Su grandeza, Su poder, Su majestuosidad. También nos invita a rendirnos en adoración a Él, no solo cuando recibimos de Dios la respuesta por la que hemos estado clamando, sino siempre.

Creo que cuando lo alabamos, rebosantes de gratitud, llenamos de alegría el corazón de nuestro Padre. Cuando de los diez leprosos sanados solo uno regresó a Jesús, nuestro Señor le preguntó si solo él se había devuelto a darle gloria a Dios (véase Lucas 17:15). Esa pregunta nos deja ver cuánto agradó el Señor la actitud de aquel leproso. Como padre me pongo a pensar que es muy bonito cuando un hijo dice *gracias.* Si bien tenemos claro que al dar algo a nuestros hijos no lo hacemos para que nos lo reconozcan sino por amor, es muy grato poder escucharlo.

Imagino también cuán hermoso debe ser para Dios ver a los esposos juntos, si las circunstancias así lo permiten, no solo orando y pidiendo escuchar Su dirección, sino también derramando al unísono palabras gozosas de gratitud y exaltación al que merece toda la gloria y toda la honra.

OTRAS MANERAS EN QUE DIOS NOS HABLA

Además de hablarnos durante la oración y en la Palabra, Dios también nos puede hablar por medio de sueños, visiones, palabra de conocimiento y profecía. Quizá en este momento esos términos no te resulten tan familiares, pero te invitamos a recordar lo estudiado en la lección dieciocho, acerca de los dones de revelación y de inspiración.

> *Y en los postreros días, dice Dios, derramaré de mi Espíritu sobre toda carne, y vuestros hijos y vuestras hijas **profetizarán**; vuestros jóvenes verán **visiones**, y vuestros ancianos soñarán **sueños**…* (Hechos 2:17, énfasis de los autores).

> *Pero a cada uno le es dada la manifestación del Espíritu para provecho. Porque a este es dada por el Espíritu palabra de sabiduría; a otro, palabra de ciencia según el mismo Espíritu; a otro, fe por el mismo Espíritu; y a otro, dones de sanidades por el mismo Espíritu. A otro, el hacer milagros; a otro, profecía; a otro, discernimiento de espíritus; a otro, diversos géneros de lenguas; y a otro, interpretación de lenguas* (1 Corintios 12:7-10).

Si somos constantes en la oración, también nos resultará más fácil mantenernos sensibles a la voz del Espíritu Santo, discerniéndola con claridad, de modo que no nos distraiga nuestra propia mente carnal ni la voz del enemigo.

Por ejemplo, el predicador Randy Clark, fundador de *Global Awakening*, es conocido mundialmente por su ministerio, usado por el Señor para avivar la extensión del reino de Dios por medio de numerosos milagros, prodigios y señales. Mucho antes de que eso pasara, Clark sufrió un grave accidente. Según los expertos tendría que usar una silla de ruedas. La columna estaba muy lastimada; los dolores eran intensos y no podía moverse.

Una mañana, sin embargo, al despertar, ya no sentía dolor. Clark oyó una voz en su interior: **«Te he sanado, levántate y camina».** El hombre obedeció y, en efecto, **estaba sano.** Años más tarde durante una predicación, volvió a escuchar en su interior: **«Quiero que enseñes que sigo sanando hoy».**

Clark, a pesar de ser un hombre humilde y con defectos como todo el mundo, no se rindió por causa de sus limitaciones e insistió en lo que había recibido. Así empezó su ministerio, que sigue difundiéndose por el mundo, igual que el mensaje que recibió y el poder que lo respalda, el mismo que desde Pentecostés está disponible para todos nosotros.

Palabra de ciencia o de conocimiento

Como dijimos, otra de las maneras en que Dios puede hablarnos es por palabra de conocimiento, don de ciencia. La revelación de lo escondido por parte del Espíritu Santo obra en este mundo desde los días del Antiguo Testamento. El profeta Samuel sabía a qué iban las personas que lo buscaban, y lo que les acontecería al marcharse. El mismo don se manifestó en la vida del profeta Eliseo y varios hombres de Dios. Lo vimos en Jesús y en los apóstoles. Examinemos algunos casos:

- ***Jehová le habla al joven Samuel***

    *Jehová, pues, llamó la tercera vez a Samuel. Y él se levantó y vino a Elí, y dijo: Heme aquí; ¿para qué me has llamado? Entonces entendió Elí que Jehová llamaba al joven. Y dijo Elí a Samuel: Ve y acuéstate; y si te llamare, dirás: Habla, Jehová, porque tu siervo oye. Así se fue Samuel, y se acostó en su lugar. Y vino Jehová y se paró, y llamó como las otras veces: ¡Samuel, Samuel! Entonces Samuel dijo: Habla, porque tu siervo oye. **Y Jehová dijo a Samuel: He aquí haré yo una cosa en Israel, que a quien la oyere, le retiñirán ambos oídos** (1 Samuel 3:8-11, énfasis de los autores).*

- ***Jehová revela la llegada de Saúl***

    *Y un día antes que Saúl viniese, **Jehová había revelado al oído de Samuel,** diciendo: Mañana a esta misma hora yo enviaré a ti un varón de la tierra de Benjamín, al cual ungirás por príncipe sobre mi pueblo Israel, y salvará a mi pueblo de mano de los filisteos; porque yo he mirado a mi pueblo, por cuanto su clamor ha llegado hasta mí. Y luego que Samuel vio a Saúl, Jehová le dijo: He aquí este es el varón del cual te hablé; este gobernará a mi pueblo (1 Samuel 9:15-17, énfasis de los autores).*

- ***Samuel le dice a Saúl detalladamente lo que sucederá***

> *Hoy, después que te hayas apartado de mí, hallarás dos hombres junto al sepulcro de Raquel, en el territorio de Benjamín, en Selsa, los cuales te dirán: Las asnas que habías ido a buscar se han hallado; tu padre ha dejado ya de inquietarse por las asnas, y está afligido por vosotros, diciendo: ¿Qué haré acerca de mi hijo? Y luego que de allí sigas más adelante, y llegues a la encina de Tabor, te saldrán al encuentro tres hombres… (1 Samuel 10:2-3).*

- ***Jehová revela al profeta Ahías la visita de la mujer de Jeroboam***

> *Mas Jehová había dicho a Ahías: He aquí que la mujer de Jeroboam vendrá a consultarte por su hijo, que está enfermo; así y así le responderás, pues cuando ella viniere, vendrá disfrazada. Cuando Ahías oyó el sonido de sus pies, al entrar ella por la puerta, dijo: Entra, mujer de Jeroboam. ¿Por qué te finges otra? He aquí yo soy enviado a ti con revelación dura (1 Reyes 14:5-6).*

- ***Dios le revela a Elías que será quitado, dónde y cómo***

> *Cuando habían pasado, Elías dijo a Eliseo: Pide lo que quieras que haga por ti, antes que yo sea quitado de ti. Y dijo Eliseo: Te ruego que una doble porción de tu espíritu sea sobre mí. Él le dijo: Cosa difícil has pedido. Si me vieres cuando fuere quitado de ti, te será hecho así; más si no, no (2 Reyes 2:9-10).*

- ***Dios le revela a Eliseo a qué iban a verlo las personas***

> *Luego que llegó a donde estaba el varón de Dios en el monte, se asió de sus pies. Y se acercó Giezi para quitarla; pero el varón de Dios le dijo: Déjala, porque su alma está en amargura, y Jehová me ha encubierto el motivo, y no me lo ha revelado (2 Reyes 4:27).*

- ***Dios revela a Daniel el sueño de Nabucodonosor***

> *A ti, oh Dios de mis padres, te doy gracias y te alabo, porque me has dado sabiduría y fuerza, y ahora me has revelado lo que te pedimos; pues nos has dado a conocer el asunto del rey (Daniel 2:23).*

- ***Jesús sabía y conocía lo que había en el corazón del hombre***

> *Pero Jesús mismo no se fiaba de ellos, porque conocía a todos, y no tenía necesidad de que nadie le diese testimonio del hombre, pues él sabía lo que había en el hombre* (Juan 2:24-25).

> *Le dijo Natanael: ¿De dónde me conoces? Respondió Jesús y le dijo: Antes que Felipe te llamara, cuando estabas debajo de la higuera, te vi* (Juan 1:48).

La forma como Dios nos habla, no se aprende o transmite por medio de la educación tradicional, ni es una habilidad de la mente. Es una expresión sobrenatural de Su poder, solo puede ser enseñada por Él mismo, por medio de su Santo Espíritu:

> *Enséñame a hacer tu voluntad, porque tú eres mi Dios; tu buen espíritu me guíe a tierra de rectitud* (Salmos 143:10).

La palabra de ciencia o conocimiento suele trabajar en armonía con el don de sanidades, pero no es lo único que hace. Algunos creyentes reciben revelación con respuestas necesarias en su trabajo. El ingeniero, por ejemplo, ora al tener que lidiar con una situación que aparentemente nadie puede solucionar, y Dios, desde su omnisciencia, le muestra la respuesta. Esta consulta puede elevarse desde otros planos del conocimiento y de la vida en los que el ser humano admite sus limitaciones y da la gloria a Dios. Todos los creyentes que lo reciban pueden moverse en este don, solo que algunos lo usan más.

¡Pero atención! Pablo también nos recuerda que quien tenga más dones **no** es más importante que su hermano. Por el contrario, debe ser más humilde. Y el que tenga un don, debe usarlo y glorificar a Dios por ello, recordando que somos un Cuerpo, que *no competimos*, nos *complementamos* (véase 1 Corintios 12). Cristo es nuestra Cabeza.

Dios también habla por medio del don de profecía

> *Sin profecía el pueblo se desenfrena; mas el que guarda la ley es bienaventurado* (Proverbios 29:18).

Lo primero es aprender a *practicar*, *confesar* y *hablar* la Palabra de Dios (que es la «palabra profética más segura» según 2 Pedro 1:19). Si nuestra vida y actos están sujetos a la Palabra, el Verbo de Dios, los creyentes podemos hablar en libertad a otras personas como el Espíritu nos guíe según la situación, lo cual puede llegar a incluir fechas exactas de hechos sucedidos o por suceder, algo que encontraremos en la vida de los profetas de Dios.

Para entender mejor este segmento voy a referirles el testimonio de Aliss Cresswell, una conocida escritora y conferencista que, junto con Rob su esposo, inspiran a personas de todo el mundo a encontrar a Dios a través de su comunidad en línea, su portal de capacitación SpiritLifestyle.com, sus libros y videos sobre los eventos sobrenaturales que el Señor ha traído a sus vidas.

Aliss refiere que con frecuencia siente el deseo de hablarle a alguien de parte de Dios (profetizarle), y no sabe qué decir hasta que abre la boca. En ese sentido debemos permanecer atentos; muchas personas no abren la boca y las profecías se quedan ahí, por un acto de desobediencia que solo puede considerarse una dimisión a la fe.

En cierta ocasión Aliss se acercó a una mujer y le dijo, «tengo un mensaje de Dios para ti, ¿quieres escucharlo?». Lo interesante es que, en ese punto, ella *aún no tenía el mensaje*. La mujer respondió: «Bueno, dígame qué es» (esa persona no era creyente). Aliss, sin embargo, abrió la boca y le fue llenada (véase Salmos 81:10). Simplemente empezó a hablar: «Has pasado por tiempos terribles, dos años en los que ni siquiera puedes dormir en la noche, pero también has venido clamando y has dicho: *«Dios, si eres real, necesito un milagro»*. Bueno, he venido aquí a decirte que Dios es real, Él ha escuchado tu llanto y recibirás un milagro. Si entregas tu vida a Dios, en dos semanas vas a recibir tu milagro». Mientras le hablaba esto, la mujer estaba hecha un mar de lágrimas.

Finalmente admitió: «Así es, todo lo que usted ha dicho, es verdad. Tomo tranquilizantes, estoy por perder mi casa, y toda la familia está en mi contra». Al final, la mujer entregó su vida a Jesús y en dos semanas todo cambió drásticamente. Más testimonios similares recorrerían el mundo si nos sujetáramos al Dador de los dones.

El Espíritu Santo complementa la obra de Jesús

El Espíritu Santo es Quien complementa la obra misionera de Jesús. Los apóstoles no estaban preparados para entender todo lo que el Señor quería decirles, pero les promete que les ayudaría el Espíritu Santo (el otro Consolador, como Jesús lo llama) y que les enseñaría las cosas que estaban por suceder.

> *Aún tengo muchas cosas que deciros, pero ahora no las podéis sobrellevar. Pero cuando venga el Espíritu de verdad, él os guiará a toda la verdad; porque no hablará por su propia cuenta, sino que hablará todo lo que oyere, y os hará saber las cosas que habrán de venir. Él me glorificará; porque tomará de lo mío, y os lo hará saber* (Juan 16:12-14).

Como vemos, el Espíritu Santo, es quien nos ayuda y guía para escuchar lo que Dios habla. Es por esto por lo que debemos anhelar una relación íntima y continua con Él. El Espíritu Santo es una persona, es Dios, y quiere ser nuestro mejor Amigo.

Retomando el testimonio de Aliss, ella comparte que el Espíritu Santo le habla de muchas formas y se divierten juntos. Por ejemplo, cuando ella despierta en la mañana, puede discernir la presencia del Espíritu Santo esperando a que ella abra los ojos. Incluso mientras duerme, Aliss continúa consciente de Su compañía. Compara esa relación con lo que sienten y se dicen los enamorados. Ambos se declaran su amor, y cuando esto sucede, ella relata que puede discernir y experimentar Su presencia de una manera muy especial, y a Jesús, entrando a su cuarto o donde ella se encuentre.

Relata Aliss que al Espíritu Santo le encanta que pasemos tiempo con Él, y es lo que también quiere hacer con nosotros. Como toda relación, hay que cultivarla; hablar con Él, cantarle, o dejar que Él nos cante (véase Sofonías 3:17). Es sensible, y nos enseña a serlo. Leer la Palabra (que Él inspiró) y escuchar los mensajes de otros creyentes enriquece el tema de conversación. Es muy importante ser **obediente**. Si el Espíritu pide que no hagamos o digamos algo, eso **no** se discute. ¡Él es Dios! Si dice: «haz esto», solo *hazlo* (véase Juan 16:12-15).

El Espíritu Santo puede revelarte qué hacer o qué decisión tomar respecto a una decisión importante por la que vienes orando, como ya dijimos. También puede guiarte a orar de una manera específica por alguna persona o circunstancia. Puede inquietarte por medio de visiones o sueños.

Conocer al Espíritu Santo y tener una relación con Él es muy importante. Hay personas que ni lo determinan en su vida diaria. Pablo encontró creyentes en Éfeso que ni siquiera habían oído hablar de Él, ante lo cual les explicó en qué consistía el bautismo del Espíritu y oró por ellos. La Palabra nos cuenta que entonces recibieron el Espíritu Santo, hablaron en lenguas y profetizaron (véase Hechos 19:2-7).

EL EJEMPLO DE DAVID

David comenzó a reinar en Hebrón, pero con el tiempo tomó a Jerusalén, que fue llamada «ciudad de David». ¿La razón? David **deseaba** la presencia de Dios. **Anhelaba** tener cerca el arca del pacto. No para pavonearse y visitar de tiempo en tiempo las cosas sagradas. Quería vivir entre ellas. **¡Tenía hambre y sed de Dios!**

> *Una cosa he pedido al SEÑOR; esta buscaré: que more yo en la casa del SEÑOR todos los días de mi vida, para contemplar la hermosura del SEÑOR y para inquirir en su templo* (Salmos 27:4 RVA-2015).

El hambre y la sed de Dios en el corazón de David conquistaron Su favor, e hicieron declarar al Señor:

> *Sucederá que cuando se cumplan tus días para que vayas a estar con tus padres, yo levantaré después de ti a un descendiente tuyo, que será uno de tus hijos,* **y afirmaré su reino. Él me edificará una casa, y yo**

estableceré su trono para siempre. Yo seré para él, padre; y él será para mí, hijo. Y no quitaré de él mi misericordia, como la quité de aquel que te antecedió. Lo estableceré en mi casa y en mi reino para siempre, y su trono será estable para siempre (1 Crónicas 17:11-14 RVA 2015, énfasis de los autores).

David, además de ser un excelente oidor de la voz del Espíritu Santo, pues escribió gran parte de los Salmos, también fue un hacedor de la Palabra, y aunque en algunas oportunidades se equivocó, fue consecuente, se arrepintió, y Dios le dio el privilegio de derrotar a todos sus enemigos, llevándolos a tributar a Israel. Logró que Dios estableciera esa ciudad como la capital del reino. Y desde esa ciudad Jesús va a gobernar al mundo entero. No desde «la nueva Belén» o desde Nazaret, sino desde la Nueva Jerusalén, que desciende desde el cielo, de Dios (véase Apocalipsis 21:2). Todo esto pasa **cuando se tiene hambre y sed de la presencia de Dios y se ponen por obra sus mandatos.**

*…Entonces David fue e hizo subir con regocijo el arca de Dios de la casa de Obed-edom a la Ciudad de David. Y sucedió que cuando los que llevaban el arca de Dios habían dado seis pasos, David sacrificó un toro y un carnero engordado. **David danzaba con toda su fuerza delante del SEÑOR**, y David estaba vestido con un efod de lino* (2 Samuel 6:12-14 RVA-2015, énfasis de los autores).

ESCUCHAR LA VOZ DE DIOS PUEDE INICIAR UN AVIVAMIENTO

Luego de comprobar hasta qué punto todos podemos cultivar una relación de intimidad con el Espíritu Santo que nos lleve a glorificar a Jesús y al Padre continuamente, queda demostrado también que **tú y yo cuando aprendemos a escuchar la voz de Dios, podemos iniciar un avivamiento** donde vayamos.

Un avivamiento es el resultado de la presencia del Espíritu Santo trayendo sanidad, conversión y restauración. Como creyente, te invito a pronunciar y recordar a menudo este grito de batalla diario: *«Porque Él vive en mí, todo el reino del cielo está en mí»*. En el caso de Aliss, cuando llegó a este punto en su relación con Dios, inevitablemente vino un avivamiento. Y lo que el Espíritu Santo le mostró, es que esto puede ocurrir con cualquiera que esté dispuesto a buscarlo.

Jesús murió por cada uno de nosotros, y si lo has aceptado como tu Señor y Salvador, ¡el Reino de Dios también habita en ti! Ese avivamiento puede tener como epicentro tu vida, tu casa. Si en el Antiguo Testamento el Espíritu guio a hombres que debían recurrir a su fe, audacia y valor, y aun así Dios llamó a David «un hombre conforme a su corazón», ¡imagina cómo puede usarte el Espíritu Santo hoy, si aprendes a escuchar Su voz y a caminar siguiendo Su dirección!

Queremos ser enfáticos en esto. Que no quede ninguna duda en tu corazón: el Espíritu Santo **quiere** venir a quedarse con nosotros, a hacer Su morada en tu hogar. ¡Que Dios venga a nuestra casa y que sea llamada **la casa de Dios**!

> *He aquí, yo estoy a la puerta y llamo; si alguno oye mi voz y abre la puerta, entraré a él y cenaré con él, y él conmigo. Al que venza, yo le daré que se siente conmigo en mi trono…* (Apocalipsis 3:20-21 RVA-2015).

Moisés abrió la puerta, al igual que Samuel, Elías, Eliseo o David. Todos ellos se atrevieron y la presencia de Dios se quedó con ellos para siempre. La pregunta hoy es: ¿estamos dispuestos a hacer lo mismo? Nos preparamos para marcar la diferencia en nuestra generación como individuos, matrimonios y familias a fin de dar toda la gloria a nuestro Amado Salvador, el Deseado de las naciones. ¿Por qué no decírselo ahora a Su Enviado, el Espíritu Santo?

Para concluir este importante tema, recordemos esta clave esencial: **solo por medio del Espíritu Santo, tanto tu pareja como tú, lograrán oír la voz de Dios y experimentarán esta dicha gloriosa.** A continuación, te presentamos un breve listado de sugerencias basado en lo que hemos visto. De ponerse en práctica, estos puntos te ayudarán a ser sensible a la voz del Padre. No es una lista de ingredientes, o una camisa de fuerza, ni su orden es lo más importante. Pide al Espíritu Santo la guía para hacer lo que verás ahí y la ayuda sobrenatural para vencer cualquier obstáculo o excusa que te impida dejarlo todo para venir a Cristo y convertirte verdaderamente en su discípulo(a). Recuerda: Él es el mayor interesado en forjar esa bella, maravillosa, tierna y firme relación, llevándote de Su mano.

Uno: Si quieres escuchar la voz de Dios, desea ser sensible a ella y pídeselo a Él.

Dos: Cultiva la intimidad con el Padre, apartando tiempos de oración y ayuno.

Tres: Dispón tu corazón para escuchar y obedecer lo que Dios te hable.

Cuatro: Al orar pregunta a Dios de forma específica. Eso no le molesta, ¡te acerca!

Cinco: Lee su Palabra, obedécela y llévala a la práctica.

Seis: Anhela fervientemente los dones del Espíritu Santo, en especial el don de *palabra de sabiduría* y *palabra de ciencia o conocimiento*.

Siete: Escribe las ideas que recibes cuando estás orando a Dios, para luego preguntarle si provinieron de Él y confirmar lo que debes hacer al respecto.

Ocho: Gózate cuando te responda, dale gracias, alaba al Padre, glorifica a Dios, deja que tu corazón se llene con motivos de gratitud.

Todo lo que hemos expuesto sobre escuchar la voz de Dios es apenas el inicio de una aventura extraordinaria, el entrenamiento básico a partir del cual desarrollarás una capacidad espiritual de gran provecho para ti, tu matrimonio y tu familia. Como dijimos en la introducción, desarrollar esta sensibilidad espiritual te permitirá guiar a tu familia por ese camino de bendición que Dios desea para ustedes.

Insistimos en que tomar este curso solo(a), te beneficiará ti y a toda tu casa, pero si lo haces con tu pareja, será de doble bendición, pues cuando dos o más se ponen de acuerdo para orar, Jesús declara que «cualquier cosa que pidan les será hecha por el Padre Celestial» (véase Mateo 18:19). Y si lo hacen en Su nombre, alineados como uno solo para escuchar la voz de Dios, el Señor promete estar ahí, con ellos. ¿No es tremendo? Son muchos los testimonios de cónyuges que estuvieron orando por algo y cuentan cómo Dios le habló a uno de los dos y luego le confirmó al otro exactamente lo que había dicho. ¿Qué tesoro puede ser más valioso para la pareja, y qué legado más provechoso y bienaventurado para los hijos y sus generaciones?

Lección Veintiuno

VIVIENDO COMO REYES Y SACERDOTES EN EL REINO DE DIOS

... y nos has hecho para nuestro Dios reyes y sacerdotes, y reinaremos sobre la tierra (Apocalipsis 5:10).

Celebramos todo lo que has aprendido durante el desarrollo del curso acerca de cómo tener un matrimonio victorioso y una familia estable, triunfante y feliz. Has estado peleando la batalla, corriendo la carrera con paciencia y guardando la fe (véase 2 Timoteo 4:7). ¡Esa es la manera de prepararse para el glorioso encuentro con nuestro Señor Jesucristo!

Sabemos por experiencia, y esperamos con todo nuestro corazón, que todos los principios basados en las Sagradas Escrituras que te hemos enseñado durante el estudio de estas veintiún lecciones sean de gran provecho para ti y para tu familia. Le pedimos a Dios que te siga guiando con su Santo Espíritu para que en todo momento, lugar y circunstancia seas un hacedor de Su Palabra, sigas disfrutando de las victorias que ya has alcanzado, y puedas ver la victoria en aquellas situaciones que aún se encuentren en proceso.

Más importante que el mismo hecho de haber llegado a este punto, es ser consciente de que te aguarda un premio glorioso y trascendente, un galardón por seguir a Jesús y por obedecer su Palabra. ¡Has sido constituido, de conformidad con la Escritura, en rey y sacerdote! Ahora debes prestar atención a esa nueva dignidad que has recibido, ¿cómo se vive y se ejerce? Lamentablemente muchos solo reciben el premio, pero no actúan de forma coherente con dicho honor; siguen viviendo como mendigos siendo reyes, como espectadores, siendo sacerdotes.

Para vivir tu rol como rey y sacerdote (tu nueva posición en Cristo Jesús), debes *pensar* como rey y sacerdote, y ejercer tal dignidad.

Antes de entrar en este precioso final de nuestra travesía, y para comprender mejor las asombrosas revelaciones que vienen, debemos recorrer una vez más las Sagradas Escrituras, y revisar el propósito que llevó a Dios a crear a la humanidad desde el principio. A

153

partir de ahí, podremos identificar la necesidad de recuperar hoy esa posición privilegiada en nuestras vidas.

Si examinamos de cerca los tiempos en que aparece clasificada la existencia del ser humano en las Sagradas Escrituras encontraremos tres grandes apartes. **Primero**: En los dos primeros capítulos de Génesis nuestros primeros padres, Adán y Eva, disfrutan de la plenitud del propósito de Dios para con el hombre. Reina la armonía mientras se cumple el deseo de Dios para el ser humano de señorear y sojuzgar sobre la creación: *misión original dada por Dios*. **Segundo:** La desobediencia y sus consecuencias, en el capítulo tres. Y **tercero:** El plan de redención, que comprende dos partes; la primera desde el capítulo cuarto hasta la venida de Juan el Bautista, quien anuncia la llegada de Jesús, el Rey restaurador; la segunda parte, desde la venida de Jesús, hasta Apocalipsis, en la que se nos explica cómo retomar el reino. Veámoslo en detalle:

LA MISIÓN ORIGINAL, LA CAÍDA Y LA RESTAURACIÓN

1. La misión original del ser humano: «Sojuzgar y señorear»

El Plan original de Dios fue: «Hagamos al hombre a nuestra imagen, conforme a nuestra semejanza». Y señoree sobre los peces, las aves, las bestias, en toda la tierra, y en todo animal que se arrastra sobre la tierra. Veamos:

> *Entonces dijo Dios: Hagamos al hombre a nuestra imagen, conforme a nuestra semejanza; y señoree en los peces del mar, en las aves de los cielos, en las bestias, en toda la tierra, y en todo animal que se arrastra sobre la tierra* (Génesis 1:26).

Una vez creados el hombre y la mujer, Dios, en cumplimiento de Su plan y según el propósito con que decidió crearlos, los bendice, les da la orden de multiplicarse, llenar la tierra, sojuzgarla y señorear sobre ella. Quiere decir que les dio autoridad como reyes sobre la creación.

> *Y creó Dios al hombre a su imagen, a imagen de Dios lo creó; varón y hembra los creó. Y los bendijo Dios, y les dijo: Fructificad y multiplicaos; llenad la tierra, y* **sojuzgadla, y señoread** *en los peces del mar, en las aves de los cielos, y en todas las bestias que se mueven sobre la tierra* (Génesis 1:27-28, énfasis de los autores).

Dios creó al hombre para ejercer dominio y señorío, sobre la tierra, sobre todos los peces, las aves, las bestias, y sobre todo animal que se arrastra sobre la tierra, incluida la serpiente antigua, «el diablo y Satanás», como le llama la Biblia (véase Apocalipsis 12:9), quien más tarde se levantó contra ellos.

Tu cónyuge y tú fueron creados para sojuzgar, para señorear sobre la creación de Dios. La adoración al Señor es una expresión de gratitud y reconocimiento al que nos amó primero (véase 1 Juan 4:19).

2. *La caída del reino*

A partir del capítulo tres de Génesis, como hemos estudiado en lecciones anteriores, la serpiente antigua introdujo dudas y objeciones en el corazón de Eva, y lo logró.

Una vez Adán y Eva admitieron los cuestionamientos del diablo (asumiendo que Dios les mentía), optaron por hacerle caso a Satanás y desobedecer a Dios. En la práctica entregaron el reino, trayendo como consecuencia la maldición para ellos, su descendencia y toda la tierra.

A partir de ese momento, el ser humano perdió la autoridad del reino de los cielos sobre la tierra que, debido al comportamiento de Adán y Eva, queda en manos de Satanás. Por eso el diablo la ofrece a Jesús cuando lo tienta en el desierto: «Todo esto te daré si postrado me adorares» (véase Lucas 4:6-7). Pero Jesús (la simiente de la mujer que se nos prometió desde Génesis 3:15 para obtener la victoria final sobre el enemigo), no cede ante la tentación del diablo, pues sabe que el deseo del Padre para el hombre es rescatar lo que se había perdido, redimir la especie humana.

El Todopoderoso nunca dio a Adán y a Eva una religión. Les dio un reino. Ellos perdieron lo que Dios les había dado: el dominio. Perdieron el reino de los cielos en la tierra. Si quieres dimensionar lo que el hombre perdió, revisa lo que Jesucristo vino a traernos (véase Lucas 4:18-19); lo que restableció para nosotros, por medio de su muerte por nosotros en la cruz del Calvario (véase Colosenses 2:8-15); y la restitución a la que esa sangre derramada nos da derecho como hijos de Dios (véase Hebreos 4 y Efesios 2:8, entre otros).

3. *El plan de redención: Un rey, un reino y una familia real*

Desde el capítulo cuatro de Génesis y hasta Apocalipsis, encontramos la revelación de Dios para reencaminarnos en Su propósito, descrito en los capítulos uno y dos.

Estamos acostumbrados a escuchar la frase: «Miremos al futuro que tenemos por delante». Pero a la luz de estos primeros capítulos del Génesis, nuestro futuro está detrás de nosotros. Dios quiere restaurarnos, lo cual implica restablecer las bendiciones que teníamos en el principio. En Su plan de salvación, Dios enfatiza continuamente los mensajes «regresen a mí», «vengan a mí», «retornen a mí» y «yo los redimiré». Ese llamado insistente busca retornarnos a la posición que Dios nos otorgó originalmente y que disfrutábamos antes de ceder a Satanás la autoridad que nos había sido dada.

Si quieres saber cuál es el propósito de Dios para tu vida, para tu matrimonio, cómo encontrar la plenitud y conocer lo que Dios te quiere dar, prepárate, porque todo empieza con lo que perdiste y Jesús recuperó. Y no solo lo recuperó: quiere que empieces a disfrutarlo hoy.

4. *Las profecías anuncian la restauración del reino*

Desde un comienzo, Dios le dijo a Satanás que la simiente de la mujer le aplastaría la cabeza, pero solo a partir de Moisés el Espíritu Santo comenzó a profetizar que vendría un Salvador, un Restaurador, un Rey que reinaría para siempre.

> *Profeta de en medio de ti, de tus hermanos, como yo, te levantará Jehová tu Dios; a él oiréis…* (Deuteronomio 18:15).

> *Por tanto, el Señor mismo os dará señal: He aquí que la virgen concebirá, y dará a luz un hijo, y llamará su nombre Emanuel* (Isaías 7:14).

> *Porque un niño nos es nacido, hijo nos es dado, y el principado sobre su hombro; y se llamará su nombre Admirable, Consejero, Dios Fuerte, Padre Eterno, Príncipe de Paz. **Lo dilatado de su imperio y la paz no tendrán límite**, sobre el trono de David y sobre su reino, disponiéndolo y confirmándolo en juicio y en justicia desde ahora y para siempre. El celo de Jehová de los ejércitos hará esto* (Isaías 9:6-7, énfasis de los autores).

Daniel recibió una visión del Mesías, de lo que iba a suceder con Él y lo que haría. Declara que «el reino, y el dominio y la majestad de los reinos debajo del cielo, se ha dado al pueblo de los santos del Altísimo, cuyo reino es reino eterno, y todos los dominios le servirán y obedecerán (véase Daniel 7:27).

El mismo Espíritu Santo declara más tarde por boca de Pedro que «somos linaje escogido, real sacerdocio», y nos dice para qué lo somos:

> *Mas vosotros **sois linaje escogido, real sacerdocio**, nación santa, pueblo adquirido por Dios, para que anunciéis las virtudes de aquel que os llamó de las tinieblas a su luz admirable…* (1 Pedro 2:9, énfasis de los autores).

Por eso, la próxima vez que vengan a tu mente pensamientos de derrota, de incapacidad, de enfermedad, de inferioridad ante las obras del diablo, recuerda: **Soy linaje real**. Habla, piensa y actúa como hijo del Rey de reyes, Señor de señores. Recuérdate siempre: «Soy real sacerdocio, linaje escogido por mi padre Dios».

5. Nacimiento del Rey y Restaurador: Jesucristo

Jesucristo es el restaurador que el Padre prometió por medio de los profetas, el que nacería de una virgen por obra y gracia del Espíritu Santo, el Emanuel, la vara del tronco de Isaí (véase Isaías 11:1-5).

> *Y repentinamente apareció con el ángel una multitud de las huestes celestiales, que alababan a Dios, y decían: ¡Gloria a Dios en las alturas, y en la tierra paz, buena voluntad para con los hombres!* (Lucas 2:13-14).

> *Todo esto aconteció para que se cumpliese lo dicho por el Señor por medio del profeta, cuando dijo:* **He aquí, una virgen concebirá y dará a luz un hijo, Y llamarás su nombre Emanuel, que traducido es: Dios con nosotros** (Mateo 1:22-23, énfasis de los autores).

Jesús nunca se refirió a sí mismo como sacerdote o profeta. Únicamente utilizó la expresión Hijo del Hombre para mostrar su absoluta identificación con los dolores y las necesidades del género humano, que comprende y compartió desde su mismo nacimiento, hasta su muerte en la cruz. Jesús demostró que no hay otro como Él. Solo Jesucristo es completamente Dios y completamente hombre. Por lo demás, Jesús tampoco negó ser el Hijo de Dios y Rey sobre todos los reyes. De hecho, el consejo del sanedrín —aunque se negó a admitirlo— no tenía autoridad para juzgarlo. Él era la mismísima autoridad, y desde el comienzo de su ministerio declaró que las profecías sobre el restablecimiento del hombre en el Reino de Dios se cumplían en Él:

> *...Hoy se ha cumplido esta Escritura delante de vosotros* (Lucas 4:21).

6. Jesucristo reconquistó el reino

> *Porque el Hijo del Hombre ha venido para salvar lo que se había perdido* (Mateo 18:11).

Tras ayunar por cuarenta días, luego de vencer las tentaciones del diablo, Jesús regresa del desierto lleno del poder del Espíritu Santo y comienza su ministerio. Su primera declaración llama a los hombres al arrepentimiento, y explica la razón:

> *Desde entonces comenzó Jesús a predicar, y a decir: Arrepentíos, porque* **el reino de los cielos se ha acercado** (Mateo 4:17, énfasis de los autores).

> *Y recorrió Jesús toda Galilea, enseñando en las sinagogas de ellos, y* **predicando el evangelio del reino,** *y sanando toda enfermedad y toda dolencia en el pueblo* (Mateo 4:23, énfasis de los autores).

*Pero si yo por el Espíritu de Dios echo fuera los demonios, **ciertamente ha llegado a vosotros el reino de Dios*** (Mateo 12:28, énfasis de los autores).

*La ley y los profetas eran hasta Juan; **desde entonces el reino de Dios es anunciado**, y todos se esfuerzan por entrar en él* (Lucas 16:16, énfasis de los autores).

Porque ya conocéis la gracia de nuestro Señor Jesucristo, que por amor a vosotros se hizo pobre, siendo rico, para que vosotros con su pobreza fueseis enriquecidos (2 Corintios 8:9).

*Preguntado por los fariseos, cuándo había de venir el reino de Dios, les respondió y dijo: El reino de Dios no vendrá con advertencia, ni dirán: Helo aquí, o helo allí; porque he aquí **el reino de Dios está entre vosotros*** (Lucas 17:20-21, énfasis de los autores).

*Entonces, acercándose los discípulos, le dijeron: ¿Por qué les hablas por parábolas? Él respondiendo, les dijo: **Porque a vosotros os es dado saber los misterios del reino de los cielos;** mas a ellos no les es dado. Porque a cualquiera que tiene, se le dará, y tendrá más; pero al que no tiene, aun lo que tiene le será quitado. Por eso les hablo por parábolas: porque viendo no ven, y oyendo no oyen, ni entienden. De manera que se cumple en ellos la profecía de Isaías, que dijo: De oído oiréis, y no entenderéis; y viendo veréis, y no percibiréis. Porque el corazón de este pueblo se ha engrosado, y con los oídos oyen pesadamente, y han cerrado sus ojos; para que no vean con los ojos, y oigan con los oídos, y con el corazón entiendan, y se conviertan, y yo los sane. Pero bienaventurados vuestros ojos, porque ven; y vuestros oídos, porque oyen. Porque de cierto os digo, que muchos profetas y justos desearon ver lo que veis, y no lo vieron; y oír lo que oís, y no lo oyeron* (Mateo 13:10-17, énfasis de los autores).

7. Jesucristo nos entrega el reino y nos da las llaves para entrar en él

Finalmente, Jesucristo, tras reconquistar el reino, nos lo entrega a los creyentes y nos da las llaves para entrar en él. Cuando Pedro creyó y confesó que Jesús es el Cristo, el Hijo de Dios, el Señor le entregó las llaves. El reino de los cielos es solo para los creyentes.

Y yo también te digo, que tú eres Pedro, y sobre esta roca edificaré mi iglesia; y las puertas del Hades no prevalecerán contra ella. Y a ti te daré las llaves del reino de los cielos; y todo lo que atares en la tierra será atado en los cielos; y todo lo que desatares en la tierra será desatado en los cielos (Mateo 16:18-19).

Sanad enfermos, limpiad leprosos, resucitad muertos, echad fuera demonios; de gracia recibisteis, dad de gracia (Mateo 10:8).

He aquí os doy potestad de hollar serpientes y escorpiones, y sobre toda fuerza del enemigo, y nada os dañará (Lucas 10:19).

Y les dijo: Id por todo el mundo y predicad el evangelio a toda criatura. El que creyere y fuere bautizado, será salvo; mas el que no creyere, será condenado. Y estas señales seguirán a los que creen: En mi nombre echarán fuera demonios; hablarán nuevas lenguas; tomarán en las manos serpientes, y si bebieren cosa mortífera, no les hará daño; sobre los enfermos pondrán sus manos, y sanarán (Marcos 16:15-18).

El Señor nos da autoridad para echar fuera demonios, para sanar enfermos y resucitar muertos. Y no solo eso, sino que también nos da poder para reprender el viento, el mar, la tempestad, las enfermedades, multiplicar el pan y los peces, dar vino nuevo, hacer incluso lo que hicieron sus antecesores, los cuales apenas eran sombra y figura del que había de venir. Como Moisés, quien separó el Mar Rojo, y Josué, quien impartió órdenes al sol y la luna y recibió su obediencia. O como lo hicieron Samuel, David, Daniel, Elías, Eliseo y otros siervos de Dios. Eso y muchas cosas más. Veamos:

De cierto, de cierto os digo: El que en mí cree, las obras que yo hago, él las hará también; y aun mayores hará, porque yo voy al Padre (Juan 14:12).

8. Con Jesús termina «el reino de la injusticia»

Cuando Jesús expiró en la cruz, todo parecía indicar que el imperio de la maldad y la injusticia del ser humano, bajo el influjo de Satanás, había ganado la batalla definitiva. Ese al que llamaban el amigo de los borrachos, de las prostitutas, de las viudas, de los huérfanos y desamparados, de los que no conseguían pescar, de los hambrientos, de los enlutados, de los enfermos, de los que estuvieron endemoniados, el que solo hizo el bien por donde iba, ese mismo Jesús, había sido crucificado. Por pura envidia, por celos, por egoísmo. Y lo más grave: por la rebeldía de sus «jueces» contra Dios.

Pero, ¡gloria a Dios!, no todo terminó ahí. Por el contrario, era apenas el comienzo. Después de su muerte, Jesús resucitó. Y para que no quedaran dudas de Su victoria, se manifestó. Primero a María Magdalena, quien como nosotros estaba llorando porque sintió que le habían quitado lo más real y valioso que conoció en su vida. ¡Qué lejos estaba de pensar que lo mejor apenas empezaba! Cuando Jesús, ya resucitado, se manifestó a ella, su vida fue transformada. Luego se manifestó a sus discípulos, entre ellos a Tomás, cuya incredulidad debía desaparecer a fin de afirmarse en Cristo por la fe, así como el poder de su ministerio cuando anunciara el Reino por todas partes.

> *Cuando ya iba amaneciendo, se presentó Jesús en la playa; mas los discípulos no sabían que era Jesús. Y les dijo: Hijitos, ¿tenéis algo de comer? Le respondieron: No. Él les dijo: Echad la red a la derecha de la barca, y hallaréis. Entonces la echaron, y ya no la podían sacar, por la gran cantidad de peces. […] Subió Simón Pedro, y sacó la red a tierra, llena de grandes peces, ciento cincuenta y tres; y aun siendo tantos, la red no se rompió (Juan 21:4-11).*

Quería dejarles la certeza de Su victoria, Su poder y la autoridad del Reino que pasaban a heredar. Hasta ese momento los discípulos eran testigos de la resurrección de Jesús, pero continuaban saliendo a pescar y encontrar el sentido de su existencia. Incluso allí los alcanzó la gracia y la misericordia de Jesús. Después, el Señor asciende victorioso al cielo, llega a la presencia del Padre, toma Su lugar y nos envía el Espíritu Santo, el sello divino de Su obra en nosotros:

> *En él también vosotros, habiendo oído la palabra de verdad, el evangelio de vuestra salvación, y habiendo creído en él, fuisteis sellados con el Espíritu Santo de la promesa… (Efesios 1:13).*

Con la venida del Espíritu Santo los discípulos fueron transformados en hombres y mujeres distintos, y salieron a predicar con denuedo la resurrección de Jesús, asegurando así que la buena noticia llegara hasta nosotros. ¡Gloria a Ti, Señor!

9. *La serpiente antigua, Satanás, fue vencido*

Por medio de Moisés, Dios detuvo las injusticias del faraón y los egipcios contra los hebreos, y con Jesús revocó las de Satanás y sus demonios contra el hombre.

> *He aquí que vienen días, dice Jehová, en que levantaré a David renuevo justo, y reinará como Rey, el cual será dichoso, y hará juicio y justicia en la tierra (Jeremías 23:5).*

> *Ahora es el juicio de este mundo; **ahora el príncipe de este mundo será echado fuera** (Juan 12:31, énfasis de los autores).*

> *Pero yo os digo la verdad: Os conviene que yo me vaya; porque si no me fuera, el Consolador no vendría a vosotros; mas si me fuere, os lo enviaré. Y cuando él venga, convencerá al mundo de pecado, de justicia*

*y de juicio. De pecado, por cuanto no creen en mí; de justicia, por cuanto voy al Padre, y no me veréis más; y de juicio, por cuanto **el príncipe de este mundo ha sido ya juzgado*** (Juan 16:7-11, énfasis de los autores).

Y a vosotros, estando muertos en pecados y en la incircuncisión de vuestra carne, os dio vida juntamente con él, perdonándoos todos los pecados, anulando el acta de los decretos que había contra nosotros, que nos era contraria, quitándola de en medio y clavándola en la cruz, y despojando a los principados y a las potestades, los exhibió públicamente, triunfando sobre ellos en la cruz (Colosenses 2:13-15).

La orden ya ha sido dada, el decreto celestial fue expedido y está vigente, solo que muchos no se acogen a él, pero nosotros somos de los que hemos abrazado Su gracia.

¡Salvación y justicia para los cautivos, los oprimidos, los ciegos, los mudos, los cojos, los jorobados, los lisiados, los paralíticos, los que padecen diversas enfermedades a quienes la medicina no ha podido curar! ¡Salvación y justicia para la viuda, el huérfano, el rechazado, la madre soltera, las víctimas de la violencia, los desprotegidos y los olvidados de este mundo! En realidad, todos lo necesitamos. ¡Salvación y justicia por su gran amor para con nosotros! (véase Juan 3:16). Dios mismo tomó nuestro caso, y Su Hijo lo ganó.

¿Y acaso Dios no hará justicia a sus escogidos, que claman a él día y noche? ¿Se tardará en responderles? (Lucas 18:7).

Finalizado este conmovedor recorrido a través del propósito original de nuestro Padre para el ser humano, de Su plan y Su Victoria tras recuperar lo que se había perdido por medio de nuestro Señor y Salvador, podemos comprender con más claridad por qué el mensaje central de Jesucristo y sus discípulos fue el reino de Dios.

EL MENSAJE CENTRAL DE JESUCRISTO: EL REINO DE DIOS

Como hemos visto, Jesucristo no trajo una religión, Él trajo un reino, el mensaje central de Jesucristo fue acerca del reino de Dios.

El reino de Dios lo menciona la Biblia cerca de 150 veces. Veamos algunos versículos clave:

Después que Juan fue encarcelado, Jesús vino a Galilea predicando el evangelio del reino de Dios, diciendo: El tiempo se ha cumplido, y el reino de Dios se ha acercado; arrepentíos, y creed en el evangelio (Marcos 1:14-15).

Mas adelante, Jesús explica el propósito por el cual fue enviado:

Pero él les dijo: Es necesario que también a otras ciudades anuncie el evangelio del reino de Dios; porque para esto he sido enviado (Lucas 4:43).

En otro pasaje, Jesús dice que buscar el reino de Dios debe ser la prioridad del ser humano, el enfoque número uno en nuestra vida:

Mas buscad primeramente el reino de Dios y su justicia, y todas estas cosas os serán añadidas (Mateo 6:33).

En el *padrenuestro*, el Señor menciona dos veces el reino de Dios. Y en general, los cuatro evangelios están llenos de enseñanzas y parábolas acerca del reino de Dios. Y hay algo muy importante para tener en cuenta, y es que Jesucristo, después de su muerte y resurrección, pasó alrededor de seis semanas con sus discípulos; durante ese tiempo se dedicó a instruirlos y reafirmarles las enseñanzas del reino de Dios.

...a quienes también, después de haber padecido, se presentó vivo con muchas pruebas indubitables, apareciéndoseles durante cuarenta días y hablándoles acerca del reino de Dios (Hechos 1:3).

Y después de la partida del Señor, los discípulos tomaron muy en serio el tema del reino de Dios. Veamos los siguientes versículos:

Y entrando Pablo en la sinagoga, habló con denuedo por espacio de tres meses, discutiendo y persuadiendo acerca del reino de Dios (Hechos 19:8).

Y ahora, he aquí, yo sé que ninguno de todos vosotros, entre quienes he pasado predicando el reino de Dios, verá más mi rostro (Hechos 20:25).

Y Pablo permaneció dos años enteros en una casa alquilada, y recibía a todos los que a él venían, predicando el reino de Dios y enseñando acerca del Señor Jesucristo, abiertamente y sin impedimento (Hechos 28:30-31).

CARACTERÍSTICAS DEL REINO DE DIOS

Dios es soberano, reina sobre toda Su Creación, sobre todos Sus seres celestiales: los ángeles, arcángeles y serafines (véase Lucas 11:2), y los terrenales, derramando su gracia a través de los hombres y mujeres que le adoran y sirven. También interactúa con los seres humanos en forma directa y continua (véase 1 Reyes 22:19 y Nehemías 9:6).

El reino de los cielos es justicia, paz, gozo y poder

Antes de que Jesús viniera y nos enseñara, no sabíamos mucho sobre el reino de Dios, pero ahora somos testigos de lo que el Señor ha dicho, confirmándolo por el Espíritu.

> *...porque **el reino de Dios no es comida ni bebida, sino justicia, paz y gozo** en el Espíritu Santo* (Romanos 14:17, énfasis de los autores).

> *Porque el reino de Dios **no consiste en palabras, sino en poder*** (1 Corintios 4:20, énfasis de los autores).

Podemos concluir entonces que **el Reino de Dios no es un lugar geográfico, ni comida, ni bebida, es una manera de ser, vivir, pensar, y actuar. El Reino de los cielos está** *dentro* **de ti** (recordar Lucas 17:21).

> *...para que busquen a Dios, si en alguna manera, palpando, puedan hallarle, aunque ciertamente no está lejos de cada uno de nosotros. Porque en él vivimos, y nos movemos, y somos; como algunos de vuestros propios poetas también han dicho: Porque linaje suyo somos* (Hechos 17:27-28).

El reino de Dios es desde ahora y por los siglos

Jesús habla del reino de Dios en tiempo presente, no en futuro. Vamos a las Escrituras:

> *Viéndolo Jesús, se indignó, y les dijo: Dejad a los niños venir a mí, y no se lo impidáis; **porque de los tales es el reino de Dios**. De cierto os digo, que **el que no reciba el reino de Dios** como un niño, no entrará en él* (Marcos 10:14-15, énfasis de los autores).

> *Mas ¡ay de vosotros, escribas y fariseos, hipócritas! porque cerráis el reino de los cielos delante de los hombres; pues ni entráis vosotros, ni dejáis entrar a los que están entrando* (Mateo 23:13).

> *Os digo que entre los nacidos de mujeres, no hay mayor profeta que Juan el Bautista; pero **el más pequeño en el reino de Dios** es mayor que él* (Lucas 7:28, énfasis de los autores).

> *Jesús entonces, viendo que había respondido sabiamente, le dijo: **No estás lejos del reino de Dios**. Y ya ninguno osaba preguntarle* (Marcos 12:34, énfasis de los autores).

*También les dijo: De cierto os digo que hay **algunos de los que están aquí, que no gustarán la muerte hasta que hayan visto el reino de Dios** venido con poder* (Marcos 9:1, énfasis de los autores).

Los apóstoles también hablaban en presente acerca del reino de Dios:

…y Jesús, llamado Justo; que son los únicos de la circuncisión que me ayudan en el reino de Dios, y han sido para mí un consuelo (Colosenses 4:11).

Definitivamente la instrucción del Señor en el sentido de recibir el reino de Dios y predicarlo no es para disfrutarlo solo después de la muerte, luego del arrebatamiento y la resurrección de los muertos (véase 1 Corintios 15:51-52), a partir de lo cual, lo disfrutaremos a plenitud. Quienes hemos creído en Jesucristo, sin embargo, podemos comenzar a ver el reino de Dios venido con poder **¡desde ahora y para siempre!**

El reinado es en la tierra y desde antes de la segunda venida del Señor

Insistimos: el honor que han recibido los creyentes de ser reyes y sacerdotes no es solo para una dispensación futura. Si has aceptado a Jesús como tu Señor y Salvador, ese reinado comienza ahora mismo. La palabra de Dios es muy clara en afirmar que nuestra dignidad como reyes y sacerdotes se ejerce en esta tierra, y comienza a anunciarse para testimonio antes que venga el fin.

*…**y nos has hecho para nuestro Dios reyes y sacerdotes, y reinaremos sobre la tierra*** (Apocalipsis 5:10, énfasis de los autores).

Y estas buenas noticias del reino se anunciarán en todo el mundo para testimonio a todas las naciones, y luego vendrá el fin (Mateo 24:14 PDT, énfasis de los autores).

El reino lo recibimos por gracia

Mas a todos los que le recibieron, a los que creen en su nombre, les dio potestad de ser hechos hijos de Dios… (Juan 1:12).

*Porque **por gracia sois salvos por medio de la fe; y esto no de vosotros, pues es don de Dios**; no por obras, para que nadie se gloríe* (Efesios 2:8-9, énfasis de los autores).

Y todo esto proviene de Dios, quien nos reconcilió consigo mismo por Cristo, y nos dio el ministerio de la reconciliación… (2 Corintios 5:18).

...y juntamente con él nos resucitó, y asimismo nos hizo sentar en los lugares celestiales con Cristo Jesús... (Efesios 2:6).

Algunos piensan que no merecen el favor de Dios para asumir su identidad de reyes y sacerdotes en el reino debido a que su obediencia es imperfecta, pero no es por nuestra obediencia que recibimos salvación, libre entrada al reino de Dios, y el haber sido constituidos reyes y sacerdotes, sino por la obediencia de Cristo. No es por nuestra sangre, es por la sangre de Cristo. No es por nuestra perfección, es por la perfección de Cristo.

Y pondré dentro de vosotros mi Espíritu, y haré que andéis en mis estatutos, y guardéis mis preceptos, y los pongáis por obra. Habitaréis en la tierra que di a vuestros padres, y vosotros me seréis por pueblo, y yo seré a vosotros por Dios (Ezequiel 36:27-28).

«Habitar en la tierra que Dios dio a nuestros padres» significaba que quienes vivieran en cautiverio a causa del opresor volverían a la tierra prometida. Pero para nosotros, «volver a habitar en la tierra de nuestros padres» significa volver a disfrutar de la armonía y las condiciones en que vivieron nuestros primeros padres, Adán y Eva antes de la desobediencia.

Antes creemos que por la gracia del Señor Jesús seremos salvos, *de igual modo que ellos* (Hechos 15:11, énfasis de los autores).

El que no escatimó ni a su propio Hijo, sino que lo entregó por todos nosotros, ¿cómo no nos dará también con él todas las cosas? (Romanos 8:32).

*Y **todo lo que pidiereis al Padre en mi nombre, lo haré**, para que el Padre sea glorificado en el Hijo* (Juan 14:13, énfasis de los autores).

Junto a mi esposa Yaneth hemos recibido de parte del Señor el bendito encargo de servir y ministrar a muchas parejas a través de la consejería. En ese proceso hemos descubierto que muchos maridos y esposas aún se sienten indignos de asumir su rol de sacerdotes y reyes debido a los pecados de su juventud. Si aún piensas eso, queremos decirte que ¡por la misma gracia por la cual tus pecados han sido perdonados (véase 1 Pedro 2:24), y has sido salvado (véase Efesios 2:8) también has sido constituido rey y sacerdote! (véase Apocalipsis 1:6).

Es necesario nacer de nuevo para ver el reino de Dios

Absolutamente toda la enseñanza acerca del reino de Dios se fundamenta en la necesidad de nacer de nuevo para poder tener parte en él.

> *Respondió Jesús y le dijo: De cierto, de cierto te digo, que **el que no**
> **naciere de nuevo**, no puede ver el reino de Dios* (Juan 3:3, énfasis de
> los autores).

ES TIEMPO DE QUE ASUMAS TU POSICIÓN COMO REY Y SACERDOTE

Como hemos visto desde el inicio de la lección, las funciones que corresponderían a un rey (y una reina) nos fueron delegadas desde el Edén cuando el Padre nos creó a Su imagen y semejanza, nos bendijo y nos ordenó señorear y sojuzgar. Pero a causa del pecado de nuestros primeros padres fuimos separados de ese privilegio e identificados con la maldición, el dolor, los espinos y cardos, debiendo sudar para poder comer (véase Génesis 3:17-19).

Pero el deseo del Creador siempre ha sido que seamos reyes y sacerdotes (esta última dignidad adquirió sentido y nos hizo consientes de la necesidad de ser santos después de la caída y de la salvación de nuestros pecados gracias a Jesús). Dios ya lo había expresado a Moisés, al referirse a lo que Él aspiraba del pueblo que había escogido para Sí, pero como bien sabemos, más adelante, el pueblo desobedeció, y también se lo perdió.

> *Y vosotros me seréis un reino de sacerdotes, y gente santa…* (Éxodo
> 19:6).

El deseo de Dios de que seamos reyes y sacerdotes es recuperado definitivamente por Jesucristo, quien, al morir en la cruz por nosotros, nos constituyó gratuitamente (por gracia) en esta dignidad. Hoy ya nadie nos puede despojar de ese privilegio, **salvo nosotros mismos.**

> *Y nos hizo reyes y sacerdotes para Dios, su Padre…* (Apocalipsis 1:6).

Como puedes ver, Quien te ha constituido sacerdote y rey te ha dado autoridad. Es el mismo Señor Jesucristo, quien en diferentes pasajes bíblicos nos da instrucciones claras luego de haber resucitado de los muertos, vencido la muerte, despojado a los principados y potestades exhibiéndolos públicamente y triunfado sobre ellos en la cruz, antes de ascender al cielo:

> *Y Jesús se acercó y les habló diciendo: Toda potestad me es dada en el*
> *cielo y en la tierra. Por tanto, id, y haced discípulos a todas las naciones,*
> *bautizándolos en el nombre del Padre, y del Hijo, y del Espíritu Santo;*
> *enseñándoles que guarden todas las cosas que os he mandado; y he*
> *aquí yo estoy con vosotros todos los días, hasta el fin del mundo. Amén*
> (Mateo 28:18-20).

Quienes no asumen y ejercen su autoridad como reyes y sacerdotes no han entendido su identidad como hijos de Dios. Jesucristo es el Rey de reyes (y nosotros esos reyes). Dios quiere que los creyentes asumamos nuestra identidad como reyes, que gobernemos.

Cuando asumes tu posición como rey y sacerdote estás agradando a Dios, Quien, por consiguiente, se complace en quitar todo yugo de esclavitud para respaldar la autoridad que ejerces en Su nombre. Lo que un rey dice se hace, su autoridad no se cuestiona (véase Job 22:28). Ahora bien, si el Rey de Reyes es un espíritu contigo y tú uno con Él, tienes la misma autoridad que el Rey. Si no habías pensado eso antes, es tiempo de empezar a hacerlo.

Hemos insistido en que Dios quiere que asumamos de nuevo esa dignidad, esa identidad de reyes y sacerdotes. Demos entonces un vistazo a estos dos conceptos: **Rey** en hebreo se escribe: *melek* y en griego: *basiléus.* Significa: soberano que tiene la autoridad suprema sobre una tribu o una nación. Generalmente, su mandato es de por vida y la sucesión es hereditaria.

Sacerdote en hebreo se escribe *kôhên* y en griego, *hieréus.* Significa: Persona debidamente consagrada para ministrar en cosas sagradas como mediador entre el hombre y Dios, y para ofrecer sacrificios por los pecados de los hombres.

Entre los grandes líderes del Antiguo Testamento que antecedieron a Jesús, encontramos que unos fueron reyes, otros sacerdotes. Moisés, por ejemplo, fue muy exitoso como sacerdote, sacó a Israel de Egipto y llegó a hablar cara a cara con Dios (véase Éxodo 33:11), pero no logró conquistar la tierra prometida. Josué ejerció más el papel de rey, y aunque en algunas oportunidades tuvo que buscar con denuedo la presencia de Dios como sacerdote —por ejemplo, al sufrir la derrota de Hai—(véase Josué 7:6-10), su comportamiento fue de rey. Josué conquistó la tierra prometida y distribuyó la tierra, pero no pudo convocar al pueblo a servir a Dios (que es labor de un sacerdote), aunque él sí lo hizo (véase Josué 24:15).

En la actualidad, después de la venida de Jesús, **los creyentes tenemos una doble responsabilidad, como sacerdotes podemos entrar confiadamente al trono de la gracia, y como reyes se nos ha delegado poder y autoridad para reinar y conquistar.**

Esta doble condición la debes entender y asumir: como hijo de Dios que eres, has sido constituido rey y sacerdote. Interiorizar **quién eres según lo que el Espíritu Santo dice en las Sagradas Escrituras,** te permite tener absolutamente clara tu **identidad.** ¿Te has preguntado cuál es tu identidad en Dios?

La Biblia dice que eres hijo de Dios (véase Juan 1:12); amigo de Dios (véase Juan 15:15); más que vencedor (véase Romanos 8:37); nación santa, linaje escogido, real sacerdocio, pueblo adquirido por Dios (véase 1 Pedro 2:9); eres redimido por Dios (véase Efesios 1:7). Has sido comprado a precio de sangre de la esclavitud a la libertad (véase Gálatas 5:1); ya no eres extranjero, o advenedizo, sino conciudadano y miembro de la familia de Dios (véase Efesios 2:19-20). Embajador en nombre de Cristo (véase 2 Corintios 5:20). Finalmente somos **reyes y sacerdotes** (véase Apocalipsis 1:6).

La claridad sobre tu identidad te permite comprender tres verdades: **tus funciones, el propósito que Dios tiene para ti, y lo valioso(a) que eres para el Creador,** por cuanto Jesucristo pagó un altísimo precio por ti en la cruz.

Muchos creyentes piensan que basta con obedecer a Dios y que en eso consiste todo, **pero hay mucho más**. ¡Gloria a Dios por todo el que se esfuerza para obedecerle, pues refleja de este modo que su salvación está asegurada! Pero es necesario entender que como **resultado** de la salvación vienen nuevos privilegios. Algunos lo llamarían *un nuevo escalafón*. La Biblia revela que se trata de un premio grandioso reservado por Dios para quienes le obedecen. El Señor quiere ponerte sobre mucho, y que disfrutes el gozo de la victoria. Recordemos lo que les dice el Señor a los siervos buenos (obedientes):

> *Y su señor le dijo: Bien, buen siervo y fiel; sobre poco has sido fiel,* ***sobre mucho te pondré****; entra en el gozo de tu señor* (Mateo 25:21, énfasis de los autores).

Dios desea que asumas tu nueva identidad, y te comportes como corresponde al galardón que Cristo ganó para ti al constituirte rey y sacerdote de Su reino.

En cierta oportunidad Jesús dijo que algunos de los que estaban con Él no verían la muerte hasta que no conocieran el reino de Dios venido con poder (véase Marcos 9:1). Esto debía cumplirse, porque eran palabras de Jesús, y todo lo dicho por Él tiene cumplimiento.

En efecto, ellos vieron el reino de Dios y vivieron la vida en abundancia de la que habló el Señor cuando aclaró a qué había venido a la tierra (véase Juan 10:10). Fueron testigos de la vida eterna de la que nos habla el Espíritu Santo (véase Juan 3:16), y la vida de milagros de la que nos habló Jesús (véase Juan 14:12). Esta es la misma vida a la que estamos llamados todos los creyentes al haber sido constituidos reyes y sacerdotes por Cristo. No nos cansamos de reiterarlo, porque **todos** debemos interiorizar esta verdad que la teología defectuosa de una religión muerta nunca supo explicarnos bien. ¡Pero gloria a Dios por el Espíritu Santo, que partiendo de la Palabra inspirada nos guía «a toda la verdad»! (véase Juan 16:13).

Cuando Pedro dijo al cojo de nacimiento: «En el nombre de Jesucristo de Nazaret, levántate y anda» (Hechos 3:6); o cuando le dijo a Tabita (quien estaba muerta) «levántate» y la niña se levantó (Hechos 9:40); o cuando veía a los enfermos sanar en el momento en que su sombra caía sobre alguno de ellos, ¡**estaba viendo el Reino de los cielos venido con poder!**

Posteriormente, cuando la nueva generación de convertidos veía los milagros que se hacían, de conformidad con lo que se narra en el libro de Hechos, estaban viendo el Reino de Dios venido con poder. **Y nosotros, los creyentes de la presente generación, también estamos aquí para ver el reino de Dios venido con poder, Jesucristo** nos ha nombrado y ascendido a esta dignidad, nos ha constituido **Sus reyes y sacerdotes.** Somos sacerdotes, podemos entrar confiadamente al trono de la gracia, podemos ministrar al Altísimo. Y somos reyes, tenemos autoridad en la palabra; todo lo que tú dices, será hecho. La Biblia declara que determinarás una cosa y te será firme (véase Job 22:28). Todo, absolutamente todo será hecho, porque no somos nosotros los que lo hacemos, es Él. ¡Bien dice la Biblia: «ya no vivo yo, Cristo vive en mí»! (véase Gálatas 2:20).

Ahora te pregunto: ¿Qué estás viendo, y viviendo? ¿Ves que los muertos resucitan, que los enfermos sanan y los demonios salen? ¿Que puedes caminar sobre el agua, reprender el viento y al mar? ¿Que eres capaz de hacer las mismas obras que Jesús hacía y aún más, al igual que quienes lo precedieron, como Abraham, Moisés, Josué, Samuel, Elías, Eliseo, Daniel y otros más? Si es así, ¡entonces estás viendo el reino de Dios, venido con poder!

Pero si lo que estás viviendo es enfermedad, muerte, dolor, derrota, tal vez lo que hay dentro de ti sea solo lo que el reino de las tinieblas quiere. Lo maravilloso es que el Señor dice (y me permito parafrasear Su promesa para quienes vivimos estos días): «¡Despierten, despierten, arrepiéntanse, he aquí el reino de los cielos se ha acercado! ¡Cambia tu manera de pensar, arrepiéntete, vive bajo las leyes del reino de los cielos que yo les he traído y entregado, entonces mi Padre y yo vendremos y haremos morada en ti para que puedas hacer las obras que yo hago!» (véase Mateo 4:17 y Juan 14:23) Esto dice el Señor a los que creen:

> *De cierto, de cierto os digo: El que en mí cree, las obras que yo hago,*
> *él las hará también; y aun mayores hará, porque yo voy al Padre (Juan*
> *14:12).*

¡Gloria a Dios por esto! El Señor nos está diciendo que **nosotros** podemos caminar sobre el agua, que **nosotros** podemos multiplicar el pan y el vino, echar fuera demonios, resucitar a los muertos, abrir el mar, parar el sol y la luna, ordenar que la lluvia descienda o se detenga, y así sucederá. Podemos hacer descender fuego del cielo, multiplicar los alimentos, conocer lo que hay en el corazón del hombre y vivir ejerciendo los dones del Espíritu Santo, como lo estudiamos en la lección dieciocho. ¡Imagina todo este poder y el favor de Dios obrando en favor de tu matrimonio y familia! Veremos como resultado familias y generaciones futuras bendecidas. ¡Bendito sea Dios!

¿QUÉ SUCEDE SI NO ASUMES TU CONDICIÓN DE REY Y SACERDOTE?

Hemos visto hasta aquí que el reino de los cielos es gozo, paz, justicia y poder, que Jesús nos abrió las puertas de este Reino y nos hizo Sus reyes y sacerdotes. Pero de nada nos servirá si no recibimos este honor, entrando a experimentarlo de manera vivencial, asumiendo la condición de reyes y sacerdotes a la que hemos sido promovidos.

Lamentablemente muchos no ejercen este privilegio, pero ahora que tus ojos han sido abiertos, puedes andar como quiere el Señor. ¡Que no nos suceda como al pueblo de Israel, que, teniendo en poco la tierra prometida, ¡la perdió! Viviendo en ella, no se daban cuenta de que *estaban* en ella. Actuaban como esclavos, porque pensaban como tales. No renovaron sus mentes ni aceptaron su nueva vida como administradores de la tierra de la promesa, por lo cual fallaron. Para que no nos pase lo mismo, como les sucedió a ellos, debes creerle a Jesús, partiendo del hecho que podemos hacer las obras que Él hacía y aún mayores (recordar Juan 14:12). La Biblia dice que **ya vino** la salvación, el poder, el reino y la autoridad de Jesucristo.

> *Entonces oí una gran voz en el cielo, que decía: Ahora ha venido la salvación, el poder, y el reino de nuestro Dios, y la autoridad de su Cristo; porque ha sido lanzado fuera el acusador de nuestros hermanos, el que los acusaba delante de nuestro Dios día y noche* (Apocalipsis 12:10, énfasis de los autores).

Ahora que tienes un entendimiento más amplio acerca del reino de los cielos y de tu identidad como rey y sacerdote, también es importante que seas consciente de los peligros a los que te expones cuando no asumes esta verdad maravillosa en tu vida, de modo que adoptes oportunamente las medidas necesarias para prevenir y evitar las consecuencias.

Pueden persistir las dificultades

Por lo general presentamos a Dios el listado de nuestras carencias, dificultades y fracasos, sin entender que, muchas de estas situaciones son el resultado de no ejercer nuestro papel como reyes y sacerdotes. Solo descubrimos cuántos de estos problemas pudimos evitarnos cuando reconocemos que nos hemos alejado de la comunión e interacción con Dios como sacerdotes y como reyes para resistir (pelear) contra Satanás y sus demonios (véase Santiago 4:7). La Biblia dice que, si permanecemos en Jesús y sus palabras permanecen en nosotros, podemos pedir todo lo que requiramos, y nos será concedido.

> *Si permanecéis en mí, y mis palabras permanecen en vosotros, pedid todo lo que queréis, y os será hecho* (Juan 15:7).

Las dificultades le vinieron a David, al reino y a sus generaciones cuando, siendo tiempo de guerra, no asumió su posición como rey para salir a pelear, liderar, dirigir y conquistar, sino que se quedó en Jerusalén (véase 2 Samuel 11:1).

Lo único que tenemos que hacer frente a las dificultades, es asumir nuestra posición como sacerdotes y reyes, dejarnos injertar nuevamente a Dios. Somos injertados por la sangre de Cristo, y una vez injertados, podemos adoptar y abrazar el propósito para el que fuimos diseñados y recuperamos gracias a Jesús: alabarlo, glorificarlo, exaltarlo; permanecer en Jesús y que Sus palabras permanezcan en nosotros. Cuando hacemos *esto*, entonces todo lo que pidamos nos será hecho.

*Mas buscad primeramente el reino de Dios y su justicia, y todas estas
cosas os serán añadidas* (Mateo 6:33).

No obstante, muchas personas lo que hacen es enojarse, alejarse, rebelarse, o levantarse contra Dios. Algunos reclaman, pero no entienden que sin Dios no pueden lograr nada, y que la única manera de tener *vida, vida eterna, vida en abundancia*, es ser y permanecer injertados al Señor, vengan las situaciones que vengan.

De aquí nace una expresión de rendición que debería salir en forma natural de nuestros labios y de nuestro corazón: «Señor, te voy a servir, te voy a amar, hagas o no hagas lo que te estoy pidiendo. Y aunque estoy derribado, cansado, atribulado, yo sé que Tú me sacarás avante, en Ti confío. Descanso en Ti». Dile: «Aun en mi crisis te alabo, en mi angustia te alabo, aun en la enfermedad te alabo, aun en tormento y dolor te alabo, aun en mi vergüenza te alabo, aun en mi destierro y mi soledad te alabo. Yo me reafirmo en Ti, creo en tus promesas, y mi razón de existir eres Tú. *Señor, sé que solo Tú eres fiel*».

Corres el riesgo de continuar en cautiverio u opresión

Quien no asume su autoridad como rey y sacerdote, podría correr el riesgo de continuar en cautiverio u opresión. Como vimos anteriormente, y en otras lecciones, a Satanás le interesa que los creyentes no sean conscientes de su identidad como hijos y de la autoridad que han recibido como tales, para continuar dominándolos y oprimiéndolos.

El diablo trastorna la personalidad mediante pensamientos. Te dice que eres diferente de lo que ha sido escrito de ti en el Libro de la Vida. Y cuando lo logra, puede hacer que veas tu entorno con otros ojos. Hasta logra hacer que llames bueno a lo malo y malo a lo bueno. Una vez consigue imponer sus pensamientos manipula a las personas. Por ejemplo, les dice que son adictas; la persona se lo cree y se mantiene adicta, cuando en realidad no fue eso lo que el Creador escribió sobre ella en su Libro (véase salmos 139). Te dice que no puedes prosperar y te mantiene preso en ese esquema mental. O te dice que el ejercicio de tu rol como rey y sacerdote es para después de la segunda venida del Señor, como algunos neófitos afirman.

Nuestro enemigo no quiere que sepamos sobre esta autoridad. Por ejemplo, cuando Jesús estaba hablando sobre su muerte y la necesidad de ir a la cruz para vencer al diablo y retomar el reino, Satanás usó a Pedro para que lo reconviniera (véase Mateo 16:23), a fin de mantener cautiva a la humanidad. Si esto llegase a ocurrir en tu vida, sí llegas a sentir duda, temor, incertidumbre, estancamiento, oposición, te invitamos a reprender al diablo como hizo Jesús.

*Respondiendo Jesús, le dijo: Vete de mí, Satanás, porque escrito está: Al
Señor tu Dios adorarás, y a él sólo servirás* (Lucas 4:8).

FUNCIONES DE UN REY EN ESTOS TIEMPOS

Hemos explicado que Dios nos ha convertido en reyes, la importancia de actuar y ejercer este rol y qué pasa cuando no asumimos nuestra identidad. En esta parte final queremos ahondar en lo que significa ser rey (o reina) en los tiempos actuales, con un enfoque especial en cómo ejercer este rol dentro del matrimonio para el bien de la pareja, la familia y la descendencia.

Es importante precisar que después de la venida de nuestro Señor Jesucristo, según Apocalipsis 5:10, hemos sido hechos reyes y sacerdotes para Dios, para reinar **sobre la tierra**. Tal como venimos explicando, el reinado no es para *después* de la muerte, es para *ahora*.

¿Qué quiere decir esto? Que ya no es como en el Antiguo Testamento, donde el rey era escogido por pertenecer a una familia real. Tras el sacrificio de nuestro Señor, a todos los que recibimos y creemos en Jesús como nuestro Salvador y Redentor, nos convierte en reyes.

Todo rey tiene autoridad sobre un reino. En nuestro caso, corresponde al lugar y el área de influencia donde Dios nos ha colocado: en nuestra familia, nuestro trabajo, la iglesia y el sector de la sociedad en el que nos movemos y del que formamos parte.

Como rey, debes entender un principio básico: si fuiste nombrado en ese honroso cargo fue porque Dios te lo delegó. Por la misma razón no podrás ejercerlo en tus propias fuerzas, o en forma independiente de la guía de Dios.

Como rey, debes procurar ser un buen gobernante, principalmente en tu matrimonio y familia, administrando con sabiduría los bienes, recursos y dones que Dios te ha dado. Ciertamente eres rey, pero Jesús es el *Rey de reyes*, así que deberás responder como cualquier administrador sobre las responsabilidades que Dios te entrega.

Debes procurar impartir a tu hogar orden, dirección, visión. Eres quien fija las reglas, normas, principios. Quien proyecta a los que están bajo tu cargo. Aquí debemos hacer una precisión: si bien Dios estableció un orden en la familia, de modo que el varón sea la cabeza y la mujer su ayuda idónea, sabemos que, en no pocos casos, la figura del varón no está presente, porque este falleció o porque no valoró su lugar en el hogar, abandonándolo. En estos casos evidentemente la mujer pasa a ser, bajo la guía de Dios y sujeta al Altísimo, quien ejerce estas funciones, siendo equipada para ello de una forma extraordinaria y sobrenatural.

El rey en el hogar proyecta hacia dónde debe extenderse su matrimonio y familia, el lugar en el que puedan vivir en paz y con tranquilidad, el nivel de educación que desea dar a sus hijos, el legado y patrimonio que quiere dejar a las generaciones venideras.

También es el rey quien debe estar alerta ante las amenazas de los enemigos y decidir, de la mano de Dios y de Su Santo Espíritu, cómo va a enfrentar la situación, cómo marchará a la guerra (entendiendo que los enemigos a los que realmente nos enfrentamos no son carnales sino espirituales) y de qué manera va a usar las armas que Dios le ha dado para obtener la victoria. Como rey debes entender que tu aliado para ir al combate es tu cónyuge, si es que ambos están en el mismo nivel de crecimiento y devoción espiritual, y que el único aliado en el que ambos pueden confiar siempre es Dios. El gran YO SOY te va a enseñar a pelear para derrotar a tus enemigos y a cualquier enemigo que se levante contra tu matrimonio y familia.

Como rey debes tener dominio propio, evitando caer en la tentación para no atraer ataduras y maldiciones a tu familia como consecuencia del pecado; lo cual solo es posible cuando tienes una comunión constante con Dios, cuando dependes de Él siempre y te rindes completamente a Su voluntad y no a la tuya. Al proponerte no pecar, Dios va a pelear por ti y te va a ayudar a superar cualquier inclinación que haya intentado desviarte hacia un mal hábito o pecado oculto.

Todo rey se debe cuidar mucho de lo que decreta

Lo que un rey dice o decreta, *se hace*; su autoridad no es cuestionable (véase Job 22:28). Lamentablemente, en lugar de decretar para bien, muchos decretan para mal, como vimos en lecciones pasadas. Hoy día varias de las dificultades que enfrentan los creyentes no son más que el resultado de malos decretos contra su vida, contra su matrimonio, contra su cónyuge, contra su familia, contra sus finanzas, etc. Pero hoy es el día de pedir perdón a Dios por haber declarado mal. Si aún no lo has hecho, detente por un momento y levanta tu voz en oración anulando con tus propias palabras esos malos decretos. Por último, decreta para bien sobre cada área de tus responsabilidades como rey según lo aprendimos en la lección quince.

FUNCIONES DE UN SACERDOTE HOY

Pedro nos aclara un poco más este rol que recibimos quienes creemos en el Nombre de nuestro Señor y en el sacrificio que hizo para salvarnos.

> *Pero ustedes no son así porque son un pueblo elegido. **Son sacerdotes del Rey**, una nación santa, posesión exclusiva de Dios. Por eso pueden mostrar a otros la bondad de Dios, pues él los ha llamado a salir de la oscuridad y entrar en su luz maravillosa. «Antes no tenían identidad como pueblo, ahora son pueblo de Dios. Antes no recibieron misericordia, ahora han recibido la misericordia de Dios»* (1 Pedro 2:9-10 NTV, énfasis de los autores).

¿Qué quiere decir en la práctica esta maravillosa verdad bíblica? Que ahora, por recibir al Señor como tu Salvador, Dios te escoge como un sacerdote real para que anuncies Su mensaje. En el Antiguo Testamento los sacerdotes eran personas escogidas según su linaje para ser mediadores entre Dios y los hombres. Ofrecían los sacrificios a Dios y pedían perdón por el pueblo. Eran la voz de Dios para guiar al pueblo y a los reyes en la toma de decisiones. Sin embargo, tras la obra redentora de nuestro Salvador, todos los que le recibimos y aceptamos en el corazón, estamos llamados a ejercer este rol, primero en nuestro matrimonio y familia, y a partir de ahí, en el área de influencia donde nos movemos a diario.

Ser sacerdote **hoy** te convierte en el encargado de traer la Presencia de Dios a tu matrimonio e hijos. ¿Cómo lo puedes hacer? Enséñales la Palabra de Dios, enséñales a orar, sé el primero (la primera) dispuesto(a) a poner en práctica los principios bíblicos. Enseña a adorar, a alabar, a ser agradecidos con Dios. Ayuda a tu familia a enamorarse del Señor.

Ahora bien, no te aflijas si tu cónyuge no va a la par contigo porque cuando se casaron ninguno conocía a Dios, o te casaste en yugo desigual, o tus hijos alcanzaron una edad en la que su personalidad se ha definido y te rechazan sin comprender lo que haces. Nunca aceptes que «no hay nada que hacer en tu matrimonio y familia». Recuerda lo que aprendimos en la lección siete cuando queremos que nuestro cónyuge o familia cambien. **Paga el precio por ellos**, ora, intercede, reprende al enemigo, sométete a Dios, resiste las artimañas del diablo, y huirá de tu hogar. Hay muchas promesas de Dios a quienes le reciben en el sentido de que, ese (o esa) que cree primero, será la antorcha que guíe a los suyos a ser salvos (véase Hechos 16:31).

Como encargado(a) de traer la Presencia de Dios a casa, también debes hacer lo que nuestro Señor hizo en la tierra y te delegó, según Mateo 10:8: Sana a los que estén enfermos, resucita muertos, echa fuera demonios. Lo que recibiste por gracia, dalo por gracia.

Si alguien de tu casa está enfermo, no temas, pide a Dios que le sane, y recuerda que puede hacerlo a través de ti. Cuando las entidades demoníacas intenten engañar a tu familia, ejerce tu autoridad y échalas fuera en el nombre de Jesús, tal como dice Mateo 10:1, Marcos 6:7 y Mateo:10:19. Un sacerdote, al igual que un rey, debe permanecer alerta, dispuesto a salir a la guerra (espiritual) como intercesor que clama y responde ante Dios por su casa.

Como sacerdote también debes bendecir a tu familia: decretar, declarar y proclamar sobre tu casa lo que dicen las Sagradas Escrituras. Bendícelos al entrar, al salir, en la mañana, en la tarde, en la noche y durante el día. Aplica lo que has aprendido desde el inicio del curso teniendo cuidado con lo que afirmas de tu familia, porque esas palabras «ligeras» que a veces se dicen al cónyuge o a los hijos, como: «todo siempre te sale al revés» o «te va a ir mal si sigues así», pueden acabar determinando su futuro. **Usa tu boca para bendición, y si no vas a bendecir, mejor calla, y pide sabiduría a Dios antes de pronunciar una palabra.**

Finalmente, aunque apenas hemos explorado de manera muy básica las principales funciones sacerdotales que puedes ejercer en casa, tu comunión con Dios, la lectura de la Palabra y la guía del Espíritu Santo te van a enseñar cómo ser un sacerdote para tu matrimonio y tu hogar. De hecho, todos los principios que te hemos enseñado durante el curso, son recursos divinos para ayudarte a desempeñar ese «real sacerdocio» con excelencia. Así que no está de más repasar de vez en cuando lo aprendido. Tenemos plena confianza en que la lectura continua de la Palabra en actitud de oración te fortalecerá y guiará, a fin de que ejerzas las responsabilidades que te identifican ante los ojos de Dios como **rey** y **sacerdote**.

REYES Y SACERDOTES TODO EL TIEMPO

Finalicemos esta lección tomando unos segundos para reflexionar sobre lo aprendido. Ahora que tenemos la seguridad de haber sido constituidos reyes y sacerdotes, y que somos conscientes de que necesitamos asumir esa posición, surge una nueva pregunta: ¿Es posible **permanecer** en esa posición para ejercerla *todo el tiempo*?

La Biblia dice que, **si permanecemos en Él, podemos lograrlo**, pero que, si nos separamos de Él, no serviría de nada.

> *Permaneced en mí, y yo en vosotros. Como el pámpano no puede llevar fruto por sí mismo, si no permanece en la vid, así tampoco vosotros, si no permanecéis en mí.* **Yo soy la vid, vosotros los pámpanos; el que permanece en mí, y yo en él, este lleva mucho fruto; porque separados de mí nada podéis hacer.** *El que en mí no permanece, será echado fuera como pámpano, y se secará; y los recogen, y los echan en el fuego, y arden* (Juan 15:4-6, énfasis de los autores).

> *Sigan unidos a mí, como yo sigo unido a ustedes. Una rama no puede dar uvas de sí misma, si no está unida a la vid;* **de igual manera, ustedes no pueden dar fruto, si no permanecen unidos a mí.** *Yo soy la vid, y ustedes son las ramas. El que permanece unido a mí, y yo unido a él, da mucho fruto; pues sin mí no pueden ustedes hacer nada. El que no permanece unido a mí, será echado fuera y se secará como las ramas que se recogen y se queman en el fuego* (Juan 15:4-6 DHH, énfasis de los autores).

Pero, ¿cómo permanecemos?

El sacerdote, como explicamos anteriormente, era quien presentaba los sacrificios, y los sacrificios tenían como fin la adoración. Solamente podemos permanecer en Dios mediante la adoración. El ambiente donde Dios permanece es de adoración. Los peces viven en el agua, su ambiente es el agua. El medio ambiente de las aves son los aires, el de las fieras, la jungla, pero el medio ambiente donde habita Dios es un ambiente de adoración, de amor y misericordia. Cuando Dios se dejó ver de Moisés, al pasar, lo que el profeta vio fue un ambiente de adoración de alabanza, de exaltación. Veamos:

Y Jehová descendió en la nube, y estuvo allí con él, proclamando el nombre de Jehová. Y pasando Jehová por delante de él, proclamó: ¡Jehová! ¡Jehová! fuerte, misericordioso y piadoso; tardo para la ira, y grande en misericordia y verdad; que guarda misericordia a millares, que perdona la iniquidad, la rebelión y el pecado, y que de ningún modo tendrá por inocente al malvado; que visita la iniquidad de los padres sobre los hijos y sobre los hijos de los hijos, hasta la tercera y cuarta generación (Éxodo 34:5-7).

Jesús habló de este tema cuando contestó la pregunta que la samaritana le hizo respecto al lugar adecuado para adorar.

Vosotros adoráis lo que no sabéis; nosotros adoramos lo que sabemos; porque la salvación viene de los judíos. **Mas la hora viene, y ahora es, cuando los verdaderos adoradores dorarán al Padre en espíritu y en verdad**; *porque también el Padre tales adoradores busca que le adoren. Dios es Espíritu; y los que le adoran, en espíritu y en verdad es necesario que adoren* (Juan 4:22-24, énfasis de los autores).

Ahora ustedes adoran lo que no conocen; nosotros adoramos lo que conocemos, porque la salvación proviene de los judíos. **Pero se acerca la hora, y ha llegado ya, en que los verdaderos adoradores rendirán culto al Padre en espíritu y en verdad, porque así quiere el Padre que sean los que le adoren.** *Dios es espíritu, y quienes lo adoran deben hacerlo en espíritu y en verdad* (Juan 4:22-24 NVI, énfasis de los autores).

Ustedes no saben a quién adoran; pero nosotros sabemos a quién adoramos, pues la salvación viene de los judíos. Pero llega la hora, y es ahora mismo, cuando los que de veras adoran al Padre lo harán de un modo verdadero, conforme al Espíritu de Dios. Pues el Padre quiere que así lo hagan los que lo adoran. Dios es Espíritu, y los que lo adoran deben hacerlo de un modo verdadero, conforme al Espíritu de Dios (Juan 4:22-24 DHH).

Fuimos creados para coexistir con Dios

Coexistimos con el Padre mediante la adoración. El hombre en su ambiente natural no puede vivir la *vida abundante* o *vida eterna*, que nos da Jesús si no está conectado con Dios.

La vida sin Dios es espinos y cardos, es maldición, por eso la tierra fue maldita cuando el hombre desobedeció a Dios. Cuando el hombre pecó, se desprendió de Dios. Y, ¿qué pasa cuando una rama se desprende del tallo?: muere. De igual modo nosotros: ya no podríamos tener vida separados de la «Vid verdadera», ni *vida abundante*.

Sólo por la misericordia de Dios, en Cristo, fuimos injertados nuevamente a ese tallo. Una vez allí, volvimos al ambiente al que pertenecíamos originalmente, un ambiente de adoración y exaltación al Omnipotente, al Eterno, al Espíritu de toda carne y Padre de todos los espíritus. Al Dios de dioses, Señor de señores. La única forma en que el Espíritu Santo puede ministrar a nuestro espíritu es dentro de un ambiente de adoración. De la misma forma, la única manera en que puede pasar vida del tallo a las ramas, es que la rama permanezca pegada, unida a la vid.

Únicamente mediante la adoración nuestro espíritu se conecta con Dios. Y la adoración no solamente es alabanza. **Es obediencia, sometimiento, exaltación, gratitud.** Expresiones indescriptibles que salen de nuestro corazón y empiezan a emanar la necesidad de estar unidos a Él, al Creador, al Ser Supremo, la necesidad de ser *llenos de su Espíritu*.

Cuando lo adoramos las fibras de Su corazón son tocadas y Él desciende para derramar Sus promesas, Su amor, para verter vida, para destilar unción y bendición. Mientras le adoramos nuestro espíritu se vivifica, nuestros huesos cobran vida y se fortalecen. Todo a nuestro alrededor retoña, reverdece. Hoy, en el nombre de Jesús, vivimos para adorar a Dios.

> *Porque así dice Jehová: He aquí que yo extiendo sobre ella paz como un río, y la gloria de las naciones como torrente que se desborda; y mamaréis, y en los brazos seréis traídos, y sobre las rodillas seréis mimados* (Isaías 66:12).

La principal forma de adorar a Dios

Es oportuno destacar aquí que la obediencia es la forma más importante de adorar a Dios. La obediencia, según la Biblia, complace más a Dios, que los holocaustos y sacrificios (la manera como el pueblo expresaba la adoración a Dios en el Antiguo Testamento):

> *Y Samuel dijo: ¿Se complace Jehová tanto en los holocaustos y víctimas, como en que **se obedezca a las palabras de Jehová**? Ciertamente el **obedecer es mejor** que los sacrificios, y el **prestar atención** que la grosura de los carneros* (1 Samuel 15:22, énfasis de los autores).

Adorar a Dios es parte de nuestro ecosistema

La adoración a Dios es el aire del hábitat en que respira la comunidad de los hijos de Dios. Muchas personas pueden decir «Yo no adoro nada», pero examinando su vida de cerca comprobaremos que adoran a la novia(o), a los hijos, al esposo, algún deporte, las finanzas, las mascotas, ciertas amistades, el dinero, el sexo, el poder, las drogas, etc. Y como es de esperar, se les hace difícil vivir sin ellos.

Te invitamos hoy a dar a Dios el lugar que le corresponde, clamando al Espíritu que establezca Su trono en el propósito de nuestra vida, en nuestras casas, nuestras iglesias, en el centro de nuestro corazón, anhelos y proyectos. ¡Que Él llene cada rincón en el nombre de Jesús!

Cuando adoramos a Dios despejamos el camino para una interacción y comunicación sobrenatural, íntima y sublime con Él. Cuando le adoramos, Él escucha, desciende y se da a los Suyos. La adoración es la forma en que tenemos vida, y vida en abundancia.

La adoración: mucho más que música

La adoración a Dios es mucho más que entonar himnos y cánticos. Isaías lo expresa así:

> *Dice, pues, el Señor: Porque este pueblo se acerca a mí con su boca, y con sus labios me honra, pero su corazón está lejos de mí, y su temor de mí no es más que un mandamiento de hombres que les ha sido enseñado…* (Isaías 29:13).

¡Qué terrible es pretender que adoramos a Dios sin saber lo que estamos haciendo! Muchos lo hacen solo con sus labios. Cantan los mismos himnos que nosotros, pero ignoran que cantar solo es una de las formas de adorar a Dios. Que cuando cantan lo hacen *sin entendimiento.*

También se ha generalizado la creencia de que *adoración* es igual a *música,* y que si el ritmo es más rápido o movido entonces se trata de alabanza, pero si vuelve a calmarse y la melodía se torna más instrumental y conmovedora, entonces estamos adorando. Es un error. La alabanza es una forma de exaltación, de elevar una ofrenda a Dios por lo que *Él es* o por lo que ha hecho. Dios no demanda de nosotros acatar ciertas notas, aprender técnica vocal, o saber de música, porque entonces solo los músicos y los que cantan podrían hacerlo. Dios espera que le adores con el corazón, con tu mente, con todas tus fuerzas, con tu voz o con tu trabajo. Anhela que quienes realizan labores tan necesarias y poco reconocidas como limpiar la iglesia o acomodar las sillas lo adoren con su actitud, que cada uno de nosotros lo adore por medio de una comunicación recíproca y continua, permitiendo que cada función, cada sencilla actividad realizada con amor, suba como olor fragante delante de Él.

Que mientras recorres el camino para llegar a la iglesia, mientras te acuestas, te levantas o haces oficios diarios en tu casa, siempre estés pensando en Él, adorándole y exaltándole con tu mente, tu corazón y todas tus fuerzas.

No se trata solo de la adoración en la iglesia, sino en todo lo que hacemos. La adoración a Dios se vuelve una necesidad en nosotros. David lo dice:

> *Una cosa he demandado a Jehová, esta buscaré; que esté yo en la casa de Jehová todos los días de mi vida, para contemplar la hermosura de Jehová, y para inquirir en su templo (Salmos 27:4).*

Alabar a Dios con entendimiento

Cuando alabamos a Dios debemos comprender siempre lo que estamos diciendo, y decírselo de todo corazón. Con entendimiento y con todas nuestras fuerzas.

> *Porque Dios es el Rey de toda la tierra; cantad con inteligencia (Salmos 47:7).*

> *¿Qué, pues? Oraré con el espíritu, pero oraré también con el entendimiento; cantaré con el espíritu, pero cantaré también con el entendimiento (1 Corintios 14:15).*

Que todo lo que hacemos, lo que somos y aun lo que anhelamos, alabe a Dios.

> *Dios, Dios mío eres tú; de madrugada te buscaré; mi alma tiene sed de ti, mi carne te anhela, en tierra seca y árida donde no hay aguas, para ver tu poder y tu gloria, así como te he mirado en el santuario. Porque mejor es tu misericordia que la vida; mis labios te alabarán. Así te bendeciré en mi vida; en tu nombre alzaré mis manos (Salmos 63:1-4).*

Esta es la razón por la que existimos, que nuestra alma, nuestro corazón y nuestros pensamientos alaben a Dios. Eso es adoración, y el templo es solo uno de los lugares donde la practicamos, porque está en todo lo que hacemos.

> *Si, pues, coméis o bebéis, o hacéis otra cosa, hacedlo todo para la gloria de Dios (1 Corintios 10:31).*

ORACIÓN FINAL

Te invitamos a tomar la mano de tu pareja (y si es el caso, la de tus hijos) para unirnos en oración:

«Padre Celestial, te pedimos perdón por no haber ejercido el propósito para el cual fuimos creados (o haberlo hecho con descuido) y declaramos con fe que estamos dispuestos a hacerlo como tú esperas de nosotros.

Te damos gracias por crearnos, por haber tomado barro, por soplar en él dándonos vida y por habernos dado un reino al hacerlo. Agradecemos también con especial fervor por Tu fidelidad, por haber perdonado nuestras rebeliones y desobediencias, y por habernos restablecido, por medio de Tu santo Hijo Jesucristo, en el reino que habíamos perdido.

Aceptamos nuestra función como sacerdotes y reyes, y pedimos Tu guía, Espíritu Santo, Tu ayuda, unción y poder, sin los cuales no lograríamos ejercer esa privilegiada misión. Amén».

Nos llena de gozo coronar esta parte del camino junto a ti, recorriendo los Fundamentos de impacto para un matrimonio victorioso, y poder decirte: ¡Bienvenidos al reino de los cielos, amadísimos hermanos e hijos del Altísimo, queridos reyes y sacerdotes para siempre en Cristo Jesús! ¡Qué muchos matrimonios y hogares sean bendecidos por medio de ustedes y vengan a heredar también ese reino eterno!

Y ahora, a disfrutar del reino de los cielos, ejerciendo como reyes y sacerdotes, mirando siempre al que es la cabeza de la Iglesia: Jesús.

> *Mirad que nadie os engañe por medio de filosofías y huecas sutilezas, según las tradiciones de los hombres, conforme a los rudimentos del mundo, y no según Cristo. Porque en él habita corporalmente toda la plenitud de la Deidad, y vosotros estáis completos en él, que es la cabeza de todo principado y potestad* (Colosenses 2:8-10).

Asumimos gozosos el compromiso de ayudar a creyentes y no creyentes que aún ven el reino de Dios como algo distante y alejado de su realidad, reservado únicamente para la hora de la muerte o la vida en el cielo, para que comprendan por el Espíritu que, según las Escrituras y las palabras de Jesús, ese reino es **aquí y ahora:**

> *Preguntado por los fariseos, cuándo había de venir el reino de Dios, les respondió y dijo: El reino de Dios no vendrá con advertencia, ni dirán: Helo aquí, o helo allí; porque **he aquí el reino de Dios está entre vosotros*** (Lucas 17:20-21, énfasis de los autores).

MATRIMONIO VICTORIOSO

Descubre la forma estable, triunfante y agradable de vivir en pareja

¿Cómo determinar el futuro de tu matrimonio y tus hijos?

Primero

Las circunstancias adversas por las que atraviesan los matrimonios y las familias en ocasiones son complejas. De hecho, es imposible que no se presenten situaciones retadoras, pruebas y tentaciones. Por eso el *creer* es tan importante en la vida matrimonial; para mover esas montañas (problemas de diversa índole), pero hay otra acción necesaria, a la que se refiere el Señor en Marcos 11:23.

Escribe a continuación, ¿qué es lo que necesitamos hacer además de creer?

....

....

....

....

Segundo

Lo que Dios dice es tan poderoso y eficaz que su cumplimiento es total e irrevocable. **Su Palabra no vuelve vacía,** sino que va y cumple el propósito con el que fue enviada.

Jesús sanó a los enfermos **declarando la Palabra,** echó fuera demonios por el poder de Su palabra, resucitó muertos, multiplicó los panes y los peces, dio vista a los ciegos y resucitó al tercer día por el poder de la Palabra. La Biblia dice:

> *La muerte y la vida están en poder de la lengua, y el que la ama comerá de sus frutos* (Proverbios 18:21).

De acuerdo con este versículo, ¿qué expresiones debes procurar, y de cuáles te debes cuidar, si deseas obtener un matrimonio victorioso y una familia triunfante y feliz.

....

....

....

Tercero

Según Romanos 4:17, nuestro Señor da vida a los muertos y llama a las cosas que no son, como si fuesen. En el caso de Abraham lo llamó padre de multitudes, aunque su mujer era estéril y ambos de edad muy avanzada. A Jacob le dijo: «Tú serás príncipe con Dios». A Gedeón lo llamó «hombre esforzado y valiente». Al pueblo de Israel le prometió una tierra. ¡Y todo se cumplió!

Con base a este principio, y con tu fe puesta en el Todopoderoso, te invitamos a pensar qué situaciones no están marchando bien en tu matrimonio y hogar, y llámalas ahora mismo como si fuesen lo contrario, como deben ser, apoyándote en un versículo que te respalde según el caso.

Puedes guiarte por el siguiente cuadro. En la columna izquierda vas a escribir la situación difícil que estás viviendo. A la derecha (luego de orar), vas a «llamar las cosas como si fuesen» según la Palabra de Dios. Agregamos algunos ejemplos.

Situación adversa	¡Llámala como si fuese!
Un hijo rebelde.	Hijo mío, eres una bendición porque la palabra del Señor dice: «He aquí, herencia de Jehová son los hijos…» (véase Salmos 127:3).
Un problema familiar.	Todo va a estar bien, porque la Palabra de Dios dice: «Y sabemos que a los que aman a Dios, todas las cosas les ayudan a bien…» (véase Romanos 8:28).
Temor.	¡Fuera el temor, mi Dios me protege!, la Palabra dice: «…el perfecto amor echa fuera el temor…» (véase 1 Juan 4:18).

Situación adversa	¡Llámala como si fuese!

Ahora pon tu fe en acción, guarda estas afirmaciones que escribiste y tenlas siempre presentes. Cuando identifiques situaciones adversas y desafiantes, repite (no solo en tu mente, sino con tus palabras) lo que escribiste, incluido el versículo. Hazlo también cuando ores por tu cónyuge o por tus hijos: *repite la afirmación junto con ese versículo*. Recuerda, «el decir» es muy importante.

Tu relación con tu cónyuge, con tus hijos, está llamada a ser, desarrollarse y reflejar lo que Dios dice en la Biblia. Cualquier otra cosa que intente alejarlos de ese designio o los lleve por otro camino se opone al propósito divino. No permitas que eso suceda. **Lo primero que debes hacer es alinearte con Su palabra, obedecerla y afirmarte en ella,** poniendo por obra todo aquello que Él ha determinado respecto a los esposos y la vida familiar.

Declarar la palabra del Señor sobre cada situación, aplicando los versículos que hablan al respecto, es usar la espada que hay en tales promesas, un arma infalible con la que Dios encamina a bien todo lo que se veía mal. Lo que Dios declara en la Biblia sobre los esposos, las esposas, los hijos y los hogares, se cumple en forma inexorable y absoluta. ¡El Señor nunca falta a su Palabra!

Cuarto

Dios ha decretado para ti y para los tuyos innumerables bendiciones: gozo, paz, prosperidad, victoria. Lo que te corresponde a ti es apropiarte de las promesas firmes y personales del Señor; actuar sobre ellas, creerlas, declararlas y esperarlas. Dios nos ha dado poder y autoridad para obtenerlas. Nos ha dado las llaves del reino de los cielos y facultado para atar y desatar (véase Mateo 16:19).

¿Qué situaciones atarías y cuáles desatarías en tu matrimonio y familia? (Incluye ejemplos):

....

....

....

....

Quinto

Lo malo que haya pasado en tu vida, la de tu pareja o la de tus hijos, no es lo que define la identidad, ni el futuro de tu matrimonio o tu hogar. La Biblia dice que, si nos volvemos a Él de todo corazón, ¡Su justicia obra a nuestro favor y Su restitución supera con creces cualquier pérdida!

¿Cuál sería el futuro de tu matrimonio y tu familia según las promesas de Dios en: Joel 2:25, Jeremías 33:11 y Hageo 2:9?

....

....

....

....

Sexto

Tienes una poderosa arma en tu boca. Dios ha puesto Sus palabras en ella. Podemos cambiar para bien nuestra vida y el futuro de nuestro matrimonio y familia, porque el Dios de dioses y Señor de señores nos ha autorizado a hacerlo.

En el siguiente cuadro encontrarás algunas afirmaciones clave que debes tener en cuenta para usar correctamente el poder que Dios te ha delegado por medio de Su Palabra, a fin de dar vida a lo muerto y cambiar para bien las circunstancias. Escribe tus iniciales o tu firma frente a cada enunciado para indicar que estás de acuerdo y que procurarás ponerlo en práctica.

Afirmaciones	Tu firma
Se trata de permanecer en Su palabra, creerla y actuar de acuerdo con ella.	
Puedes plantar vida en tus hijos, tu cónyuge y tu familia, aun en medio de la circunstancia más terrible, adversa e improbable de superar; pero tienes que declarar, tienes que hablar, tienes que profetizar, debes usar tus propios labios para atar o desatar.	

Afirmaciones	Tu firma
Se trata de hacer declaraciones con fundamento bíblico, esto es, que estén cimentadas en alguno de los treinta y un mil, ciento dos versículos que tiene la Biblia.	
Cuando declares algo, no dudes, hazlo con la convicción de que la Palabra es la Verdad.	
Tienes el poder de crear con tus palabras; para bien o para mal. Creas bendición si usas palabras de bien o creas maldición, si empleas expresiones de mal.	
Los juicios que emiten los padres sobre los hijos, así sea de modo desprevenido o inconsciente, acaban determinando lo que será de la vida de ellos.	
El secreto para cambiar la historia está en pensar antes de hablar, meditar bien lo que está en juego y elegir lo mejor, declarando la palabra de Dios.	
Confesar con la boca, creyendo con fe en el corazón es una puerta segura, concluyente y determinante para derribar argumentos y fortalezas espirituales que se levantan en tu mente en contra del conocimiento del Hijo de Dios.	

Las promesas del Señor son para todos, pero todo el que quiera ver cómo se cumplen en su vida, debe empezar por creer lo que Dios dice, declarar lo que Él dice, y hacer lo que Él dice. Se trata de permanecer en Su palabra y actuar de acuerdo con ella.

Las funciones o roles de los cónyuges

Primero

Tanto el hombre como la mujer deben entender lo que dice la Biblia respecto al matrimonio y la familia, aplicando la verdad de Salmos 127:1: *si no es el Señor quien edifica el matrimonio, el trabajo de los constructores es una pérdida de tiempo.*

Si nos atenemos a esta advertencia, el desarrollo del matrimonio y la vida familiar es un proceso, en el que ambos cónyuges deben construir con sabiduría, ejerciendo los roles que Dios ha previsto para cada uno en las Sagradas Escrituras.

Explica con tus propias palabras, ¿qué funciones diseñó el Señor para el hombre y para la mujer, a partir de los siguientes pasajes bíblicos?

- **Efesios 5:22-24:**

....
....
....
....

- **Colosenses 3:19:**

....
....
....
....

- **Efesios 5:25:**

....
....

* **1 Pedro 3:7:**

....
....
....
....

* **Efesios 5:33:**

....
....
....
....

Segundo

La mujer fue creada para ser tratada con delicadeza. La Biblia enseña que la esposa debe ser tratada con sabiduría, recibiendo atenciones, alabanzas y honores. Examinando este principio a la luz de tu propia vida:

a. ¿Cómo crees que estás tratando a tu esposa?

....
....
....
....

A los hombres, por su parte, les gusta que los traten con respeto y ser admirados. Si algo hace sentir bien a los maridos, es que su mujer los vea como sus héroes.

b. Ahora hablamos a la esposa: ¿cómo crees que estás tratando a tu marido?

....
....
....
....

Tercero

Dentro de los roles de los cónyuges, estudiamos un principio vital para tener en cuenta de presentarse discusiones, y es bendecirse, jamás, en ningún caso, maldecirse. Aunque maldecir es algo frecuente en los matrimonios de inconversos, también ocurre entre parejas de creyentes: también se maldicen (se hacen declaraciones de mal). Esta mala costumbre hace mucho daño a los matrimonios y a las familias. Quien maldice, profetiza lo malo (véase Romanos 3:13-14).

En la ley dada a Moisés, quien maldijera a los padres debía morir (véase Éxodo 21:17). Pero el maldecir no solo se condena en el Antiguo Testamento, en el Nuevo Testamento el Señor insiste en abstenerse de hacerlo. Veamos:

> *Pero yo os digo: Amad a vuestros enemigos, bendecid a los que os maldicen, haced bien a los que os aborrecen, y orad por los que os ultrajan y os persiguen* (Mateo 5:44).

Escribe qué dicen las Sagradas Escrituras en Romanos 12:14, respecto a bendecir y no maldecir, aplicándolo a las relaciones de pareja y en la familia:

....

....

....

Cuarto

Si queremos ver la gloria de Dios en nuestras casas, en nuestra familia, nuestros hijos, nuestros nietos y nuestras generaciones, debemos aprender a vivir los principios que Dios ha dado al hombre y a la mujer para edificar el hogar sabiamente; esto es, sobre la Roca.

En la siguiente lista hemos intentado resaltar algunas de las principales funciones que el esposo y la esposa deben cumplir si quieren realizarse y construir un hogar verdaderamente sólido. Te pedimos leerla con atención y un corazón enseñable:

Funciones bíblicas de los cónyuges
Las casadas estén sujetas a sus propios esposos, como al Señor.
El esposo es cabeza de la esposa, así como Cristo es cabeza de la Iglesia.
Esposos, amen a sus esposas como a sí mismos.
Dejará el hombre a padre y madre, se unirá a su mujer, y serán una sola carne.
La esposa, respete a su esposo.
Maridos: no sean ásperos con ellas.

Funciones bíblicas de los cónyuges
Maridos: vivan con ellas sabiamente.
Maridos: den honor a la mujer como a vaso más frágil.
Maridos: honren a la mujer como a coheredera de la gracia de la vida.
Marido: ama a tu esposa, como Cristo amó a la Iglesia y se entregó por ella.

Ahora piensa, ¿cómo ha sido tu relación matrimonial hasta hoy? ¿Has estado cumpliendo las funciones que Dios te delegó en relación con tu cónyuge? Analiza que te está faltando y en una oración sincera, pide primeramente al Señor que perdone tu falta. Luego pídele que te ayude a cumplir con amor, porque quieres obedecerle y adorarlo poniendo en práctica los principios con que Él te guía.

Obviamente, todos los cambios no se van a ver de un momento a otro, pero te garantizamos que, si le pides ayuda a Dios con sinceridad, Él va a poner en ti el querer como el hacer Su buena voluntad, por medio de Su Santo Espíritu.

Quinto

Durante el estudio de la lección aprendimos qué significa «morir por mi pareja», indicamos que lo haces cuando te humillas ante Dios y obedeces lo que Él dice, cuando dejas de hacer *lo que tú crees* y lo sustituyes por *lo que Dios ordena que hay que hacer*.

En la columna izquierda del siguiente cuadro, mencionamos a modo de ejemplo, algunas circunstancias que podemos vivir con nuestro cónyuge. En la columna derecha vas a encontrar un versículo. De acuerdo con el mismo, escribe la acción o actitud que corresponde para manejar la situación como Dios ordena y no como tú crees. Puedes tomar como guía los primeros dos ejemplos.

Situación entre los cónyuges	Lo que la Palabra me indica que haga
La esposa manifiesta que su esposo la trata con dureza.	El esposo, con base en Colosenses 3:19, la debe tratar con delicadeza y no ser áspero con ella.
Los esposos tienen una fuerte discusión y se enojan.	Los esposos según Efesios 4:26, no permiten que el enojo les dure mucho tiempo, ni que pase el día bajo este mal ambiente.

Situación entre los cónyuges	Lo que la Palabra me indica que haga
En un momento de ira, uno de los cónyuges maldice al otro.	Según Mateo 5:44.
Alguien hace un comentario irrespetuoso o que se burla del marido.	Según Efesios 5:33.
Uno de los cónyuges recibe un comentario o ve un mensaje que aparentemente compromete a su pareja con un acto inapropiado.	Según Juan 7:24.
Los cónyuges atraviesan una crisis o situación dolorosa, pero se perdonan y deciden seguir adelante.	Según Isaías 43:18.
Uno de los cónyuges tiene un gesto amable o un detalle con su pareja, pero no recibe una respuesta cariñosa, sino ingratitud.	Según 1 Pedro 3:9.
Uno de los cónyuges es tentado por un tercero a incurrir en adulterio.	Según Mateo 5:28 y 1 Corintios 7:2.

Debes estar dispuesta(o) a «morir» por tu cónyuge, a pagar un precio. Si lo haces, Dios no te va a dejar avergonzado(a); por el contrario: el Señor se encargará de avergonzar la rebeldía, la ira, el deseo de venganza, y todo aquello que se levante contra ti o contra tu familia. Transformará a tu cónyuge en otra persona y volverá a ti completamente cambiado(a).

***Cada cónyuge debe estar dispuesto a morir por su pareja,
como Jesucristo murió por Su Iglesia.***

El sexo: un regalo del Omnipotente

Primero

Dios diseñó el matrimonio hasta en sus más íntimos detalles.

Según Proverbios 5:19, ¿crees que el Creador se moleste porque una pareja de esposos se acaricia y agrada con total libertad?

....

....

....

....

Segundo

Quienes hemos sido renovados por la preciosa sangre de Jesús debemos entender que, desde el momento en que nos unimos a nuestra pareja en matrimonio, nuestra relación sexual es sagrada, agradable y perfecta ante los ojos de Dios. El sexo es *uno* de los preciosos regalos del Omnipotente para quienes participamos de este vínculo.

No obstante, así se tenga una vida sexual sana y constructiva en el matrimonio, esta dimensión, por sí sola, no es lo que más nos llena y satisface; aunque alguien obtuviera todo lo que espera de su cónyuge en el ámbito sexual —y aún más—, sin la presencia de Dios y su intervención, su vida sería vacía.

La Biblia nos insta en varios pasajes a dar gracias a Dios por todo (véase 1 Tesalonicenses 5:18, Colosenses 3:15-17, Efesios 5:20, entre otros). ¿Qué opinas? ¿No crees que la intimidad sexual debe estar acompañada de una actitud de agradecimiento a Dios y de valorar como puro y único ese regalo? Explícalo en tus propias palabras:

....

....

....

....

Tercero

Cuando revisamos todo el *contexto* de 1 Corintios 7:1-5, —no solo algunos versículos de la epístola— el mandato de cumplir con el deber conyugal (un deleitoso deber) debía considerarse un medio de protección contra el pecado de la fornicación y el adulterio.

En este pasaje, Pablo es específico al recordar la voluntad del Señor en cuanto al matrimonio: debe estar compuesto solo por dos personas: el esposo y la esposa. Desde el comienzo fue así. Dios sabía que la mayoría de los hombres no tendrían el don de continencia y que quienes no lo tienen, encuentran en su esposa una ayuda idónea, no solo en el área sexual, sino en todo el sentido de la palabra.

Con base en este pasaje bíblico, hemos incluido algunas afirmaciones en el siguiente cuadro. Una de ellas es falsa. ¿Podrías identificar cuáles son las «verdaderas» y cuál es la «falsa»?

Afirmaciones sobre 1 Corintios 7:1-5	V	F
Cada mujer debe tener su propio esposo para no caer en fornicación.		
La mujer no tiene potestad sobre su propio cuerpo.		
El marido sí tiene potestad sobre su propio cuerpo.		
Cada hombre debe tener su propia esposa para no caer en fornicación.		
Tanto el esposo como la esposa deben cumplir su deber conyugal.		
Negarse mutuamente sin un propósito y un límite de tiempo acordado por la pareja, puede dar lugar a tentaciones de parte del enemigo.		
Los esposos pueden, de común acuerdo, darse un espacio para no tener intimidad sexual por algún tiempo, a fin de ocuparse sosegadamente de la oración.		

Cuarto

Si alguien más aparte de tu cónyuge pretende tener cualquier clase de intimidad contigo, sin importar su atractivo o los problemas por los que atraviese tu matrimonio, dicha persona debe irse de inmediato. Darle un milímetro de esperanza es un paso seguro hacia la ruina de esa persona, la tuya y la de tu hogar. La Biblia advierte con exactitud lo que le puede pasar a quien lo haga.

¿Qué consecuencias podría ocasionar quien infrinja la advertencia de Proverbios 6:28-33?

....

....

....

....

Quinto

Al leer Proverbios 7:6-23, encontramos a un joven carente de inteligencia y sin dominio propio, que cede a la debilidad de su carne para entregarse a una mujer ajena en lugar de guardar su cuerpo y corazón para su esposa (con quien tiene un pacto). Es la situación de un adúltero que cae en las redes de la adúltera, arrastrado por la zalamería de sus labios y suaves palabras. Pero no siempre es el hombre el que cae. También la esposa corre peligro si la seduce un adúltero.

¿Podrías narrar a continuación cuál fue el desenlace del joven que eligió el adulterio según el pasaje bíblico de Proverbios 7?

....

....

....

....

Es mejor no jugar con fuego, con lo sagrado que Dios nos dio. Quienes ni siquiera se detienen a hacer esas consideraciones se ufanan creyendo que «pescaron» cuando en realidad «fueron pescados». Casi nunca piensan en las consecuencias de su pecado, ni en que provocan una ruptura profunda llamada adulterio, uniendo su espíritu al de esa persona intrusa (véase 1 Corintios 6:16-17). Después, es demasiado tarde.

Si bien el perdón siempre es la primera opción ante cualquier ofensa, Jesús advierte que, por más que el divorcio nunca fuera el deseo de Dios cuando creó a la primera pareja, la fornicación destroza a tal punto la relación que por eso la ley de Moisés la admite como causal de separación (véase Mateo 19:8-10). **Saber cuidarse tiene un valor incalculable que solo disfruta quien lo ha hecho.**

Sexto

El siguiente es un hermoso pasaje bíblico que te invitamos a leer con corazón y oídos expectantes a lo que Dios quiere hablarte:

> *Sea bendito tu manantial, y alégrate con la mujer de tu juventud, como cierva amada y graciosa gacela. Sus caricias te satisfagan **en todo tiempo**, y en su amor recréate **siempre**. ¿Y por qué, hijo mío, andarás ciego con la mujer ajena, y abrazarás el seno de la extraña? Porque los caminos del hombre están ante los ojos de Jehová, y él considera todas sus veredas. Prenderán al impío sus propias iniquidades, y retenido será con las cuerdas de su pecado. Él morirá por falta de corrección, y errará por lo inmenso de su locura* (Proverbios 5:18-23, énfasis de los autores).

Si aprendemos a discernir la necesidad que tiene el otro de esas caricias, no será tan difícil comprender por qué ellos, por duro que trabajen, y así lleguen a casa rendidos, parecen nunca estar demasiado cansados para el sexo, como si fuera parte de su descanso. También entenderemos por qué ellas llevan su propio ritmo y aprecian mucho los preámbulos, las sorpresas, el misterio y los gestos románticos antes del sexo. ¡Porque para ellas todo eso hace parte del acto sexual! Al asimilar la importancia de estas necesidades naturales e incorporarlas a nuestra vida de pareja, alejamos el peligro de convertirnos en hombres insensibles que solo quieren satisfacer sus instintos o en mujeres que viven insatisfechas, cansadas o «con migraña» para evitar a su esposo. Lamentablemente, muchos matrimonios no se comprometen a mejorar en este aspecto, perjudicando la comunicación, el entendimiento, volviéndose terreno fértil para los divorcios.

Ahora que conoces la importancia que tiene la intimidad sexual en tu matrimonio, pídele dirección a Dios por medio de su Santo Espíritu, para que te permita examinar objetivamente si has venido cumpliendo o fallando en esta área. Si no le has dado el valor y la relevancia que tiene en tu vida y la de tu pareja, pídele perdón al Señor. Entonces, como en las bodas de Caná cuando se acabó el vino (el gozo), pide al Señor que venga a tu matrimonio y traiga ese *vino nuevo*. Luego, empieza a cuidar con todo tu amor y esfuerzo el lecho nupcial.

Si por alguna razón encuentras una negativa en tu cónyuge o un muro que se levantó por el descuido, siembra y sigue regando tu jardín con los detalles que sabes son importantes para él(ella); en algún momento volverá a florecer.

Asumo este compromiso con mi cónyuge y lo respaldo con mi firma:

____

<u>**Ejercicios de la Lección Dieciocho**</u>

Una familia que ejercita los dones espirituales es una familia victoriosa

Primero

Al estudiar esta lección pudimos entender que cuando una persona es consciente de que *el Espíritu Santo la equipa con dones espirituales desde que recibe al Señor en su corazón y se convierte a Él*, todo lo que sucede a su alrededor puede empezar a cambiar sobrenaturalmente. Porque sabrá qué hacer, y cómo actuar ante cualquier circunstancia que deban afrontar él(ella), su cónyuge y sus hijos.

¿Podrías nombrar algunas de las formas como se manifiestan los dones del Espíritu Santo en la vida de una persona, según 1 Corintios 12:7-11?

....

....

....

....

Segundo

Las recomendaciones de Pablo en torno a los dones espirituales son insistentes en el sentido de que dichos dones **están** en nosotros, los creyentes, porque el Espíritu Santo de Dios ya está en nosotros y se manifiesta para provecho desde el momento en que lo recibimos. Veamos:

> *Pero a cada uno le es dada la manifestación del Espíritu para provecho*
> (1 Corintios 12:7).

Teniendo en cuenta la Palabra de Dios en Efesios 1:13, ¿cuáles son los dos requisitos básicos para ser sellados con el Espíritu Santo?

....

....

....

....

Tercero

Los dones, como su nombre lo indica, son un regalo, un obsequio, una dádiva del Espíritu Santo. Y el Espíritu Santo **ya habita** en cada uno de los que hemos recibido a Cristo como Señor y Salvador. No hay que pedir lo que ya es nuestro (porque habita en nosotros). No obstante, el Espíritu Santo, por boca de Pablo, nos hace una invitación especial en torno a la actitud que debemos tener hacia los dones espirituales.

Escribe en la columna derecha del cuadro la cita bíblica donde se encuentran las frases o afirmaciones de la columna izquierda (versión RVR1960):

Mandato bíblico	Cita bíblica
No quiero, hermanos, que ignoréis acerca de los dones espirituales.	
...procurad los dones espirituales.	

Cuarto

De acuerdo con nuestro estudio, ¿mediante cuáles versículos bíblicos se explican los siguientes propósitos de los dones del Espíritu Santo?

- Mostrar al mundo que la voluntad de Dios es que seamos sanados.

....

- Mostrarnos que Él vino para deshacer las obras del diablo.

....

- Mostrarnos que Él tiene poder para perdonar pecados.

....

- Respaldo a quienes predican el Evangelio.

....

Quinto

El apóstol Pablo se refiere a los dones espirituales como un padre que hace recomendaciones muy importantes a sus «hijitos». Dios nos muestra por medio de Pablo que la vida es como una carrera en la que vamos a enfrentar diferentes batallas contra poderosos enemigos (véase Efesios 6:12) y que, por lo tanto, los creyentes necesitamos saber cómo usar las armas de nuestra dotación.

Este es un excelente consejo para todo creyente, con mayor razón para quienes se casan, planean tener hijos y formar una familia (si es que desean ser exitosos y que les vaya bien en todo lo que emprendan a nivel personal y familiar). Si lo tomamos con seriedad, resulta crucial conocer estos dones y cómo operan.

Para facilitar su estudio, los clasificamos en tres grupos de tres y el criterio fue la forma en que opera cada don y su propósito. Escribe en la columna derecha al menos dos referencias bíblicas en las que se evidencie el uso de estos dones:

Dones de revelación *Propósito: Sacan una verdad a la luz.*	
Palabra de sabiduría	
Palabra de ciencia	
Discernimiento de espíritus	

Dones de poder *Propósito: Evidencian la voluntad y el poder de Dios.*	
Don de fe	
Don de sanidades	
Don de milagros	

<table>
<tr><td colspan="2" align="center">Dones de inspiración
Propósito: Dicen algo de parte de Dios.</td></tr>
<tr><td>Don de lenguas</td><td></td></tr>
<tr><td>Don de interpretación de lenguas</td><td></td></tr>
<tr><td>Don de profecía</td><td></td></tr>
</table>

Sexto

Quien incursiona en el campo de batalla del mundo espiritual sin Cristo inevitablemente será vencido por el engañador y sus agentes. Así también, quien entra a la batalla en calidad de esposo(a) o padre o madre de familia, ignorando lo que debe saber sobre los dones del Espíritu Santo, corre el riesgo de pasar por muchas dificultades innecesarias antes de obtener la corona que el Señor le tiene reservada.

Según lo estudiado en la lección, ¿qué pasa cuando una persona desconoce esta realidad, y qué sucede cuando es consciente? En la columna izquierda del siguiente cuadro encontrarás diferentes afirmaciones acerca de los dones espirituales. Escribe al frente de cada una, si es consecuencia de usar los dones del Espíritu o de no usarlos. Puedes guiarte por los ejemplos que ofrecemos.

Afirmación sobre los dones espirituales	Consecuencia
El creyente sabrá qué hacer y cómo actuar ante cualquier circunstancia que se cierna sobre él(ella), su cónyuge y sus hijos.	*De usarlos*
Cuando una persona o una pareja desconoce esta realidad, afrontará todo desde su entendimiento humano en la carne (en forma independiente de Dios), por lo que hay una gran posibilidad de que fracase y tome decisiones que afecten todo su entorno, personal y familiar, alejándolo de los planes divinos.	*De no usarlos*
El creyente y el matrimonio retoman el guion original que se había escrito para el paraíso, trayendo el cielo a la tierra.	
Las grandes crisis de muchos hogares de hoy empezarán a decrecer y en muchos casos, a desaparecer.	

Afirmación sobre los dones espirituales	Consecuencia
Una persona logra engañar a uno de los miembros de la familia.	
Un hijo podría acercarse a sus padres a pedirles algo, pero por una palabra de ciencia uno de ellos (o ambos) podrían recibir revelación y decirle si lo que pide le conviene o no.	
Uno de los hijos entabla relación con amistades que representan un peligro, pero ningún miembro de su familia cree poder hacer nada para ayudarlo, así que se resignan a que todo empeore.	
La persona puede hacer la obra que Dios le mandó. Los dones del Espíritu traen experiencias sobrenaturales que benefician su vida, a su pareja, sus hijos y sus generaciones.	

Si eres creyente y aparentemente el Espíritu no te ha impartido Sus dones recuerda que, aunque no se hayan manifestado aún en tu vida, no significa que el Señor te haya excluido; quiere decir que debes anhelarlos, desearlos, procurarlos por medio de la oración. Entonces el Espíritu Santo derramará esta unción divina y su manifestación será mayor a medida en que ejercites los dones que hayas recibido. **Solo persevera, ¡procura alcanzarlos, y luego… utilízalos!**

Los dones del Espíritu Santo constituyen la dotación del creyente para la vida individual, de pareja y familiar, son armas de defensa y ataque en la guerra espiritual contra todo enemigo que se levante contra ti, tu cónyuge y tus hijos.

Del cautiverio a la libertad y de la opresión al gozo

Primero

La Biblia expone desde Génesis hasta Apocalipsis que tenemos un enemigo que pelea contra nosotros, que, aunque fue vencido en la cruz para siempre y está destinado con su ejército al fuego eterno, continúa activo en el mundo, procurando engañar y hacer el mayor daño posible al ser humano. Por tanto, la guerra espiritual, la actividad de los espíritus inmundos y la manera de enfrentarla desde una perspectiva bíblica, son una realidad que exige permanecer alerta.

Entendiendo lo que nos advierte Pablo en Efesios 6:12 y 2 Corintios 2:11, ¿cuál debe ser nuestra actitud en medio de este innegable conflicto espiritual?

....
....
....
....

Segundo

Nuestro Señor Jesús resumió en tres palabras la forma como Lucifer ha operado siempre y así lo registra Juan 10:10. El Espíritu Santo también nos advierte a través de Pablo en 2 Corintios 11:14, para que no nos dejemos engañar.

¿Cuáles son esas tres características y qué advertencia nos hace el Señor?

....
....
....

Tercero

Hoy, los demonios siguen induciendo al suicidio a hombres y mujeres, como lo hicieron en su momento con Judas. Satanás incita al homicidio, a la violencia, al odio, la sodomía, el escepticismo y a cuanta religión tergiversada ponga en entredicho que necesitamos de un Salvador. En el matrimonio, los demonios suelen exacerbar sentimientos de irascibilidad, fastidio y negativismo hacia cualquier cosa que diga o haga el cónyuge. El enemigo también instiga al adulterio, al engaño, al descontrol alimenticio, enciende la contienda, la inapetencia sexual o insta a ver al otro como indeseable y «causante de la propia desdicha», para citar algunos pensamientos que el maligno intenta poner en nuestra mente. Con los hijos hace otro tanto; fomenta la rebeldía, la satisfacción de elegir siempre los caminos peligrosos, las adicciones, conductas irresponsables que traen enfermedad, estancamiento, etc.

Lo que Satanás nunca podrá hacer por más que se disfrace de ángel de luz, según leemos en Hechos 16:16-18, es engañar a su antojo a un creyente que ha puesto su confianza en Jesucristo como Señor y Salvador, pues tal creyente ha sido redimido por la sangre del Cordero y tiene Su autoridad, la cual está por encima de cualquier rango del infierno y se mueve *en el poder, la libertad y la guía* **del Espíritu Santo.**

Escribe cuál es la potestad otorgada por Jesús a los creyentes, en Lucas 10:19:

....

....

....

....

Cuarto

Los demonios se instalan en la persona y no solo causan daños a su cuerpo y alma; también afectan su matrimonio y familia.

Según Lucas 3:10-16 y Mateo 9:32-34, ¿quién fue el causante de la enfermedad en estos dos personajes?

....

....

....

....

Quinto

En algunos casos el demonio entra hasta el alma y afecta la vida emocional, haciendo cambiar el temperamento de la persona. Es entonces cuando la víctima parece otro(a). Su personalidad puede tornarse agresiva, impaciente o indolente. La angustia indescriptible, el temor, la inseguridad y sentimientos que producen una ansiedad o depresión aparentemente incontrolables, muchas veces son causados por demonios que se aferran a algún recuerdo doloroso, miedo, odio o amargura, para meterse al alma y esclavizar al «dueño de casa».

De acuerdo con lo estudiado en la lección, ¿podrías describir dos sucesos bíblicos donde los demonios estuvieran afectando el alma de las personas hasta que Jesús las liberó completamente?

1...

....

2...

....

Sexto

Satanás ha sido homicida desde el principio, y no ha permanecido en la verdad, porque no hay verdad en él (véase Juan 8:44). Al menor descuido actúa contra el ser humano, sin importarle su edad. Intenta dañar a las personas incluso desde el vientre materno. Ataca bebés, niños, jóvenes y adultos. Por lo tanto, nuestro deber es permanecer vigilantes. La Biblia dice:

> *Sed sobrios, y velad; porque vuestro adversario el diablo, como león rugiente, anda alrededor buscando a quien devorar; al cual resistid firmes en la fe...* (1 Pedro 5:8-9).

Esto significa que no debemos abrirle la puerta al enemigo a través de nuestros pensamientos, conversaciones o acciones. Cuando se le abre, así sea solo una rendija, él la aprovecha y los demonios hacen su trabajo.

Según lo estudiado, existen diferentes causas por las que los demonios pueden entrar a la vida de una persona. ¿Podrías enunciar algunas?

1...

2...

3...

4...

5...

6...

7...

Séptimo

Las probabilidades de que una persona sea víctima de la influencia, opresión o dominio de alguna entidad de las tinieblas son altas, considerando que hay muchas maneras de abrir la puerta a los demonios.

Conocer cómo opera el mundo de las tinieblas, según enseñamos en la lección siete, no es algo que deba intimidarte o atemorizarte. Por el contrario, te permite dejar de ser una víctima más de las artimañas del diablo y te convierte en agente de cambio, empezando por ti y tu familia.

En el siguiente cuadro encontrarás algunas afirmaciones que te muestran cómo puedes ser libre de la opresión y la influencia del maligno. Escribe tu firma o tus iniciales al margen derecho para confirmar que las comprendes y apruebas:

Afirmación	Firma
Cuando aceptamos a Jesucristo como nuestro Señor y Salvador, nacemos de nuevo y somos liberados del cautiverio del diablo, pues pasamos a ser templo del Espíritu Santo, que vive desde entonces en nosotros. El creyente no puede ser poseído ni enajenado por el diablo, pero sí podría ser oprimido (cuando le damos lugar o no hemos solucionado situaciones del pasado en el cuerpo y en el alma). La buena noticia es que Jesús también nos libera de la opresión (véase Lucas 4:18-19).	
En el caso de las maldiciones generacionales, saber si tu cónyuge o tú están cargando con esta «herencia» orquestada por la maldad les permite orar con entendimiento, e impedir que esa carga siga prolongando sus efectos en el tiempo, de modo que ya no pase a la pareja, a sus hijos y a su descendencia.	

Afirmación	Firma
La mejor manera de derrotar al diablo es someternos a los mandatos de Dios y poner resistencia al enemigo. Resistir permite enfrentar al diablo con éxito (véase Santiago 4:7).	
La salvación que tenemos en Jesucristo, el Hijo de Dios, es gratuita, y extensiva a todos aquellos que *quieran* aceptarla por gracia, porque Dios es amor.	
La liberación (el pan de los hijos) es *primero* para nosotros, los hijos, los que hemos creído. La razón principal puede estar en que los hijos, *supuestamente*, sabemos mantener la liberación, porque conocemos la Palabra, entendemos y apreciamos la obra hecha en nosotros cuando somos liberados, mientras que los inconversos, al no entender lo que reciben, ni las Sagradas Escrituras, no saben mantener su liberación, recaen en las mismas postraciones que los esclavizaban y aún peores.	

Si ya eres un hijo (o una hija) de Dios, te invitamos a pedir la guía del Espíritu Santo para que te muestre qué áreas de tu vida y tu familia están siendo influenciadas por el enemigo y el porqué. Una vez hagas esto, levanta las manos a tu Padre celestial y pídele perdón por tus pecados. Si te parece que reincides en los mismos, pide al Espíritu Santo la fortaleza necesaria para no recaer.

Sí aún no has aceptado a Jesucristo como tu Señor y tu Salvador (nacer de nuevo), debes saber que a partir del momento en que lo hagas, **todos** tus pecados son perdonados y borrados, porque Cristo pagó por ellos en la cruz.

Pide perdón a Dios también por los pecados que cometieron tus antepasados. Quizá subsista alguna maldición que Satanás ha venido aprovechando para someter, influenciar o dominar a cada integrante de tu familia y linaje. Quizá alguno de ellos hizo un pacto con el enemigo o participó en alguna consagración que desconoces. Pide al Espíritu Santo que te revele el origen exacto de esas prácticas ocultas y lo que las mantiene aferradas, para repudiarlas y renunciar a ellas abiertamente con la autoridad que recibiste de Jesús, en Su nombre y por el poder de Su sangre, que te limpia de todo pecado.

Como cónyuge, debes estar muy pendiente de cómo está espiritualmente tu casa; tu esposa(o) e hijos. Aprovechando tu comunión con Dios, pídele que te muestre lo que puede estar pasando con cada uno (recuerda lo que vimos sobre los dones espirituales). Claro está que, si ambos cónyuges avanzan sintonizados en el mismo Espíritu, sus conquistas pueden ser mayores, porque estarán pendientes el uno del otro, y de sus hijos. Juntos pueden orar y repeler cualquier ataque del mal.

Los cónyuges necesitan escuchar la voz de Dios

Primero

Muchos creyentes no están cumpliendo con el encargo de Jesús, ni haciendo las obras que Él hizo, aunque nos empoderó para hacer lo mismo que Él y aún más, según sus propias palabras. Tal desobediencia solo lleva a una gran frustración.

Uno de los motivos por los que no estamos haciendo «lo mismo que Él hizo» y «aún más», es no escuchar Su voz (véase Juan 10:27).

Escribe a continuación el versículo bíblico con el que el Señor, si le creemos, nos empodera para hacer las mismas obras que Él hizo y aún mayores:

....

....

....

....

Segundo

Escuchar la voz de Dios es una necesidad. Solo escuchándolo podremos tomar las mejores decisiones para alcanzar la plenitud que Él quiere que alcancemos, según su anhelo de que seamos prosperados en todas las cosas y que tengamos salud, así como prospera nuestra alma (véase 3 Juan 1:2). Pero un cónyuge que no escucha atentamente la voz de Dios es presa fácil de sus emociones.

Considerando que la palabra de Dios dice que el corazón de una persona es engañoso, perverso (véase Jeremías 17:9) y que, sus pensamientos le llevan continuamente a hacer el mal (véase Génesis 6:5), ¿por qué crees que es tan importante para ti como cónyuge y para cualquier persona aprender a escuchar la voz de Dios a la luz de Salmos 127:1?

....

....

....

....

Tercero

¿Qué dice el Señor de quienes lo escuchan y guardan Su palabra, según Lucas 11:28?

....

....

....

....

Cuarto

A muchos les cuesta aceptar que Dios, el Creador del cielo y de la tierra, quien tiene dominio absoluto sobre todos los seres existentes y sobre todas las cosas, desee tener una relación personal con cada ser humano. Sin embargo, Él mismo reafirmó esta verdad:

> *...El que me ama, mi palabra guardará; y mi Padre le amará, y **vendremos a él, y haremos morada con él*** (Juan 14:23, énfasis de los autores).

¡Te imaginas! Qué hermosa promesa: ¡si guardamos su Palabra, el Padre y el Hijo vienen a hacer morada en nosotros! No obstante, aunque el Espíritu Santo **anhela** quedarse, renovarnos, fortalecernos y transformarnos a la imagen del Hijo, hay obras de la carne con las que Dios no puede cohabitar ni coexistir.

Según Gálatas 5:16-21, ¿cuáles son estas acciones que pueden impedir la obra del Espíritu en una persona, un cónyuge o un matrimonio?

....

....

....

....

Quinto

Cuando alguien incurre en alguno de los pecados mencionados en Gálatas 5:16-21, aflige o contrista al Espíritu Santo, porque parte de su misión es convencer al pecador de que, sin Él, solo va a seguir estancado, que necesita corregir el rumbo (véase Juan 16:8, 1 Tesalonicenses 5:19 y Efesios 4:30).

A partir de 1 Juan 1:9, ¿qué necesita hacer una persona para corregir el rumbo equivocado que ha tomado?

....
....
....
....

Sexto

Dios *habla*, y si no sabemos escuchar, tampoco vamos a poder discernir la diferencia entre los deseos de nuestra carne y *lo que Él desea* para nuestras vidas, a fin de pedir y actuar con sabiduría. A continuación, encontrarás una lista de algunos de los pasos que estudiamos para poder escuchar la voz de Dios. Utiliza la columna derecha para verificar si los estás practicando o no.

¿Cómo escuchar la voz de Dios?	¿Lo estás practicando?
Orar.	
Leer su Palabra.	
Buscar espacios para estar a solas con Dios.	
Esperar Su respuesta con paciencia, sin ponerle condiciones.	
Tener hambre y sed de oír la voz de Dios, de buscarlo, adorarlo y obedecerle.	
No dejar de congregarse.	
Pedir al Espíritu Santo que nos ayude a disponernos a hacer lo que Él diga y a ser cambiados.	
Agradecer en todo y por todo.	

Estos pasos no pretenden ser una camisa de fuerza, pero sí son pautas valiosas que te permitirán estar más atento(a) a lo que Dios quiere decirte, aprender a discernir las variadas y creativas formas como Él te habla en Su gran amor por ti, y a disfrutar de esa sabia y segura dirección.

Si no estás practicando algunos pasos recogidos en este ejercicio, te recomendamos repasar lo ya estudiado y pedir al Señor que ponga en ti tanto el querer como el hacer. Empieza a volverlo parte de tu cotidianidad. Sin que te des cuenta, se convertirá en un hábito indispensable, porque experimentarás el deleite de relacionarte con tu Dios. Los resultados que vas a obtener en tu vida y la de tu familia, te harán reconocer que ha valido la pena cualquier esfuerzo.

Séptimo

Conocer al Espíritu Santo y tener una relación con Él, es *tremendamente* importante. Hay personas, esposos(as), padres de familia que ni lo determinan en su vida diaria. Pablo encontró creyentes en Éfeso que ni siquiera habían oído hablar de Él, razón por la cual les explicó en qué consistía el bautismo del Espíritu y oró por ellos. La Palabra nos relata que en ese momento recibieron el Espíritu Santo, hablaron en lenguas y profetizaron (véase Hechos 19:2-7).

Los apóstoles no estaban preparados para entender todo lo que el Señor quería decirles, pero les prometió que les ayudaría el Espíritu Santo (el otro Consolador, como Jesús lo llamó) y que les enseñaría las cosas que estaban por suceder (véase Juan 16:12-14). El Espíritu Santo es quien complementa la obra misionera de Jesús y nos empodera para hacer lo encomendado por Jesús.

De otra parte, las Sagradas Escrituras son enfáticas al afirmar que el Espíritu Santo quiere quedarse y relacionarse íntimamente con nosotros.

Según Apocalipsis 3:20-21, ¿qué te corresponde hacer para que este precioso suceso acontezca?

....

....

....

....

Moisés abrió la puerta, al igual que Samuel, Elías, Eliseo y David. Todos ellos se atrevieron y la presencia de Dios se quedó con ellos para siempre. ¿Por qué no decírselo ahora? ¡Dilo! Y escríbelo ahora con tus propias palabras:

....

....

....

....

Todo lo que hemos expuesto sobre escuchar la voz de Dios es apenas el inicio de una aventura extraordinaria, el entrenamiento básico a partir del cual desarrollarás una capacidad espiritual de gran provecho para ti, tu matrimonio y tu familia. Desarrollar esta sensibilidad espiritual te permitirá guiar a tu familia por ese camino de bendición que Dios desea para ustedes.

¡Oír la voz de Dios es una necesidad, más aún, un imperativo!
Solo la dirección divina del Espíritu Santo puede guiarnos
sabiamente en las decisiones que tomamos, como personas y
como matrimonio, para avanzar a la plenitud que Dios quiere que
alcancemos y disfrutemos.

Ejercicios de la Lección Veintiuno

Viviendo como reyes y sacerdotes en el reino de Dios

Primero

¡La Biblia dice que has sido constituido en rey y sacerdote! Lamentablemente, muchos solo reciben el premio, pero no actúan de forma coherente con tal honor.

Examinando de cerca los tiempos en que aparece clasificada la existencia del ser humano en las Sagradas Escrituras, encontramos tres grandes apartes. **Primero:** En los dos primeros capítulos de Génesis nuestros primeros padres, Adán y Eva, disfrutan de la plenitud del propósito de Dios para con el hombre. Reina la armonía mientras se cumple el deseo de Dios para el ser humano de señorear y sojuzgar sobre la creación: *misión original dada por Dios*. **Segundo:** La desobediencia y sus consecuencias, en el capítulo tres. Y **tercero:** El plan de redención, que comprende dos partes; la primera desde el capítulo cuarto hasta la venida de Juan el Bautista, quien anuncia la llegada de Jesús, el Rey restaurador; la segunda, desde la venida de Jesús hasta Apocalipsis donde se expone la retoma del reino.

En el siguiente cuadro encontrarás un resumen de estos sucesos bíblicos, tal como los estudiamos en la lección. Escribe en la columna derecha frente a cada relato bíblico, uno o más versículos que hablen del tema. Puedes guiarte por el ejemplo:

Relato bíblico	Referencia
1. La misión original del ser humano: «Sojuzgar y señorear».	Génesis 1:26
2. La caída del reino.	
3. El plan de redención: Un Rey, un reino y una familia real.	

Relato bíblico	Referencia
4. Las profecías anuncian la restauración del reino.	
5. Nacimiento del Rey y Restaurador: Jesucristo.	
6. Jesucristo reconquistó el reino.	
7. La serpiente antigua, Satanás, fue vencido.	
8. Con Jesús termina «el reino de la injusticia».	
9. Jesucristo nos entrega el reino y nos da las llaves para entrar en él.	

Segundo

A esta altura del desarrollo de los ejercicios, es muy importante recordar que el mensaje central de Jesucristo fue acerca del reino de Dios. Jesús no nos trajo una religión, Él restauró para nosotros el reino de Dios. En la Biblia se menciona el reino de Dios cerca de 150 veces.

En el padrenuestro, el Señor menciona dos veces el reino de Dios. Los cuatro evangelios están llenos de enseñanzas y parábolas acerca del reino de Dios. En Lucas 4:43, nuestro Señor nos deja claro que vino para anunciar el reino de Dios, porque a eso fue enviado y aun después de su muerte y resurrección, pasó alrededor de seis semanas con sus discípulos; tiempo durante el cual se dedicó a instruirlos y reafirmarles las enseñanzas del reino de Dios (véase Hechos 1:3).

Escribe a continuación la cita bíblica con las palabras que usa Jesús para decir que buscar el reino de Dios debe ser la prioridad del ser humano.

....
....
....
....

Tercero

Algunos hechos registrados en las Sagradas Escrituras manifiestan abiertamente gran parte de las características del reino de Dios. Marca con una (V), si las afirmaciones escritas en la izquierda son «verdaderas» y con una (F) en caso de que sean «falsas»:

Afirmación	V	F
El reino de los cielos es justicia, paz, gozo y poder.		
El reino de Dios es desde ahora y por los siglos.		
El reino de Dios es para la segunda venida del Señor.		
El reinado es en la tierra y desde antes de la segunda venida del Señor.		
El reino lo recibimos por gracia.		
Se debe pagar con dinero para recibir el reino de los cielos.		
Es necesario nacer de nuevo para ver el reino de Dios.		

Cuarto

En el siguiente cuadro encontrarás algunas de las principales verdades bíblicas que afirman quién eres para Dios en Cristo y definen tu identidad. Busca la cita bíblica de la izquierda, y escribe a la derecha lo que dice este pasaje sobre ti.

Pasaje bíblico	¿Qué dice de ti?
Juan 1:12	
Juan 15:15	
Romanos 8:37	
1 Pedro 2:9	
Apocalipsis 7:9-14	
Gálatas 5:1	
Efesios 2:19-20	
2 Corintios 5:20	
Apocalipsis 1:6	

La claridad sobre tu identidad te permite comprender tres verdades: **tus funciones, el propósito que Dios tiene para ti, y lo valioso que eres para el Creador,** por cuanto Jesucristo pagó un altísimo precio por ti en la cruz.

El Señor quiere ponerte sobre mucho y que disfrutes el gozo de la victoria, como puedes ver al final del cuadro. Además de llamarte hijo, amigo e investirte con otros nombres honoríficos, el Señor te ha constituido en rey y sacerdote.

Quinto

El deseo del Creador siempre ha sido que seamos **reyes y sacerdotes**, anhelo que, como vimos en la Palabra, es recuperado definitivamente por Jesucristo, quien, al morir en la cruz por nosotros, nos elevó (por gracia) a esta dignidad luego de ofrecer voluntariamente el precio más alto que se ha pagado en el universo. Hoy ya nadie nos puede despojar de ese privilegio, salvo nosotros mismos.

En efecto, lamentablemente muchos no valoran ni aceptan este privilegio, pero ahora que tus ojos han sido abiertos, puedes andar como quiere el Señor.

A continuación, encontrarás un cuadro con las funciones que deberías cumplir como rey(reina) en tu matrimonio y hogar. Te invitamos a leer cada afirmación que se encuentra al lado izquierdo y a pensar si estás ejerciendo esa función. En la columna derecha puedes escribir: «Sí», «No», o una letra «P» para indicar que lo estás cumpliendo parcialmente.

Una precisión antes de empezar: si bien Dios estableció un orden en la familia de modo que el varón sea la cabeza y la mujer su ayuda idónea, sabemos que la figura del varón suele estar ausente, a veces porque este falleció o porque no valoró su lugar en el hogar, abandonándolo. En estos casos evidentemente la mujer pasa a ser, bajo la guía de Dios y sujeta al Altísimo, quien ejerce estas funciones, siendo equipada para ello de una forma extraordinaria y sobrenatural.

Funciones del rey dentro del matrimonio y el hogar	¿La cumples?
Autoridad sobre un reino. En nuestro caso, corresponde al lugar y el área de influencia donde Dios nos ha puesto: en nuestra familia, nuestro trabajo, la iglesia y el sector de la sociedad en el que nos movemos o del que formamos parte.	

Funciones del rey dentro del matrimonio y el hogar	¿La cumples?
Contar siempre con la guía de Dios para ejercer la autoridad.	
Administrar con sabiduría los bienes, recursos y dones que Dios te ha dado. (Ciertamente, eres rey, pero Jesús es el *Rey de reyes*, así que deberás responder como cualquier administrador sobre las responsabilidades que Dios te entrega).	
Impartir a tu hogar orden, dirección, visión. Eres quien fija las reglas, normas, principios. Quien proyecta a los que están bajo tu cargo.	
Proyectar hacia dónde debe extenderse tu matrimonio y familia, el lugar en el que puedan vivir en paz y con tranquilidad, el nivel de educación que deseas dar a tus hijos, el legado y patrimonio que quieres dejar a las generaciones venideras.	
Estar alerta ante las amenazas de los enemigos y decidir, de la mano del Santo Espíritu de Dios, cómo enfrentar la situación, cómo marchar a la guerra (entendiendo que los enemigos a los que realmente nos enfrentamos no son carnales sino espirituales) y de qué manera usar las armas provistas por Dios para obtener la victoria.	
Entender que tu aliado para ir al combate es tu cónyuge, si es que ambos están en el mismo nivel de crecimiento y devoción espiritual, y que el único aliado en el que ambos pueden confiar siempre es Dios. El gran YO SOY te enseña a pelear para derrotar a tus enemigos y a todo el que se levanta contra tu matrimonio y familia.	

Ahora encontrarás un segundo cuadro con las funciones que deberías cumplir como sacerdote en tu matrimonio y hogar. Lee también cada afirmación que se encuentra al lado izquierdo y piensa si estás ejerciendo esa función. En la columna derecha puedes escribir: «Sí», «No», o una letra «P» para indicar que lo estás cumpliendo parcialmente.

Funciones del sacerdote dentro del matrimonio y el hogar	¿La cumples?
Tener dominio propio, evitar ceder a la tentación para no atraer ataduras y maldiciones que afecten a tu familia como consecuencia del pecado. Esto solo es posible mediante una comunión constante con Dios, cuando dependes de Él siempre y te rindes por completo a Su voluntad, no a la tuya. Al proponerte no pecar, Dios pelea por ti y te ayuda a superar cualquier inclinación que haya intentado desviarte hacia un mal hábito o pecado oculto.	
Traer la presencia de Dios a tu matrimonio e hijos. Enseñarles la Palabra de Dios y a orar, siendo el primero (la primera) dispuesto(a) a poner en práctica los principios bíblicos, como adorar a Dios, y ser agradecidos con Él. Inspirar a tu familia a enamorarse del Señor.	
Pagar el precio por tu matrimonio y tu familia. Orar, interceder, reprender al enemigo, someterse a Dios. Resistir las artimañas del diablo de modo que huya.	
Como encargado(a) de traer la presencia de Dios a casa, hacer también lo que nuestro Señor hizo en la tierra y te delegó, según Mateo 10:8: «Sanar a los que están enfermos, resucitar a los muertos, echar fuera demonios». Lo que recibiste por gracia, darlo por gracia.	
Bendecir a tu familia: decretar, declarar y proclamar sobre tu casa lo que dicen las Sagradas Escrituras. Bendecirlos al entrar, al salir, en la mañana, en la tarde, en la noche y durante el día.	

Estas son solo algunas de las funciones que estás llamado(a) a cumplir. No temas empezar a ejercer tus roles como rey y sacerdote del Dios altísimo. De nada servirá si no entiendes, recibes y ejerces el honor al que has sido promovido(a).

Sexto

A modo de reflexión final, desde tu nueva posición como rey y sacerdote de tu matrimonio y hogar, examina si estás ejerciendo cabalmente estas y otras responsabilidades a las que has sido llamado, a fin de influir para bendición entre los de tu casa y siendo luz del mundo, como indicó Jesús en el sermón del monte.

En Juan 14:12, el Señor nos dice que el que cree en Él, puede hacer las obras que Él hizo en la tierra y aún mayores. Jesús afirma que **nosotros** podemos caminar sobre el agua, que **nosotros** podemos multiplicar el pan y el vino, echar fuera demonios, resucitar a los muertos, abrir el mar, prolongar la luz del sol y la luna, ordenar que la lluvia descienda o se detenga, y así sucederá. Podemos hacer descender fuego del cielo, multiplicar los alimentos, conocer lo que hay en el corazón del hombre y vivir ejerciendo los dones del Espíritu Santo. ¡Imagina todo este poder y el favor de Dios obrando en favor de tu matrimonio y familia! ¡Extendiéndose de ahí a más familias y generaciones futuras! ¡Bendito sea Dios!

Y tú, ¿qué estás *viendo* y *viviendo*? ¿Has aprendido a andar en el Espíritu? ¿A caminar en lo sobrenatural como si fuera lo natural? ¿Hace parte de tu vida que a tu alrededor los muertos resuciten, los enfermos sanen y los demonios huyan? ¿Crees que puedes caminar sobre el agua, reprender el viento y al mar y hacer las mismas obras que Jesús hacía?

Creemos que la mejor manera de cerrar este curso es alabar y agradecer a nuestro amado Dios por ayudarte a entender, creer y aceptar que fuiste perdonado(a), redimido(a) y liberado(a), para Su honra y gloria. Por más que el acusador trate de hacerte pensar lo contrario, las Sagradas Escrituras dicen que ya fuiste reconciliado con Dios, al altísimo precio del sacrificio de Su Hijo, nuestro Señor Jesucristo. Al pagar por ti, te liberó de las cadenas de opresión del enemigo y te restauró, te devolvió lo que era tuyo, incluida la capacidad de sojuzgar, de señorear en la tierra, de disfrutar del reino de Dios, en comunión con el Padre.

Te animamos a no dudar más de este precioso regalo de tu salvación, que recibiste por gracia. Nadie la merece, ni podía pagar el precio, solo Jesús. Gracias a Él ya no debes nada. Razón más que suficiente para dejar atrás la mentalidad de esclavo del mundo. Vive libre, como rey y sacerdote. ¡Señorea y gobierna siempre de la mano de tu Creador, pues separados de Él nada podremos hacer!

Habla ahora mismo con el Señor. Ábrele tu corazón, exprésale por escrito en este mismo documento o donde quieras, tu deseo de empezar a vivir como corresponde a tu nueva identidad: rey y sacerdote del Altísimo en tu vida personal, tu matrimonio, tu familia y en cualquier ámbito en que te muevas por Su gracia.

....

....

Recuerda siempre pedir Su guía en oración y no subestimes el ayuno como arma para acercarte más a Él. Continúa estudiando *e interiorizando* la palabra de Dios, y te mantendrás en forma para pelear cada batalla por tu matrimonio y familia.

Todo lo que has aprendido en estas veintiún lecciones es el resultado de haber clamado, orado y estudiado a conciencia los principios de la Biblia. Si vas a ella por más, Dios te seguirá capacitando y fortaleciendo mediante Su Santo Espíritu.

Gracias por abrir tu corazón a esta experiencia personal con el Señor, por darte la oportunidad de crecer y ayudarnos a nosotros a crecer como parte del proceso. ¡Dios bendiga tu vida, matrimonio, familia y descendencia!

Luis y Yaneth Palacios

Anotaciones